소프트웨어 아키텍처 설계

애자일이 적용된
ADD 3.0 아키텍처 설계 프로세스 및
통신, 금융, 빅데이터 도메인 적용 사례

소프트웨어 아키텍처 설계

애자일이 적용된
ADD 3.0 아키텍처 설계 프로세스 및
통신, 금융, 빅데이터 도메인 적용 사례

움베르토 세르반테스·릭 카즈만 지음 | 전병선 옮김

i!i
에이콘

나의 부모님 일세^{Ilse}와 움베르토^{Humberto}, 아내 가브리엘라^{Gabriela}, 두 아들 줄리안^{Julian}과 알렉시스^{Alexis}에게 이 책을 바칩니다. 모두의 사랑과 지원, 영감에 감사드립니다.

H. C

사랑스런 지원을 아끼지 않은 내 아내와 항상 최선을 다하도록 이끌어주고 이 책의 예제를 정해준 그랜드 마스터 조희일^{Hee Il Cho}과 필립 아메리스^{Philip Ameris}에게 이 책을 바칩니다.

R. K

움베르토 세르반테스^{Humberto Cervantes}

멕시코 시티에 있는 이스타팔라파 수도권 자치 대학^{Universidad Autonoma Metropolitana Iztapalapa}의 교수다. 주요 연구 분야는 소프트웨어 아키텍처, 특별한 설계 프로세스를 도와주는 방법론과 도구 개발이다. 소프트웨어 분야에서 이들 방법론과 도구의 채택을 촉진시키는 데 적극적으로 활동하고 있다. 2006년 이후 소프트웨어 아키텍처와 관련된 주제로 소프트웨어 개발 회사의 컨설턴트로 일했다. 여러 연구 논문과 유명한 기사를 썼으며, 소프트웨어 아키텍처에 관한 몇 권의 책을 스페인어로 공동 집필했다.

프랑스 그르노블^{Grenoble}에 있는 조셉 푸리에 대학^{Universite Joseph Fourier}에서 석사와 박사 학위를 취득했고, 소프트웨어 엔지니어링 연구소^{SEI, Software Engineering Institute}로부터 Software Architecture Professional 및 ATAM Evaluator 인증서를 받았다. 가족, 친구와 함께 시간을 보내고 운동과 여행을 좋아한다.

릭 카즈만^{Rick Kazman}

하와이 대학교^{University of Hawaii}의 교수이고, 카네기 멜론^{Carnegie Mellon} 대학의 소프트웨어 엔지니어링 연구소 연구원이다. 주요 연구 분야는 소프트웨어 아키텍처, 설계 및 분석 도구, 소프트웨어 시각화, 소프트웨어 엔지니어링 경제학이다. SAAM^{Software Architecture Analysis Method}, ATAM^{Architecture Tradeoff Analysis Method}, CBAM^{Cost-Benefit Analysis Method}과 Dali와 Titan 도구를 포함한 영향력 있는 아키텍처 분석 방법론과 도구를 다수 생성했다. 150개 이상의 논문의 저자며, 『Software Architecture in Practice, Third Edition』(Addison-Wesley, 2013), 『Evaluating Software Architectures』(Addison-Wesley, 2002), 『Ultra-Large-Scale Systems』(Software Engineering Institute, 2006)를 포함한 여러 책을 공동 집필했다.

워털루 대학교^{University of Waterloo}에서 문학사(영문학/음악학)와 컴퓨터과학 학사를, 요크^{York} 대학에서 문학 석사(영문학), 그리고 카네기 멜론 대학에서 컴퓨터언어학 박사 학위를 취득했다. 그가 소프트웨어 엔지니어링 연구원이 될 줄은 아무도 몰랐다. 아키텍팅이나 아키텍처에 관한 책을 쓸 때가 아니면 사이클을 타고, 피아노를 연주하며, 태권도와 주짓수를 하거나 하와이와 피츠버그 사이를 날아다닌다.

감사의 글

이 책을 검토하고 의견을 주신 마티 바렛, 로저 샴페인, 시바 무투, 로버트 노르, 비셸 프라부, 안드리 샤 포크 카, 데이비드 식, 펠라 벨라스코 엘리잔도, 올라프 짐머 만에게 감사드린다. 또한 5장 저술에 공헌해주신 서지 헤이 예프와 울라 리세이에게 감사드린다. 이와 함께 Softserve의 서지와 올라, 앤드리를 포함한 많은 아키텍트들에게 전반적인 우리 작업을 열렬히 지원해주셔서 감사드린다.

움베르토의 감사의 글

Quarksoft에 있는 임원과 아키텍트 그룹에게 감사드린다. ADD 개정판의 많은 아이디어와 이 책에서 제시된 사례 연구 중 하나가 이 회사에서 수행한 방법론으로부터 나왔다. 나와 협업하고 아이디어를 교환했던 다른 회사의 아키텍트와 개발자들에게도 감사드린다. 이들로부터 많은 것을 배웠다. 또한 ACE 에듀케이터 워크샵ACE Educators Workshop에서 수년 동안 나와 다른 연구원들을 환영해준 SEI의 연구원 분들께 감사드린다. 또한 나의 모교인 이스타팔라파 수도권 자치 대학에서 항상 나의 작업을 지원해준 것에 대해 감사드린다. 이 아키텍처 여정에 수년 동안 동반해준 나의 동료인 펠라 벨라스코 엘리잔도와 루이스 카스트로에게 감사한다. 몇 년 전에 실무 아키텍트가 될 수 있도록 기회를 제공한 알론소 르알에게 감사드린다. 이 책을 쓸 때 증명하는 귀중한 기술을 가르쳐준 리차드 홀에게 감사드린다. 마지막으로 멋진 사람이고 동료인 것에 대해 공동 저자인 릭에게 감사한다. 그와 함께 작업하고 의견을 나눈 것이 항상 기쁨이다.

릭의 감사의 글

SEI의 제임스 아이버스와 그의 연구 그룹에게 감사드린다. 특히 주의 깊고 사려 깊은 검토 코멘트와 제안을 준 로드 노드에게 감사드린다. 또한 나의 오랜 협력자이자 멘토인 렌 베스에게 감사드린다. 그는 오래 전에 소프트웨어 아키텍처 여정을 시작할 수 있게 했다. 렌이 없었다면 오늘날 나도 여기 없었을 것이다. 또한 린다 노스롭에게 몇 년 동안 나의 연구를 강력하게 지원해주고, 많은 훌륭한 '탁월한 기회'를 제공해준 것에 대해 감사드린다. 마지막으로 항상 활기차고 긍정적이며, 같이 일하는 진정한 즐거움을 일깨워준 공동 저자 움베르토에게 감사드린다.

옮긴이 소개

전병선(byungsun.jun@gmail.com)

30년 실무 개발 경험을 바탕으로 CBD, SOA, BPM 분야의 아키텍처 설계와 컨설팅을 수행하고 있으며, 20권 이상 저서를 출간한 베스트셀러 저자다. 최근에는 다시 개발자로서 직접 실무 개발에 참여하고 있으며 .NET과 자바 개발 기술을 리딩하고 있다. 또한, 유튜브 전병선 IT 아카데미에서 개발 기술과 아키텍처 설계에 관련된 여러 강의 동영상을 제공하고 있다.

IT 기술 분야의 저자로서 1993년부터 C, C++, Visual C++, 객체지향, UML, CBD, SOA 분야에서 20권 이상의 많은 베스트셀러 IT 서적을 저술하였으며 폭넓은 독자층을 갖고 있다. 94년 이후 전문 IT 기술 강사로서 정보기술연구소, 다우데이터시스템, 소프트뱅크코리아, 데브피아, 웹타임, 삼성SDS멀티캠퍼스에서 강의했으며, 96~97년에는 마이크로소프트의 초대 리저널 디렉터로서 DevDays, TechEd, PDC 등의 여러 컨퍼런스에서 강연했다.

금융, 제조, 조선, 통신, 정부 연구기관 등 다양한 도메인 분야에서 아키텍트이자 PM으로 참여했다. 삼성전자 홈네트워크 솔루션 아키텍처 구축, STX조선 생산계획 시스템, 대우조선 DIPS시스템, 삼성생명 비전속 영업 관리 시스템 등 CBD 또는 Real-Time & Embedded를 기빈으로 하는 다양한 프로젝드를 건설딩했다.

또한 SOA 전문가로서 거버먼트 2.0, KRNet 2010 등 각종 SOA 세미나와 강연회를 가졌으며, 조달청 차세대 통합 국가전자조달시스템 구축 사업 서비스 모델링과 KT N-STEPSOA 진단 컨설팅했으며, KT의 NeOSS 시스템 구축, 암웨이의 AUS 시스템, 대우조선의 SOA 기반 종합 계획 EA 프로젝트 등의 SOA 관련 프로젝트를 수행했다.

옮긴이의 말

30년 소프트웨어 개발 경험을 통해 갖게 된 하나의 신념은 '아키텍처가 튼튼한 시스템이 결국엔 성공한다'는 것이다. 아키텍처가 튼튼한 시스템은 결합성이 적고 응집력이 강한 시스템이다. 아키텍처가 튼튼하게 설계된 시스템을 구현하면 결코 실패하지 않으며, 적어도 문제를 최소화할 수 있다. 또한, 업무 로직이 변경되는 경우라도 쉽게 대응할 수 있어 생명력이 긴 소프트웨어 시스템을 만들어낼 수 있다. 이러한 신념 속에서 그 이후로 내가 집필한 『CBD, What & How』(와우북스, 2008)와 『SOA, What & How』(와우북스, 2008)에서 각각 제시한 CBD와 SOA 방법론은 모두 튼튼한 아키텍처 설계를 강조하고 있다. 소프트웨어 아키텍처를 문서화하는 것은 아키텍트나 개발자들에게 어려운 작업일 수 있다. 그러나 소프트웨어 아키텍처를 올바르게 문서화하는 일은 다양한 관점을 갖고 있는 모든 이해당사자가 시스템의 소프트웨어에 대해 같은 이해를 공유하게 한다는 점에서 아주 중요하다.

　이 책을 처음 본 것은 출판사에서 번역을 요청 받았을 때다. 아직 원서도 출간되기 전이었기 때문에 역자가 번역한 다른 소프트웨어 아키텍처 관련 번역서와는 달리 사전에 읽어보지 않은 상태였다. 이 책의 번역을 준비하기 위해 읽는 과정에서 이 책에서 제시하는 ADD 3.0 방법론이 이미 내가 실무에서 정립하여 사용하는 것과 거의 유사하다는 것을 발견했다. 애자일 방법론에 아키텍처 설계를 도입하는 방법이 그렇고, 참조 아키텍처나 아키텍처 패턴, 애플리케이션 프레임워크를 활용하는 것이 그렇다. 내가 '이터레이션 0'이라고 이름을 붙여서 프로젝트 시작과 함께 전체 시스템 아키텍처의 윤곽을 결정하는 것을 이 책에서는 초기 전체 시스템 구조 수립이라고 한다. 또 참조 아키텍처나 아키텍처 패턴와 함께, 애플리케이션 프레임워크 등을 외부에서 개발된 컴포넌트라고 부르고 아키텍처 설계에 활용하고 있다. 사실 이 두 가지 관점은 소프트웨어 아키텍처의 교과서라고 할 수 있는 소프트웨어 아키텍처 이론과 실제에서 간과되었던 중요한 부분이었다. 애자일의 가장 큰 문제는 소프트웨어 아키텍처를 비교적 소홀히 다루고 있다는 것이고, 나의 경우에도 애자일에 소프트웨어 아키텍처를 어떻게 결합할 것인지가 큰 관심사였다. 또한 실무에서는 참조 아키텍처나 아키텍처 패턴, 디자인 패턴, 애플리케이션 프레임워크를 활용하는 것이 필수적이다. 하지만 소프트웨어 아키텍처 이론과 실제의 아키텍처 전술에서는 아키텍처 스타일 외에는 다른 것을 그다지 강조하지 않았기 때문에, 이들을 아키텍처 설계에 활용하는 방법이 필요했다.

이 책은 이처럼 애자일과 아키텍처 컴포넌트 활용 방안을 체계적이고 이론적으로 정립해 실무에서 활용할 수 있도록 제시하고 있다. 더욱이 이러한 ADD 3.0 아키텍처 설계 프로세스를 통신, 금융, 빅데이터 등 핵심적인 도메인에 적용하는 사례를 제시함으로써 실무적인 감각을 익힐 수 있게 했다. 이런 면에서 이 책은 소프트웨어 공학에서 이론적인 부분보다는 실무적인 관점에 치중된 실용적인 책이라고 할 수 있다. 아무쪼록 이 책을 통해 우리나라의 아키텍트와 개발자들도 견고한 아키텍처가 수립된 강건한 소프트웨어 시스템을 구축할 수 있게 되기를 바란다.

나는 에이콘출판사에서 『(개정 3판)소프트웨어 아키텍처 이론과 실제』(2015)『소프트웨어 아키텍처 문서화 2판』(2016)과 함께, 이 책을 번역하게 된 것을 자랑스럽게 생각한다. 그러나 이들 책은 모두 소프트웨어 공학을 공부하는 사람들에게는 교과서와 같은 책이어서 학문적으로도 손색이 없도록 번역해야 한다는 부담감은 피할 수 없는 것이었다. 이 책의 번역을 허락해주신 에이콘출판사에게 감사드리며 오타와 껄끄러운 문맥을 다듬느라 고생하신 편집부의 노고에 감사드린다. 이 번역본이 여러분의 시스템 아키텍처를 설계하는 데 조금이라도 도움이 되었으면 한다.

전병선

차례

지은이 소개 5

감사의 글 7

옮긴이 소개 9

옮긴이의 말 10

들어가며 19

1장   개요 23

   1.1   동기 23

   1.2   소프트웨어 아키텍처 25

   1.3   아키텍트 역할 29

   1.4   간략한 ADD 역사 30

   1.5   요약 32

   1.6   더 읽을거리 33

2장   아키텍처 설계 35

   2.1   설계 일반 35

   2.2   소프트웨어 아키텍처에서의 설계 37

   2.3   왜 아키텍처 설계가 중요한가? 41

   2.4   아키텍처 요인 42

   2.5   설계 개념: 구조 생성을 위한 빌딩 블록 54

   2.6   아키텍처 설계 결정 66

2.7 요약 68

2.8 더 읽을거리 69

3장 아키텍처 설계 프로세스 73

3.1 원칙적인 방법론의 필요성 73

3.2 속성 주도 설계 3.0 74

3.3 시스템 유형에 따른 설계 로드맵 80

3.4 설계 개념 식별과 선택 84

3.5 구조 생성 90

3.6 인터페이스 정의 93

3.7 설계 동안 예비 문서화 생성 98

3.8 설계 진행 추적 102

3.9 요약 105

3.10   더 읽을거리 106

4장 사례 연구: FCAPS 시스템 107

4.1 비즈니스 케이스 107

4.2 시스템 요구 109

4.3 설계 프로세스 112

4.4 요약 134

4.5 더 읽을거리 135

5장 사례 연구: 빅데이터 시스템 137

5.1 비즈니스 케이스 137

5.2 시스템 요구 138

5.3 설계 프로세스 141

5.4 요약 171

5.5 더 읽을거리 171

6장 사례 연구: 뱅킹 시스템 173

   6.1 비즈니스 케이스 173

   6.2 기존 아키텍처 문서 176

   6.3 설계 프로세스 179

   6.4 요약 186

   6.5 더 읽을거리 186

7장 다른 설계 방법론 187

   7.1 소프트웨어 아키텍처 설계 일반 모델 187

   7.2 아키텍처 중심적 설계 방법론 190

   7.3 RUP 아키텍처 활동 191

   7.4 소프트웨어 아키텍팅 프로세스 193

   7.5 아키텍처와 설계 기법 196

   7.6 시점과 관점 방법론 198

   7.7 요약 201

   7.8 더 읽을거리 201

8장 설계 프로세스에서의 분석 203

   8.1 분석과 설계 203

   8.2 왜 분석하는가? 206

   8.3 분석 기법 207

   8.4 전술 기반 분석 209

   8.5 투영 질문 213

   8.6 시나리오 기반 설계 검토 214

   8.7 아키텍처 서술 언어 218

   8.8 요약 219

   8.9 더 읽을거리 219

9장 조직에서의 아키텍처 설계 프로세스 221

　9.1 아키텍처 설계와 개발 라이프사이클 221

　9.2 조직 관점 232

　9.3 요약 234

　9.4 더 읽을거리 234

10장 마무리 237

　10.1 방법론의 필요성에 대하여 237

　10.2 다음 단계 239

　10.3 더 읽을거리 241

부록 A 설계 개념 카탈로그 243

　A.1 참조 아키텍처 243

　A.2 배포 패턴 255

　A.3 아키텍처 설계 패턴 259

　A.4 전술 264

　A.5 외부에서 개발된 컴포넌트 278

　A.6 요약 282

　A.7 더 읽을거리 283

부록 B 전술 기반 설문서 285

　B.1 설문서 사용 285

　B.2 가용성 286

　B.3 상호운영성 289

　B.4 변경용이성 290

　B.5 성능 291

　B.6 보안 292

B.7   테스트 용이성 294

B.8   사용편의성 294

B.9   데브옵스 295

B.10 더 읽을거리 298

용어집 299

찾아보기 305

들어가며

소프트웨어 아키텍처에 관한 질문을 받으면 사람들은 보통 모델(즉, 아키텍처를 구성하는 구조의 표현)을 생각한다. 하지만 이들 구조를 만들어내는 과정(즉, 설계 프로세스)을 생각하는 사람은 많지 않다. 설계는 해야만 하는 복잡한 활동이며, 작성해야 하는 복잡한 주제다. 따라서 시스템의 다양한 관점을 고려하고 많은 결정을 해야 한다. 이들 관점은 보통 표현하기 어렵다. 이전 소프트웨어 개발 프로젝트의 '전장'에서 힘들게 얻은 경험과 지식으로부터 기인한 것일 때 특히 더 그렇다. 그렇지만 설계 활동은 소프트웨어 아키텍처의 기반이며, 마찬가지로 설명되어야만 한다. 책에서 이러한 경험들을 전달하기는 어렵지만, 체계적인 방식으로 설계 프로세스를 수행할 수 있도록 도와줄 수 있는 방법론은 공유할 수 있다.

이 책은 설계 프로세스와 ADD$^{Attribute-Driven Design}$라는 특별한 설계 방법론에 관해 설명한다. 우리는 이 방법론이 원칙을 갖고 규율화된 설계를 반복적으로 수행할 수 있도록 도와주는 강력한 도구라고 믿는다. 이 책에서는 실제 프로젝트에 ADD를 적용하는 것과 ADD를 사용한 여러 가지 사례를 제시함으로써 아키텍처 설계를 수행하는 방법을 보여준다. 현재 충분한 설계 경험이 없더라도 방법론이 적용된 설계 개념(즉, 다른 사람의 경험을 구체화하는 증명된 솔루션)의 재사용을 촉진시키는 사례들을 충분히 이해할 수 있다.

ADD가 10년 이상 되었지만, 이에 관한 책이 많지 않으며, ADD를 수행하는 방법을 설명하기 위해 제공되는 사례도 거의 없다. 이처럼 정보의 부족으로 방법론을 채택하거나 다른 사람에게 가르치는 데 어려움이 있었다. 게다가 ADD 관련 도서는 다소 '상위 수준'이어서 개념과 실천, 기술과 연관시키기 어려워 아키텍트가 일상적인 활동에서 사용할 수 없었다.

우리는 여러 해 동안 현업에서 활동하고 있는 아키텍트와 함께 작업하면서, 이들에게 설계를 수행하는 방법을 코칭하고 프로세스를 배웠다. 예를 들어, 현업 아키텍트들이 설계 프로세스 초기에 기술을 고려하고 있다는 것을 배웠으며, 이것은 ADD 초기 버전에는 포함되지 않았던 것이다. 이러한 이유로 많은 실천자들에게 방법론이 실제와 '단절된' 것과 같이 인식되었다. 이 책에서 우리는 ADD 개정 버전에서 이론과 실제 사이의 차이를 메꾸려고 노력했다.

또한 우리는 수년 동안 소프트웨어 아키텍처와 소프트웨어 설계를 가르쳐왔다. 이 과정에서 우리는 설계를 수행한 경험이 없는 사람들에게 이것이 얼마나 어려운 일인지를 깨달았다. 따라서 이것을 해결하기 위해 설계 로드맵을 만들었으며, 우리는 이것이 설계 프로세스를 수행하는 데 가이드를 제공할 것이라고 믿는다. 또한, 이 책의 부록에서 소프트웨어 설계를 가르치는 데 유용한 게임도 만들었다.

이 책의 대상 독자는 소프트웨어 아키텍처 설계에 관심 있는 모든 사람들이다. 특히 설계 작업을 수행해야 하지만, 현재 임시 방편으로 수행하고 있는 실무자들에게 유용할 것이라고 생각한다. 이미 수립된 방법론을 다뤄본 경험이 있는 실무자도 몇 가지 아이디어를 찾을 수 있을 것이다. 예를 들어 칸반 보드를 사용하여 설계 진행 상황을 추적하는 것이라든지, 전술 기반 설문서를 사용하여 설계를 분석하는 방법, 초기 산정을 위해 설계 방법론을 사용하는 방법 등이다. 마지막으로 SEI^Software Engineering Institute가 제공하는 다른 아키텍처 방법론에 이미 익숙한 사람이라면 QAW^Quality Attribute Workshop와 ATAM^Architecture Tradeoff Analysis Method, CBAM^Const Benefit Analysis Method과 같은 방법론을 ADD에 연결하는 방법에 대한 정보를 찾을 수 있을 것이다. 여기에 포함된 사례 연구는 설계 프로세스를 수행하는 방법을 좀 더 쉽게 이해할 수 있게 할 것이다. 분명히 우리 과정과 유사한 예제를 성공적으로 사용했다. 알버튼 엘리스톤이 말한 것처럼, "예제는 가르치는 또 다른 방법이 아니다. 가르치는 유일한 방법이다."

우리는 이 책이 방법론을 따라서 설계를 수행할 수 있다는 것을 이해하는 데 도움이 되기를 바란다. 그리고 이러한 실현은 여러분이 미래에 더 나은 소프트웨어 시스템을 만들 수 있도록 할 것이다.

이 책은 다음과 같이 구성되어 있다.

- 1장에서는 소프트웨어 아키텍처와 속성 주도 방법의 개요를 간단히 설명한다.

- 2장에서는 설계 프로세스의 주요(우리가 아키텍처 요인이라고 부르는 것)와 증명된 솔루션을 사용해 이들 요인을 충족시킬 수 있도록 하는 설계 개념과 함께, 아키텍처 설계를 좀 더 자세하게 논의한다.

- 3장에서는 ADD 방법론을 자세하게 제시한다. 각 방법론 단계와 함께, 단계를 적절하게 수행하는 데 사용할 수 있는 다양한 기법을 논의한다.

- 4장에서는 첫 번째 사례 연구로서, 신규 개발 시스템의 개발을 예로 든다. 사례 연구에서 3장에 설명한 주요 개념을 설계 프로세스에 사용하는 방법을 보여주기 위해 노력했으며, 이 사례 연구가 본질적으로 좀 더 '학문적'이라고 생각한다(그렇다고 하더라도 실제 시스템에서 도출했다).

- 5장에서는 두 번째 사례 연구를 제시한다. 이 사례 연구는 현업 소프트웨어 아키텍트와 함께 작성되었으며, 마찬가지로 본질적으로 좀 더 기술적이고 상세하다. ADD가 많은 기술을 포함하는 빅데이터 시스템 설계에서 사용되는 방법에 관한 핵심 세부 사항을 보여줄 것이다. 이 사례는 우리가 '특수한' 도메인으로 간주하는 시스템 개발의 예시를 보여주며, 4장에서 사용된 전통적인 도메인과는 반대된다.

- 6장에서는 일반적인 레거시(또는 기존) 시스템의 확장 설계에서 ADD의 사용 예를 보여주는 짧은 사례 연구다. 이 예는 아키텍처 설계가 시스템의 첫 번째 버전이 개발될 때 한 번만 수행되는 것이 아니라, 개발 프로세스의 다른 순간에도 수행될 수 있는 활동이라는 것을 보여준다.

- 7장에서는 다른 설계 방법론을 제시한나. 우리의 ADD 개성에서 설계 프로세스를 연구했던 다른 저자의 개념을 채택했으며, 여기에서 이들 작업에 대한 경의의 표시로서, 그리고 이들 방법론과 ADD를 비교하기 위해 이들의 접근 방법을 요약했다.

- 8장에서는 분석을 깊이 있게 논의한다. 이 책의 주제가 설계일지라도, 분석은 설계의 일부로서 자연스럽게 수행되기 때문에 프로세스 동안 또는 설계의 일부가 완료된 후에 사용될 수 있는 기법을 설명했다. 특히, 설계 프로세스에서 내린 결정을 시간 효율적이며 단순한 방식으로 이해할 수 있게 하기 위해 전술 기반 설문서의 사용을 도입했다.

- 9장에서는 조직 수준에서 설계 프로세스를 적합하게 하는 방법을 설명한다. 예를 들어, 프로젝트 초기에 아키텍처 설계의 일부분을 수행하는 것이 산정 목적에 유용하다. 또한, 다른 소프트웨어 개발 접근 방법과 ADD가 어떻게 연관될 수 있는지 보여준다.
- 10장에서는 이 책의 결론을 제시한다.

또한 이 책에는 2개의 부록이 있다. 부록 A는 설계 개념 카탈로그를 제시한다. 이름이 암시하고 있는 것처럼, 특정한 애플리케이션 도메인을 설계하는 데 사용될 수 있는 다른 유형의 설계 개념 카탈로그다. 이 카탈로그는 다른 출처에서 수집하고, 실무에서 경험 있고 규율화된 아키텍트가 작업한 방법이 반영된 설계 개념을 포함한다. 이 경우 우리 카탈로그는 4장에서 제시된 사례 연구에 사용된 설계 개념의 예를 포함한다. 부록 B는 7개의 가장 일반적인 품질 속성과 데브옵스를 위한 추가적인 설문서에 대한 전술 기반 설문서(8장에서 설명한 것과 같은)의 집합을 제공한다.

이 책을 informit.com에 등록하면 다운로드와 업데이트, 오탈자 수정 정보를 확인할 수 있다. 설계 과정을 시작하려면 informed.com/resiter로 이동하여 로그인하거나 계정을 생성하고, 제품 ISBN(9780134390789)을 입력한 다음 제출 버튼을 클릭한다. 등록 과정이 완료되면 등록된 제품 밑에 보너스 콘텐츠를 찾을 수 있다.

독자 의견과 정오표

이 책의 한국어판에 관한 질문은 이 책의 옮긴이나 에이콘출판사 편집 팀(editor@acornpub.co.kr)으로 문의해주기 바란다. 정오표는 에이콘출판사의 도서정보 페이지 http://www.acornpub.co.kr/book/designing-sw-architectures에서 찾아볼 수 있다.

1장

개요

이번 장에서는 소프트웨어 아키텍처에 관한 주제의 개요를 알아본다. 아키텍처란 무엇이고, 소프트웨어 시스템을 개발할 때 기본적으로 소프트웨어 아키텍처를 고려해야만 하는지 간단하게 살펴본다. 또한 소프트웨어 아키텍처의 개발과 관련된 다른 활동들을 논의하여, 아키텍처 설계(이 책의 최우선 주제)가 이 활동들의 컨텍스트 안에서 이해될 수 있게 한다. 또한 설계를 생성하는 책임을 갖는 사람인 아키텍트의 역할을 간단하게 논의한다. 마지막으로 속성 주도 개발^{ADD, Attribute-Driven Design} 방법, 즉 이 책에서 우리가 심도 있게 논의할 아키텍처 설계 방법을 알아본다.

1.1 동기

이 책에서 우리의 목적은 구조적이며, 예측할 수 있으며, 반복적이고, 비용 효율적인 방식으로 소프트웨어 아키텍처를 설계하는 방법을 설명하는 것이다. 여러분이 이 책을 읽고 있다면 이미 아키텍처에 관심을 갖고 있으며 아키텍트가 되기를 열망하고 있을 것이다. 좋은 뉴스는 이 목표에 다다를 수 있는 거리에 있다는 것이다. 당신이 그 점을 확인하기 위해 설계라고 하는 것(어떤 것의 설계)에 대하여 잠시 이야기하는 시간을 가질 것이며, 어떻게 그리고 왜 아키텍처 설계가 그렇게 다르지 않은지를 알게 될 것이다. 대부분의 분야에서 "설계"는 같은 종류의 과제와 고려 사항(이해당사자의 필요를 충족시켜 주는 것, 예산과 일정을 지키는 것,

제약사항을 다루는 것 등)과 관련된다. 설계의 근원과 도구는 분야마다 다르겠지만, 설계의 목표와 단계는 그렇지 않다.

이것은 용기를 줄 수 있을 만한 뉴스다. 설계가 전적으로 비범한 천재의 영역이 아니라는 것을 의미하기 때문이다. 즉, 설계는 가르칠 수 있고 배울 수 있다. 특히 공학에서 대부분의 설계는 예측할 수 있는 결과를 달성하는 (때로는 혁신적인) 방식 안에 알려진 설계 근원을 함께 넣은 것으로 구성된다. 물론 세부 사항을 조심해서 검토해야 하겠지만, 그것이 우리가 방법론을 사용하는 이유다. 설계와 같은 창조적인 노력이 단계별 방법론 안에 수집될 수 있다는 것을 처음에는 상상하기 어려운 것처럼 보인다. 그러나 파나스Parnas와 클레멘츠Clements가 자신들의 논문, "이성적인 설계 과정: 속이는 방법과 이유(A Rational Design Process: How and Why to Fake It)"에서 논의한 것처럼, 이것은 가능할뿐만 아니라, 가치가 있는 일이기도 하다. 물론 모든 사람이 위대한 설계자가 될 수는 없다. 모든 사람이 토마슨 에디슨Thomas Edison이나 르브론 제임스LeBron James나 로날드Ronaldo가 될 수 없는 것과 마찬가지다. 우리가 주장하는 것은 모든 사람이 더 좋은 설계자가 될 수 있다는 것이며, 이 책에서 제공하는 재사용할 수 있는 설계 지식의 조각으로 지원되는 구조적인 방법이 평범함에서 우수함으로 가는 길을 닦아줄 수 있다는 것이다.

우리가 소프트웨어 아키텍처 설계에 관한 책을 쓰는 이유는 무엇일까? 일반적인 설계에 관한 많은 책과 소프트웨어 아키텍처 설계에 관한 몇몇 책이 있지만, 완전히 아키텍처 설계에 관해서만 다룬 책은 없다. 게다가 아키텍처 설계에 관해 쓴 대부분의 책은 비교적 추상적이다.

이 책을 쓰는 목표는 어떤 소프트웨어 엔지니어라도 사용할 수 있는 실제적인 방법론을 제공하는 것이며, 또한 (그리고 중요한 것은) 그 방법론을 실행하는 풍부한 사례 연구를 제공하는 것이다. 알버트 아인슈타인은 "예제는 가르치는 또 다른 방법이 아니다, 그것은 가르치는 유일한 방법이다."라는 유명한 말을 남겼다. 우리는 이 말을 확고하게 믿는다. 우리들 대부분은 규칙이나 단계, 또는 원리에서보다는 예제로부터 더 잘 배운다. 물론 우리가 하는 것을 구조화하고 예제를 만들기 위해서는 단계와 규칙과 원리가 필요하다. 그러나 예제는 우리의 일상적인 관심사를 이야기하며, 단계를 구체적으로 만들어준다.

그렇다고 아키텍처 설계가 단순하다고 말하는 것은 아니다. 복잡한 시스템을 구축하고 있다면 많은 경쟁 세력(시장 적시성, 비용, 성능, 발전성, 사용편의성, 가용성 등과 같은 것)의 균형을 맞추려고 할 것이다. 이들 차원 중 어느 것이라도 경계를 밀어버린다면 아키텍트로서 여러분의 일은 더 복잡해질 것이다. 이것은 단지 소프트웨어뿐만 아니라 어떤 엔지니어링 규율에서도 마찬가지다. 거대한 선박이나 고층 건물, 또는 다른 복잡한 "시스템"을 구축한 역사를 검토해보면 이들 시스템의 아키텍트들이 적절한 결정과 트레이드오프를 하느라고 치열하게 싸웠던 것을 알 수 있다. 그렇다. 아키텍처 설계는 결코 쉽지 않다. 그러나 우리의 목적은 잘 훈련되고 교육을 받은 소프트웨어 엔지니어가 아키텍처 설계를 추적하고 달성할 수 있도록 하게 하는 것이다.

1.2 소프트웨어 아키텍처

소프트웨어 아키텍처^{software architecture}가 무엇인지에 관한 많은 책이 있다. 우리는 『소프트웨어 아키텍처 이론과 실제(개정 3판)』(에이콘, 2015)에서의 소프트웨어 아키텍처 정의를 채택했다.

> 시스템의 소프트웨어 아키텍처란 시스템을 추론하는 데 필요한 구조의 집합으로, 시스템은 소프트웨어 요소와 이들 사이의 관계, 그리고 이들 요소와 관계의 속성으로 구성된다.

여러분도 보게 되겠지만 우리의 설계 방법론은 이 정의를 구체화시켜 바람직한 속성을 갖는 아키텍처를 생성할 때 설계자를 가이드할 수 있게 하는 것이다.

1.2.1 소프트웨어 아키텍처의 중요성

소프트웨어 아키텍처가 중요한 이유에 대해서도 많은 글이 있다. 다시 소프트웨어 아키텍처 이론과 실제에 따르면, 광범위하게 다양한 이유로 아키텍처가 중요하며, 마찬가지로 광범위하게 다양한 결론이 다양한 이유에서 도출된다.

- 아키텍처는 시스템의 지배적인 품질 속성을 억제하거나 가능하게 할 것이다.
- 아키텍처에 내린 결정은 시스템이 진화할 때 변경에 대한 근거를 제시하고 관리할 수 있게 한다.
- 아키텍처 분석은 시스템의 품질을 초기에 예측할 수 있게 한다.
- 문서화된 아키텍처는 이해당사자 사이의 커뮤니케이션을 향상시킨다.
- 아키텍처는 가장 초기의, 그리고 가장 기본적이고 변경하기 어려운 설계 결정의 운반체다.

- 아키텍처는 이어지는 구현에 대한 제약사항 집합을 정의한다.
- 아키텍처는 조직의 구조에 영향을 주거나 영향을 받는다.
- 아키텍처는 발전적인 프로토타이핑 기반을 제공할 수 있다.
- 아키텍처는 아키텍트와 프로젝트 관리자가 비용과 일정에 대한 근거를 설명할 수 있게 하는 주요 산출물이다.
- 아키텍처는 제품 라인의 핵심을 구성하는, 이전할 수 있고 재사용할 수 있는 모델로서 생성될 수 있다.
- 아키텍처 기반 개발은 단순히 컴포넌트 생성보다는 컴포넌트 조합에 주의를 집중한다.
- 설계 대체안을 제한함으로써 아키텍처는 개발자 생산성의 통로가 되며, 설계 및 시스템 복잡성을 감소시킨다.
- 아키텍처는 새로운 팀 멤버를 훈련하기 위한 기반이 될 수 있다.

이러한 모든 이유로 아키텍처가 중요하다면(조직의 구조와 시스템의 품질, 시스템을 생성하고 발전시키는데 관련된 사람들에게 영향을 미친다면) 이러한 중요한 산출물을 설계하는 데 아주 조심해야 한다. 슬프게도 이것은 대부분 사실이 아니다. 아키텍처는 보통 "발전"하거나 "출현" 한다. 우리는 발전이나 출현에 대응하는 아무 것도 없지만, "커다란 사전 설계"를 주장하는 것도 아니지만, 전형 아키텍처를 하지 않는 것은 가장 단순한 프로젝트를 제외하고는 보통 아주 위험하다. 제대로 설계되지 않은 다리 위를 운전하거나 비행기를 타고 싶은가? 물론 아니다. 그러나 여러분은 버그도 많고 비싸고 안전하지도 않고 신뢰할 수도 없고 결함도 많고 느려터진 소프트웨어를 매일 사용하고 있다. 그리고 이들 바람직하지 않은 특징 중 많은 것이 피할 수 없는 것이다!

이 책의 핵심 메시지는 아키텍처 설계를 어렵거나 두려워할 필요가 없다는 것이다. 비범한 천재의 영역이 아니다. 돈이 많이 들 필요도 없고 앞단에서 모든 것을 다 할 필요도 없다. 이 책에서 하고자 하는 것은 그 방법을 여러분에게 보여줘서 여러분도 그렇게 할 수 있다는 확신을 갖게 하는 것이다.

1.2.2 라이프사이클 활동

소프트웨어 아키텍처 설계는 소프트웨어 아키텍처 라이프사이클 활동(그림 1.1) 중 하나다. 다른 소프트웨어 프로젝트 라이프사이클에서와 같이 이 활동은 요구를 설계로, 또 구현으로 번역하는 것과 관련된다. 명시적으로 아키텍트는 다음과 같은 이슈에 관심을 가져야 한다.

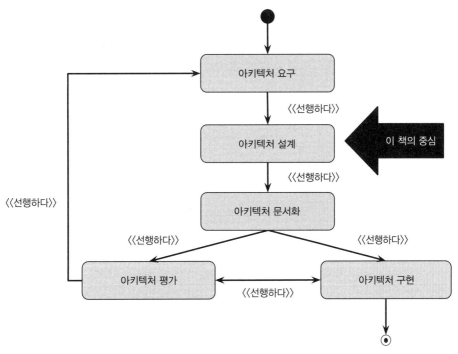

그림 1.1 소프트웨어 아키텍처 라이프사이클 활동

- **아키텍처 요구**^{architectural requirement}: 소프트웨어 아키텍처와 관련되어 모든 요구 가운데 소수만 특히 중요하다. 이들 아키텍처적으로 중요한 요구^{ASR, architectually significant requirement}는 시스템의 가장 중요한 기능과 고려해야 할 필요가 있는 제약사항뿐만 아니라, (가장 중요하게) 고성능, 고가용성, 발전 용이성, 보안성과 같은 품질 속성^{quality attribute}을 포함한다. 이들 요구는 명확한 설계 목적 그리고 결코 작성되지 않거나 외부 이해당사자에게는 보이지 않는 다른 아키텍처적인 관심사와 함께, 다른 여러 개 중에서 하나의 아키텍처 구조와 컴포넌트 집합을 선택하도록 가이드할 것이다. 우리는 이들 ASR과 관심사를 요인^{driver}이라고 하며, 이들이 설계를 주도한다고 말할 수 있다.

- **아키텍처 설계**^{architectural design}: 설계는 필요의 세계(요구)에서 코드와 프레임워크, 컴포넌트로 구성된 구조 관점의 솔루션 세계로의 번역이다. 좋은 설계는 요인을 만족시킨다. 아키텍처 설계는 이 책의 중심이다.

- **아키텍처 문서화**^{architectural documentation}: 구조의 예비 문서화(또는 스케치)의 몇 가지 수준이 아키텍처 설계의 일부로서 생성되어야 한다. 그러나 이 활동은 이들 스케치로부터 좀 더 공식적인 문서를 생성하는 것을 말한다. 만약 프로젝트가 작성과 선례가 있다면 아

키텍처 문서화는 최소화될 수 있다. 이와는 대조적으로 프로젝트가 크거나, 분산 팀이 협업하거나, 중요한 기술적인 과제가 존재한다면 아키텍처 문서화는 이 활동에 투자된 노력을 보상해줄 것이다. 프로그래머들이 보통 문서화를 피하고 싫어하지만, 거의 모든 다른 엔지니어링 규율에서 표준적이며, 협상할 수 없는 산출물이다. 시스템이 아주 크고, 임무 수행에 필수적이라면 반드시 문서화되어야 한다. 다른 엔지니어링 규율에서처럼, "청사진"(일종의 문서화된 설계)은 구현과 자원 투입으로 향해 이동하는 절대적으로 필수적인 단계다.

- **아키텍처 평가**architectural evaluation: 문서화처럼 프로젝트가 중요하다면 여러분 스스로와 이해당사자에게 평가(즉, 중요한 문제를 해결하기에 적절하게 의사결정이 이루어졌는지 확인)하도록 해야 한다. 테스트하지 않고 코드를 인도할 수 있을까? 물론 아니다. 마찬가지로 왜 먼저 설계를 테스트하지 않고 거대한 리소스를 아키텍처로 구체화시키려고 할까? 여러분은 먼저 시스템을 생성하거나 중요한 리팩토링을 거치고 난 후에 테스트를 하려고 할 수도 있다. 일반적으로 평가는 비공시적으로 내부적으로 수행되지만, 정말로 중요한 프로젝트에서는 외부 팀이 공식적인 평가를 하는 것이 바람직하다.

- **아키텍처 구현/준수 검사**architectural implementation/conformance checking: 마지막으로 여러분이 생성한 (그리고 평가한) 아키텍처를 구현할 필요가 있다. 아키텍트로서 여러분은 시스템이 커짐에 따라, 그리고 요구가 발전함에 따라 설계를 조정해야 할 수도 있다. 이것은 정상이다. 구현하는 동안 조정하는 것과 함께 중요한 책임은 코드가 설계를 준수하는지를 확인하는 것이다. 개발자가 충실하게 아키텍처를 구현하지 않으면 여러분이 설계한 품질이 훼손될 수 있다. 다시 엔지니어링의 다른 분야에서 행한 것을 생각해보라. 새로운 건물의 콘크리트 기초가 부어질 때 그 기초 위에 있는 건물은 기초가 일반적으로 핵심 샘플을 통해 처음 테스트되어 충분히 강하고 충분히 굳어져서 물과 가스가 스며돌지 못하는 등등이 확인될 때까지 구축되지 않는다. 준수 검사를 하지 않고 실질적으로 구축되는 것의 품질을 확인할 수 있는 방법이 없다.

그림 1.1에서 특정한 라이프라이클 방법론을 제안하지 않는 것에 주목하기 바란다. ≪선행하다≫ 스테레오 타입은 활동에서의 일부 노력이 이후 활동에서의 노력에 선행하여 수행되어야 한다는 것을 의미한다. 예를 들어 요구에 관해 알지 못하면 설계 활동을 수행할 수 없으며, 몇 가지 설계 결정이 처음 이루어지지 않는다면 아키텍처를 평가할 수 없다.

오늘날 대부분의 상업용 소프트웨어는 몇 가지 형식의 애자일 방법론을 사용하여 개발된다. 이들 아키텍처 중 어느 것도 애자일 프랙티스와 호환되지 않는 것이 없다. 소프트웨어 아키텍처의 질문은 "내가 해야 하는 것이 애자일인가 아키텍처인가?"가 아니라, 어느 정도의 아키텍처를 사전에서 해야 하나? 프로젝트의 요구를 어느 정도 공고히 할 때까지 얼마나 연기해야 하나?" 그리고 "얼만큼의 아키텍처를 언제 공식적으로 문서화해야 하는가?"이다. 애자일과 아키텍처는 많은 소프트웨어 프로젝트에서 행복한 동료다. 우리는 9장에서 아키텍처 설계와 반복적 개발을 포함한 다양한 소프트웨어 라이프사이클 방법론과 프로세스 모델 사이의 관계를 논의할 것이다.

1.3 아키텍트 역할

아키텍트는 "그냥" 설계자 그 이상이다. 한 명 이상의 개인이 수행할 수 있는 이 역할은 성공하기 위해서는 충족되어야 할 많은 의무와 기술, 지식을 갖는다. 이 사전 조건에는 다음 사항이 포함된다.

- **리더십**: 멘토링, 팀 구축, 비전 수립, 코칭
- **의사소통**: 기술 및 비기술적 모두, 협업 촉진
- **협상**: 대내외 이해당사자 및 이들의 충돌하는 필요와 기대치 다루기
- **기술적 능력**: 라이프라이클 기술, 기술 전문가, 지속적 학습, 코딩
- **프로젝트 기술**: 예산 수립, 개인 관리, 일정 관리, 리스크 관리
- **분석 능력**: 아키텍처 분석, 프로젝트 관리 및 측정에 관한 일반 분석 사고 방식

성공적인 설계는 "벽에 던져버리는" 정적인 문서가 아니다. 즉, 아키텍트는 설계를 살해야 할 뿐만 아니라, 개념과 비즈니스 정당화에서부터 설계와 생성에 이르기까지, 그리고 운영과 유지보수, 궁극적으로 철수할 때까지 프로젝트의 모든 면에서 친밀하게 관련되어 있어야만 한다.

> **분석의 의미**
>
> 사전에서 분석은 다음과 같이 정의된다.
>
> - 부분들에 관하여 이들이 무엇을 하는지, 어떻게 서로 연관되는지 알기 위해 어떤 것을 주의 깊게 연구함
> - 어떤 것의 본질과 의미를 설명함
>
> 이 책에서 우리는 분석이란 단어를 다른 목적으로 사용하며, 이들 두 정의도 적용한다. 예를 들어, 아키텍처 평가 활동의 일부로서 기존 아키텍처를 분석하여 연관된 요인을 만족시키기에 적절한지 여부를 가늠한다. 설계 프로세스 동안에 설계 결정을 하기 위해 입력을 분석한다. 또한 프로토 타입의 생성도 분석의 한 형태다. 사실상 분석은 우리가 8장을 이 주제에 할당할 정도로 설계 프로세스에서 아주 중요하다. 우리는 분석과 평가 사이의 관계에 대해서도 좀 더 자세하게 논의한다. 이 책에서 우리는 설계 활동과 이에 관련된 기술적인 능력, 그리고 개발 라이프사이클에서의 통합에 주로 집중한다. 아키텍트의 다른 관점에 대해서는 소프트웨어 아키텍처 이론과 실제 또는 딱 적당한 소프트웨어 아키텍처(Just Enough Software Architecture)와 같은 소프트웨어 아키텍처에 관한 좀 더 일반적인 책을 읽기를 권한다.

1.4 간략한 ADD 역사

아키텍트가 많은 의무와 책임이 있지만 이 책에서 우리는 소프트웨어 엔지니어가 "아키텍트"로 인정받기 위해서 습득해야 하는 하나의 가장 중요한 기술이라고 주장할 수 있는 것, 즉 설계 프로세스에 중점을 둔다. 아키텍처 설계가 다루기 쉽고 반복적으로 할 수 있기 위해서 이 책에서는 속성 주도 설계[ADD, Attribute-Driven Design] 방법론에 대부분의 주의를 기울인다. ADD 방법론은 그림 1.1에서와 같은 설계 활동을 반복적으로 수행하는 방법에 관한 단계별 가이드를 제공한다. 3장에서는 ADD의 가장 최근 버전인 3.0 버전을 자세히 설명한다. 따라서 여기에서는 이전 버전의 ADD에 익숙한 사람들을 위한 약간의 배경을 설명하기로 한다. ADD의 첫 번째 버전(ADD 1.0, 원래는 ABD[Architecture-Based Design]이라고 부름)은 2000년 1월에 출간되었으며, 두 번째 버전(ADD 2.0)은 2006년 11월에 출간되었다. 『소프트웨어 아키텍처 이론과 실제(개정 3판)』은 단계 수가 줄어든 이 방법론을 제시한다. 그러나 새로운 버전의 ADD를 소개하는 것이 아니라, 방법론의 실제적인 단계를 요약하는 재구성된 버전이다.

우리가 알기로 ADD는 가장 포괄적이고 가장 광범위하게 사용되는 문서화된 아키텍처 설계 방법론이다(우리는 7장에서 몇 개의 다른 설계 방법론에 대한 개요를 제공한다). ADD가 등장했을 때 품질 속성과 아키텍처 구조의 생성을 통한 이들의 달성, 그리고 뷰를 통한 표현에 명시적으로 초점을 맞춘 첫 번째 설계 방법론이었다. ADD의 다른 중요한 공헌은 아키텍처 분석과 문서화를 설계 프로세스의 필수적인 부분으로 포함했다는 것이다. ADD에서 설계 활동은 초기 설계 이터레이션^{iteration} 동안에 생성된 스케치를 정제하여 좀 더 상세한 아키텍처를 산출하며, 연속하여 설계를 평가하는 것을 포함한다.

- ADD 2.0이 품질 속성을 설계 선택와 연결하는 데 유용하지만, 해결해야 할 몇 가지 단점도 있다.

- ADD 2.0은 전술과 패턴을 사용하고 결합하여 품질 속성 시나리오의 충족을 달성하도록 아키텍트를 가이드한다.

- ADD 2.0은 애자일 방법론이 광범위하게 채택되기 전에 만들어졌으며, 따라서 애자일 환경에서 아키텍처 설계에 대한 가이드를 제공하지 않는다.

- ADD 2.0은 설계 프로세스를 시작하는 방법에 대한 가이드를 제공하지 않는다. 이것이 보편화 가능성을 향상시키지만, 보통 어디에서 시작해야 하는지 모르는 초보 설계자에게는 어렵다. 특히 ADD 2.0은 많은 아키텍트에게 이상적인 시작점인 참조 아키텍처 ^{reference architecture}의 (재)사용을 명확하게 장려하지 않는다. 우리는 이 책에서 나중에 논의하게 될 것이다.

- ADD 2.0은 다른 설계 목적을 명시적으로 고려하지 않는다. 예를 들어, 사전 영업 과정의 일부로서 또는 구축을 위한 "표준" 설계의 일부로서 설계를 수행할 수도 있다. 이들은 아주 다른 목적이며, 결과적으로 ADD를 다르게 사용할 것이다.

- ADD 2.0은 "전통적인" 요인(요구와 제약사항)의 목록으로 표현되든 아니든 해결되어야 할 일부 아키텍처 관심사(즉, 내부 요구)를 설계가 요구하는 것을 고려하지 않았다. 시스템을 "테스트할 수 있게" 하는 것을 요구하거나 시스템이 특별한 테스팅 인터페이스를 제공하도록 하는 것을 요구하는 사용자는 드물다. 그러나 특히 시스템이 복잡하고 통제하거나 복제하기 어려운 컨텍스트에서 사용된다면 현명한 아키텍트라면 그와 같은 인프라스트럭처를 포함하도록 할 것이다.

- ADD 2.0 이터레이션은 항상 아키텍처 요소의 선택과 분할에 의해 이끌려간다. 이것은 ADD 2.0이 먼저 분할할 요소가 선택되어야 하며, 그 다음에 요인이 식별되도록 하기 때문이다. ADD 3.0에서 때로는 설계 단계가 중요한 아키텍처 요구에 의해 이끌려가며, 이들 요구가 요소의 선택과 분할을 가이드한다는 것을 인정한다.
- ADD 2.0은 (초기) 문서화와 분석을 포함하지만, 명확한 설계 프로세스의 단계가 아니다.

ADD 3.0은 이러한 모든 단점을 해결한다. 분명히 ADD 3.0은 발전적이지만 혁명적인 것은 아니다. 그 자체가 실세계에서 ADD를 사용하려고 하는 반응인 ADD 2.5[1]에 의해 촉매되었다. 이러한 변화는 너무 추상적이어서 쉽게 적용할 수 없은 ADD 2.0의 단점을 해결하기 위한 것이었다. ADD는 요인으로 시작하여 이들을 구조적으로 설계 결정에 연결시키고, 이들 결정을 외부에서 개발된 컴포넌트를 포함하여 가용할 수 있는 구현 옵션에 연결시킨다. 애자일 개발에서 ADD 3.0은 빠른 설계 이터레이션을 촉진시키기 위해 소수의 설계 결정이 이루어지고 잠재적으로 구현 스파이크^{spike}가 수행되도록 한다. 이와 함께 ADD 3.0은 참조 아키텍처의 (재)사용을 명확하게 권장하고, 광범위한 전술과 패턴, 프레임워크, 참조 아키텍처 및 기술(부록 A 참고)을 포함하는 "설계 개념 카탈로그^{design concept catalog}"와 쌍을 이루게 한다.

1.5 요약

우리의 동기와 배경에 대해 다루었으므로 이제 우리는 이 책의 핵심 부분으로 이동한다. 다음 몇 개의 장에서 설계와 특히 아키텍처 설계의 의미를 설명하며, ADD를 논의하고, ADD가 실세계에서 사용될 수 있는 방법을 자세하기 보여주는 세 가지 사례를 제공한다. 또한 분석이 설계 프로세스에서 수행하는 중요한 역할을 논의하며, 설계 산출물을 어떻게 분석하는지에 관한 예제를 제공한다.

---

1 이것이 우리의 코딩 표기법이다. 2.5란 번호는 다른 곳에서는 사용되지 않는다.

1.6 더 읽을거리

프레드 브룩스[Fred Brooks]는 설계자와 연구원으로서의 50년의 경험을 반영하여 설계의 본질에 관한 사려깊은 에세이들을 썼다. 프레드 브룩스의『The Design of Design: Essays from a Computer Scientist』(Addison-Wesley, 2010)다.

설계와 다른 개발 활동에 관한 문서화된 프로세스를 갖는 것의 유용성은 파나스[D. Parnas]와 클레멘츠[P. Clements]의 "A Rational Design Process: How and Why to Fake It", IEEE Transactions on Software Engineering, SE-12, 2, February 1986에서 논의된다.

여기에서 사용한 소프트웨어 아키텍처 정의와 함께 아키텍처의 중요성과 아키텍트의 역할은 모두 렌 베스, 폴 클레멘츠, 릭 캐즈먼의『소프트웨어 아키텍처 이론과 실제(개정 3판)』에서 가져온 것이다.

아키테처 개발 라이프사이클의 활동을 다룬 7권의 책에는 페어뱅크스[G. Fairbanks]의『Just Enough Software Architecture: A Risk Driven Approach』(Marshall & Brainerd, 2010)가 포함되어 있으며, 이들의 설계 접근 방법은 7장에서 설명한다.

ADD 첫 번째 버전의 초기 참조는 배치맨[F. Bach-mann]와 베스[L. Bass], 채스텍[G. Chastek], 도노호[P. Donohoe], 페루찌[F. Peruzzi]의 'The Architecture Based Design Method, CMU/SEI-2000-TR-001'에서 찾을 수 있다. ADD 두 번째 버전은 보지크[R. Wojcik]와 배치맨, 베스, 클레멘츠, 메르슨[P. Merson], 노드[R. Nord], 우드[W. Wood]의 Attribute-Driven Design[ADD], Version 2.0, CMU/SEI-2006-TR-023에서 설명한다. 이 책에서 ADD 2.5라고 하는 ADD 버전은 서밴츠[H. Cervantes]와 벨라스코 엘레잔도[P. Velasco-Elizondo], 카즈만[R. Kazman]의 "A Principled Way of Using Frameworks in Architectural Design", IEEE Software, 46-53, March/April 2013으로 출판되었다.

2장

아키텍처 설계

이제 아키텍처 설계 프로세스로 들어가보자. 무엇이 아키텍처 설계이고, 왜 중요한지, (추상적인 수준에서) 어떻게 작동하는지, 그리고 어떤 중요한 개념과 활동이 관련되는지를 살펴본다. 먼저 우리는 아키텍처 요인, 즉 설계 결정을 "주도"하는 다양한 인자들을 논의한다. 이들 중 어떤 것은 요구로 문서화되지만, 많은 것들은 그렇지 않다. 이와 함께, 설계 개념 및 설계 프로세스의 일부로서 여러분이 선택하고, 결합하며, 예시하며, 분석하고 문서화하는 주요 빌딩 블록의 개요를 제공한다.

2.1 설계 일반

설계는 동사이면서 명사다. 설계는 과정이고 활동이나. 따라서 동사나. 과성은 설계, 즉 바람직한 최종 상태의 서술을 생성한다. 따라서 설계 프로세스의 출력은 사물 즉, 명사이며, 여러분이 궁극적으로는 구현하게 될 산출물이다. 설계를 하는 것은 목표를 달성하고 요구와 제약사항을 만족시킬 수 있는 결정을 하는 것을 의미한다. 설계 프로세스의 출력은 이들 목표와 요구, 제약사항의 직접적인 반영이다. 예를 들어 집을 생각해보자. 왜 중국의 전통적인 집은 스위스나 알제리아와는 다르게 보일까? 유르트는 왜 유르트처럼 생겼고, 이글루나 샬레, 또는 롱하우스와는 다를까?

이들 집의 유형의 건축 구조 즉, 아키텍처는 자신의 고유의 목적과 요구, 제약사항을 반영하기 위해 수 세기 동안 발전되어왔다. 중국의 집은 대칭적인 담과 통풍이 잘 되는 천정과 햇빛이 잘 드는 남향 정원과, 차가운 북풍을 막아주는 등의 특징을 갖는다. A형 구조의 집은 가파르게 경사진 지붕이 땅까지 확장되어서 칠을 최소화하고 많은 눈으로부터 보호하도록 되어 있다(땅으로 미끄러져 내려온다). 이글루는 얼음은 풍부하지만 다른 건축 자재가 상대적으로 부족하며 시간의 제약(작은 집은 한 시간 안에 지을 수 있다.)을 반영하여 얼음으로 지어진다.

각 경우에서 설계 프로세스에는 일련의 솔루션 접근 방법의 선택과 채택이 포함된다. 이글루 설계도 다양할 수 있다. 어떤 것은 작고 임시적인 여행 쉼터로 짓고, 다른 것은 크고 여러 구조가 연결되어 있어 전체 모임이 만나는 장소로 사용된다. 어떤 것은 단순한 장식이 없는 눈 오두막이며, 다른 것은 모피로 둘러싸고 얼음 "창문"과 동물 가죽으로 만들어진 문이 있다.

각 경우에서 설계 프로세스는 설계자가 직면한 다양한 "세력"의 균형을 맞춘다. 어떤 설계는 상당한 기술(스스로 지지하는 돔을 만드는 것과 같은 방식으로 눈 덩어리를 조각해서 쌓아놓는 것과 같은)이 실행되어야 한다. 또 다른 것은 비교적 기술이 필요하지 않다. 린토는 거의 누구라도 나뭇가지나 나무껍질로 지을 수 있다. 그러나 또한 이들 구조가 노출하는 품질도 상당히 다르다. 린토는 요소로부터 별로 보호받지 못하며 쉽게 허물 수 있다. 반면에 이글루는 북극 폭풍에도 견딜 수 있으며, 지붕에 서 있는 사람의 몸무게도 견딜 수 있다.

설계가 "어려운"가? 글쎄, 그렇기도 하고 아니기도 하다. 참신한 설계는 어렵다. 평범한 자전거를 설계하는 방법은 아주 명확하다. 그러나 세그웨이 설계가 새로 만들어진 땅을 부숴버릴 수 있다. 다행스럽게 대부분의 설계는 참신하지 않다. 대부분 요구가 참신하지 않기 때문이다. 대부분의 사람은 자신을 한 곳에서 다른 곳으로 안전하게 이동시켜 줄 수 있는 자전거를 원한다. 모든 도메인에서도 같다. 예를 들어 집을 생각해보자. 피닉스에서 사는 대부분의 사람은 쉽고 경제적으로 시원하게 유지되는 집을 원한다. 반면에 에드몬톤에서 사는 대부분의 사람은 따뜻하게 유지시킬 수 있는 집에 우선 관심을 갖는다. 이와는 대조적으로 일본이나 로스엔젤스에서 사는 사람은 지진을 견딜 수 있는 건물에 관심을 갖는다.

여러분 아키텍트에게 좋은 소식은 아주 많은 증명된 설계와 설계 단편들 또는 우리가 설계 개념이라고 부르는 빌딩 블록이 있어서, 이들을 재사용하고 결합시켜서 확실하게 이들 목표를 달성할 수 있다는 것이다. 여러분의 설계가 정말로 참신하다면(만약 여러분이 차세대 시드니 오페라 하우스를 설계한다면) 그때의 설계 프로세스는 "어려울" 수 있다. 예를 들어 시드니 오페라 하우스는 원래 추정 예산의 14배의 비용이 들었으며, 10년 늦게 인도되었다. 소프트웨어 아키텍처도 마찬가지다.

2.2 소프트웨어 아키텍처에서의 설계

소프트웨어 시스템에서의 아키텍처 설계도 일반적인 설계와 다르지 않다. 의사 결정을 하고, 가용 기술과 재료를 갖고 작업하며, 요구와 제약사항을 충족시켜야 한다. 아키텍처 설계에서 우리의 설계 목적과 요구, 제약사항, 아키텍처 관심사(우리가 아키텍처 요인이라고 부르는 것)를 그림 2.1과 같은 구조로 변형시키기 위한 결정을 한다. 그 다음, 이들 구조는 프로젝트를 가이드하는 데 사용된다. 이들은 분석과 구축을 가이드하고, 새로운 프로젝트 멤버를 교육시키는 기초로서 사용된다. 또한 비용과 일정 산정 및 팀 구성, 위험 분석과 해결, 그리고 당연히 구현을 가이드한다.

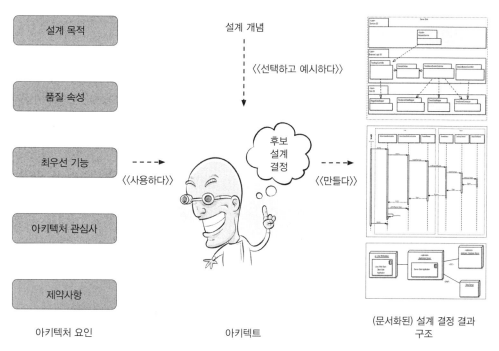

그림 2.1 아키텍처 설계 활동 개요 (아키텍트 이미지 © Brett Lamb | Dreamstime.com)

따라서 아키텍처 설계는 제품과 프로젝트 목표를 달성하기 위한 중요한 단계다. 이들 목표 중 일부는 기술적(예: 비디오 게임이나 전자상거래 웹 사이트에서 낮고 예측할 수 있는 지연 달성)이며, 어떤 것은 비기술적(예: 인력 고용 유지, 새로운 시장 진입, 마감시간 준수)이다. 아키텍트로서 여러분이 하는 결정은 이들 목표의 달성과 밀접한 관련이 있을 것이며, 어느 경우에는 충돌이 있을 수도 있다. 특별한 참조 아키텍처(예: 리치 클라이언트 애플리케이션)의 선택이 여러분의 지연 목표를 달성하는 데 좋은 기초를 제공할 수 있으며, 이미 그 참조 아키텍처와 지원 기술 스택에 익숙하기 때문에 인력의 고용을 유지시켜 줄 수도 있을 것이다. 그러나 이 선택이 새로운 시장(예를 들어 모바일 게임)으로 진입하도록 할 수는 없을 수도 있다.

일반적으로 설계를 할 때 하나의 품질 속성을 달성하기 위한 일부 구조의 변경이 다른 품질 속성에 부정적인 영향을 미칠 수도 있다. 이들 트레이드오프는 모든 도메인에서 모든 아키텍트에게 일상적인 일이다. 우리는 이 책에서 제공된 예제와 사례 연구에서 반복해서 볼 것이다. 따라서 아키텍트의 일은 최적의 솔루션 중 하나를 찾는 것이 아니라, 만족할 만한 것을 찾는 것(수용할 수 있는 솔루션을 발견할 때까지 설계 대안과 결정의 잠재적인 커다란 영역을 검색하는 것)이다.

2.2.1 아키텍처 설계

그래디 부치Grady Booch는 "모든 아키텍처는 설계이지만, 모든 설계가 아키텍처는 아니다."라고 말했다. 무엇이 "아키텍처적인" 결정을 하는가? 결정이 일부분에 대한 결과가 아니며, 이들 결과가 아키텍처 요인의 달성에 중요하다면 아키텍처적인 결정이 된다. 따라서 어떤 결정도 본질적으로 아키텍처적이지도 않고, 비아키텍처적이지도 않다. 단일 요소 안에서의 버퍼링 전략의 선택이 시스템의 나머지 부분에 그다지 영향을 미치지 않을 수 있으며, 이 경우에는 해당 요소의 구현자나 유지보수자를 제외한 어느 사람도 관심을 갖지 않는 구현 세부사항이 된다. 이와는 반대로 버퍼링 전략이 성능(버퍼링이 지연이나 산출량이나 지터 목표에 영향을 주는 경우)이나 가용성(버퍼가 충분히 크지 않아 정보를 잃어버리는 경우), 또는 변경용이성(다른 배포나 컨텍스트에서 버퍼링 전략을 유연하게 변경하고 싶은 경우)에 많은 영향을 미칠 수 있다. 대부분의 설계 선택과 마찬가지로 버퍼링 전략의 선택은 본질적으로 아키텍처적이지도 않고, 본질적으로 비아키텍처적이지도 않다. 그 대신에 이 구별은 현재 및 기대 아키텍처 요인에 완전히 의존적이다.

2.2.2 요소 상호작용 설계

일반적으로 아키텍처 설계는 시스템 구조의 일부인 요소의 부분 집합만 식별하게 된다. 이 것은 초기 아키텍처 설계 동안에 아키텍트가 최우선 기능에 집중하기 때문에 예상될 수 있는 일이다. 어떤 유스케이스를 최우선적으로 만드는 것은 무엇인가? 비즈니스 중요성과 위험, 복잡성 고려의 결합으로 지정하게 된다. 물론 여러분의 사용자에게는 모든 것이 긴급하고 최우선적이다. 좀 더 현실적으로 말한다면 소수의 유스케이스가 가장 기본적인 비즈니스 가치를 제공하거나 가장 큰 위험(잘못된다면)을 표현한다. 따라서 이들이 최우선적이라고 간주된다.

모든 시스템은 최우선 유스케이스 말고도 만족시켜야 할 더 많은 여러 개의 유스케이스를 갖는다. 이들은 최우선이 아닌 유스케이스와 이들의 인터페이스를 지원하는 요소는 우리가 요소 상호작용 설계element interfaction design라고 부르는 부분으로 식별된다. 이 수준의 설계는 보통 아키텍처 설계architecture design 다음에 온다. 그러나 이들 요소의 위치와 관계는 아키텍처 설계 동안에 이루어지는 설계에 의해 제약된다. 이들 요소는 개인이나 팀에 할당되는 작업 단위(예: 모듈)가 될 수 있다. 따라서 이 수준의 설계는 최우선이 아닌 기능이 할당되는 방법뿐만 아니라, 계획 목적(예: 팀 구성과 의사소통, 예산, 아웃소싱, 릴리스 계획, 단위 및 통합 테스트 계획)을 정의하는 데 중요하다.

시스템의 크기와 복잡성에 따라 직접적이든 감사 역할로든 아키텍트는 요소 상호작용 설계를 포함시켜야 한다. 이와 같은 개입으로 (예를 들어 요소가 정확하게 정의, 위치, 연결되지 않는다면) 시스템의 중요한 품질 속성이 타협되지 않도록 보장한다. 또한 아키텍트가 일반화의 기회를 발견할 수 있게 도와줄 것이다.

2.2.3 요소 내부 설계

세 번째 수준의 설계가 요소 상호작용 설계 다음에 온다. 우리는 이 설계를 요소 내부 설계element internals design라고 한다. 보통 요소 개발 활동의 일부로서 수행되는 이 수준의 설계에서 이전 설계 수준에서 식별된 요소의 인터페이스를 충족시킬 수 있도록 요소의 내부가 수립된다.

아키텍처 결정은 세 가지 수준의 설계에서 발생할 수 있고 발생한다. 게다가 아키텍처 설계 동안에 아키텍트는 요소 내부 설계가 어떤 특정한 아키텍처 요인을 달성하도록 깊숙히 파고들어야 할 필요가 있다. 이러한 예 중의 하나가 앞에서 논의한 버퍼링 전략의 선택이다. 이 경우에 아키텍처 설계는 상당히 세부 사항을 포함할 수 있으며, 이것이 우리가 "상위 수준 설계$^{\text{high-level design}}$"나 "상세 설계$^{\text{detailed design}}$"라는 용어를 생각하기 싫어하는 이유를 설명해준다("상세 설계" 참고 박스를 참조하라).

상세 설계?

"상세 설계(detailed design)"라는 용어가 모듈의 내부 설계를 가리키는 데 많이 사용된다. 이 용어가 광범위하게 사용되고 있지만 우리는 이 용어를 정말로 싫어한다. 어쩐지 "상위 수준 설계(high-level design)"와 반대되는 것처럼 보이기 때문이다. 우리는 좀 더 정확한 용어인 "아키텍처 설계(architectural design)", "요소 상호작용 설계(element interaction design)", "요소 내부 설계(element internals design)"란 용어를 선호한다. 결국 시스템이 복잡하다면 아키텍처 설계는 아주 상세해야 할 것이다. 그리고 일부 설계 "상세"는 아키텍처적이라고 판명될 것이다. 같은 이유로, "상위 수준 설계(high-level design)"와 "하위 수준 설계(low-level design)"란 용어도 좋아하지 않는다. 명확하게 "상위 수준 설계(high-level design)"는 아무래도 "더 상위"라는 용어가 좀 더 추상적이다. 그리고 "하위 수준 설계(low-level design)"보다는 좀 더 이키텍처적인 부분을 다룬다. 그러나 그것을 넘어서 이들 용어를 어떤 정확한 의미를 부여하지 못하게 한다.

따라서 우리가 추천하는 것은 "상위(high)", "하위(low)", "상세(detaild)"와 같은 용어를 함께 사용하는 것을 피하는 것이다. 항상 "아키텍처(architectural)", "요소 상호작용(element interaction)", 또는 "요소 내부(element internals)" 설계와 같은 더 좋은, 그리고 더 정확한 선택이 있다.

여러분이 수행하는 결정과 설계 문서화에서 전달하고자 하는 정보, 그리고 이 정보의 가능한 독자에 대한 영향력에 관해 주의깊게 생각해보라, 그리고 그 과정에 적절하고 의미 있는 이름을 부여하라.

아키텍처 설계는 요소 상호작용 설계 이전에 수행되며, 요소 상호작용 설계는 요소 내부 설계 이전에 수행된다. 이것이 논리적으로 필요하다. 요소가 정의될 때까지 요소의 내부 설계를 설계할 수 없으며, 여러 요소와 이들 사이의 상호작용 패턴이 정의될 때까지 상호작용을 추론할 수 없다. 그러나 프로젝트가 커지고 발전됨에 따라서 실제로는 이들 활동 사이의 상당한 이터레이션이 있게 된다.

2.3 왜 아키텍처 설계가 중요한가?

확실한 설계 결정을 하지 않거나 초기에 충분히 하지 않은 프로젝트는 아주 많은 비용을 지불해야 한다. 이것은 많은 다른 방법으로 명백하다. 처음에 초기 아키텍처는 프로젝트 제안(또는 때로는 컨설팅 세계에서 사전 영업 과정이라고 했던 것)에 중요하다. 어느 정도의 아키텍처적인 사고와 초기 설계 작업을 하지 않고서는 프로젝트 비용과 일정, 품질을 자신 있게 예측할 수 없다. 이러한 초기 단계에서 조차 아키텍처는 아키텍처 요인의 달성을 위한 핵심 접근 방법과 전체 작업 할당 구조, 그리고 시스템을 실현하는 데 필요한 도구와 기법, 기술의 선택을 결정할 것이다.

이와 함께 아키텍처는 9장에서 살펴보게 될 애자일의 핵심 성공 요인이다. 여러분의 조직이 애자일 프로세스를 사용하든 아니든 간에 누구든 깨지기 쉽고 변경이나 확장, 튜닝하기 어려운 아키텍처를 기꺼이 선택하려는 것을 상상하기 힘들다. 그리고 이런 일은 항상 발생한다. 이러한 소위 기술적인 빚$^{technical\ debt}$은 다양한 이유로 발생하지만, 가장 많은 경우는 피처^{feature}에 대한 집중의 결합(일반적으로 이해당사자 요구에 의해 주도되는)과 아키텍트와 프로젝트 관리자가 좋은 아키텍처 프랙티스의 투자 회수를 측정하지 못하는 것이다. 피처는 즉각적인 이점을 제공한다. 아키텍처 향상은 즉각적인 비용과 장시간 이점을 제공한다. 그렇다면 왜 아키텍처에 "투자"하려고 할까? 그 대답은 단순하다. 아키텍처가 없으면 시스템이 가져올 것이라고 생각하는 이점을 실현하기 훨씬 더 어려워지기 때문이다.

간단하게 말해서 주요 핵심 아키텍처 결정을 하지 않는다면, 그리고 아키텍처의 등급을 떨어뜨리는 것을 허용한다면, 여러분은 스프린트^{sprint} 벨로서티^{velocity}를 유지할 수 없을 것이다. 변경 요구에 대해 쉽게 반응할 수 없게 되기 때문이다. 그러나 애자일 선언$^{Agile\ Manifesto}$의 원래 창시자들이 주장했던 "최고의 아키텍처, 요구사항, 설계는 자기 조직적인 팀에서 창발한다"에 여러분은 극도로 동의하지 않는다. 사실 우리가 이 책을 쓰는 이유도 정확하게 이 부분에 의의를 갖고 있기 때문이다. 좋은 아키텍처 설계는 어렵다(그리고 아직도 드물다). 그리고 단지 "창발"하지 않는다. 이러한 의견은 애자일 커뮤니티 안에서 커지는 의견 일치를 반영한다. 점점 더 애자일 사상의 리더와 실천자들이 똑같이 수용하고 있는 "규모가 큰 조직에서의 규율화된 애자일$^{disciplined\ agility\ at\ scale}$"이나 "걸어다니는 골격$^{walking\ skeleton}$", "확장된 애자일 프레임워크$^{scaled\ Agile\ framework}$"와 같은 기법을 볼 것이다. 이들 각 기법은 어느 정도 개발 이전의 아키텍처 사고와 설계를 주장한다. 되풀이하면 아키텍처는 애자일을 가능하게 하며, 다른 방법은 없다.

게다가 아키텍처는 그 자체가 설계 결정이 아닌 다른 결정에 영향을 줄 수는 있어도 결정하지는 않는다. 이들 결정은 품질 속성의 달성에 직접적으로 영향을 미치지 않는다. 그러나 이들은 그럼에도 불구하고 아키텍처가 결정해야 할 필요가 있다. 예를 들어 이러한 결정에는 도구 선택, 개발 환경 구조화, 릴리스와 배포, 운영 지원, 작업 할당 등이 포함될 수 있다.

마지막으로 잘 설계되고 적절하게 의사소통되는 아키텍처는 팀을 가이드하게 될 동의 agreement를 달성하게 하는 열쇠가 된다. 해야 할 가장 중요한 일은 인터페이스와 공유 리소스에 대한 동의다. 초기에 인터페이스에 대한 동의는 컴포넌트 기반 개발component-based development에서 중요하며, 분산 개발distributed development에서는 아주 중요하다. 이들 결정은 조만간 이루어지게 될 것이다. 초기에 의사 결정을 하지 않는다면 시스템을 통합하기는 훨씬 더 어려워질 것이다. 3.6절에서 아키텍처 설계에서 인터페이스(다른 시스템과의 외부 인터페이스와 요소 상호작용을 중재하는 내부 인터페이스 둘 다)를 정의하는 방법을 논의하게 될 것이다.

2.4 아키텍처 요인

ADD(또는 다른 설계 방법론)로 설계를 시작하기 전에 무엇을 왜 하는지를 생각해볼 필요가 있다. 이 문장이 아주 분명한 것 같지만 보통 세부적으로는 아주 어렵다. 이들 "무엇"과 "왜"라는 질문은 아키텍처 요인architectural driver으로서 분류된다. 그림 2.1에서와 같이 이들 요인에는 설계 목적, 품질 속성, 최우선 기능, 아키텍처 관심사와 제약사항이 포함된다. 이들 고려 사항은 시스템의 성공에 중요하며, 그 자체로 아키텍처를 주도하고 형성한다.

다른 중요한 요구와 마찬가지로 아키텍처 요인은 개발 라이프사이클 전체에 걸쳐 기준이 되고 관리되어야 한다.

2.4.1 설계 목적

먼저 여러분이 달성하기 원하는 설계 목적을 명확하게 할 필요가 있다. 아키텍처 설계를 언제 왜 할 것인가? 이 시점에서 조직이 어떤 비즈니스 목표에 관심을 갖는가?

1. 프로젝트 제안(9.1.1절에서 논의하는 컨설팅 조직에서 사전 영업 과정 또는, 회사에서 내부 프로젝트 선정 및 우선순위화를 위한)의 일부로서 아키텍처 설계를 수행할 수 있다. 프로젝트의 타당성, 일정, 예산 결정의 일부로서 초기 아키텍처가 생성되는 것은 드문 일이 아니다. 이러한 아키텍처는 아주 자세할 필요는 없다. 이 아키텍처의 목적은 작업

단위를 이해할 정도로 충분히 상세하게 아키텍처를 이해하고 분할하여 산정할 수 있도록 하는 것이다.

2. 실험적인 프로토 타입을 생성하는 과정의 일부로서 아키텍처 설계를 수행할 수 있다. 이 경우에 아키텍처 설계 프로세스의 목적은 다시 릴리스하거나 재사용하는 시스템을 생성하는 것이 아니라, 도메인을 탐색하고 새로운 기술을 탐험하며, 빠른 피드백을 도출하기 위해 고객 앞에서 실행하거나 품질 속성(성능, 확장성 또는 가용성을 위한 장애 복구와 같은)을 위한 것이다.

3. 개발 동안에 아키텍처를 설계할 수 있다. 이것은 전체 새로운 시스템이나 새로운 시스템의 상당한 부분일 수도 있거나, 리팩토링되거나 대체되는 기존 시스템의 부분일 수도 있다. 이 경우에 목적은 요구를 만족하며, 시스템의 구축과 작업 할당을 가이드하며, 결과적인 릴리스를 준비하기 위해 충분한 작업을 수행하는 것이다.

이들 목적은 성숙한 도메인의 신규 개발greenfield 시스템이나 특수한 도메인의 신규 개발, 기존 시스템에 따라서 다르게 해석되며 실행될 수 있다. 예를 들어 성숙한 도메인에서 사전 영업 과정은 비교적 직접적일 수 있다. 아키텍트는 기존 시스템을 사례로 재사용할 수 있으며, 유추하여 자신 있게 산정할 수 있다. 특수 도메인에서 사전 영업 산정 과정은 훨씬 더 복잡하여 위험할 것이며, 상당히 가변적인 결과를 가져올 것이다. 이들 환경에서 시스템의 프로토 타입 또는 시스템의 핵심 부분을 생성하여 위험을 완화시키고 불확실성을 줄일 필요가 있다. 많은 경우에서 또한 이 아키텍처는 새로운 요구를 배우거나 수용할 때 빨리 적합하게 될 필요가 있다. 기존 개발brownfield 시스템에서 요구는 잘 이해되지만 기존 시스템 자체가 복잡한 객체이어서 정확하게 계획하기 위해서는 잘 이해해야만 한다.

마지막으로 개발 또는 유지보수 동안에 개발 조직의 목표가 아키텍처 설계 프로세스에 영향을 미친다. 예를 들어 조직이 재사용을 위한 설계, 미래 확장이나 부분 집합을 위한 설계, 확장성을 위한 설계, 지속적인 인도를 위한 설계, 기존 프로젝트의 역량과 팀 멤버 기술을 최대한 활용하는 설계 등에 관심을 가질 수 있다. 또는 조직이 벤더와 전략적인 관계를 가질 수도 있다. 또는 CIO가 좋아하거나 싫어하는 특정한 것이 있을 수도 있으며, 프로젝트에 이것을 부과하기를 원할 수도 있다.

왜 번거롭게 이러한 것들을 고려해야 하는가? 이들이 설계 프로세스와 설계의 결과에 모두 영향을 미치기 때문이다. 아키텍처는 비즈니스 목표를 달성하는 것을 도와주기 위해 존재한다. 아키텍트는 이들 목표를 명확하게 하고 의사소통(그리고 협상)해야 하며, 설계 프로세스를 시작하기 전에 명확한 설계 목적을 수립해야 한다.

2.4.2 품질 속성

소프트웨어 아키텍처 이론과 실제에서 품질 속성quality attribute은 시스템이 이해당사자의 필요를 얼마나 잘 만족시키는가를 가르키기 위해 사용되는 측정할 수 있거나 테스트할 수 있는 시스템의 속성으로 정의한다. 품질은 그 자체로 주제 개념이기 때문에 이들 속성은 품질을 간결하고 객관적으로 표현해야 한다.

요인들 중에서 품질 속성은 아키텍처를 가장 중요하게 형성하는 것이다. 아키텍처 설계를 수행할 때 여러분이 수행하는 중요한 선택은 대부분 시스템이 이들을 주도하는 품질 속성 목적을 충족시키는 방식을 결정한다.

이들이 중요하다면 여러분은 품질 속성을 도출하고, 명세하며, 우선순위를 결정하고, 확인하는 것에 신경을 써야만 한다. 이들 요인을 올바르게 구하는 데 그토록 많이 의존하기 때문에 힘든 작업처럼 들린다. 다행히도 잘 이해되고 광범위하게 산재된 여러 기법이 다음과 같이("품질 속성 워크샵과 유틸리티 트리" 참고 박스를 참조한다) 여러분을 도와줄 수 있다.

품질 속성 워크샵QAW, Quality Attribute Workshop은 시스템의 이해당사자들을 포함하는 중재되는 브레인스토밍 회의로, 품질 속성을 도출하고 명세하며, 우선순위를 결정하고 의견 일치를 달성하는 많은 활동을 수행한다.

미션 스레드 워크샵Mission Tread Workshop은 QAW와 같은 목적을 갖지만, 시스템의 시스템a system of systems을 대상으로 한다.

유틸리티 트리Utitlity Tree는 아키텍트가 기술적인 난이도와 위험에 따라 품질 속성 요구의 우선순위를 결정하는 데 사용될 수 있다.

우리는 품질 속성 요구를 논의하고 문서화하며, 우선순위를 결정하는 가장 좋은 방법은 시나리오 집합이라고 생각한다. 가장 간단한 형식으로 시나리오scenario는 몇 가지 자극stimulus에 대한 시스템의 반응response을 서술한다. 왜 시나리오가 가장 좋은 접근 방법일까? 다른 모든 접근 방법이 나쁘기 때문이다! "성능performance"이나 "변경용이성modifiability", "설정용이성configurability"과 같은 용어를 정의하는 데 끝없는 시간이 낭비되며, 이들의 논의는 실제 시스템에 별로 도움이 되지 못한다. 시스템이 "변경 가능"하게 될 것이라고 말하는 것은 의미가 없다. 모든 시스템은 어떤 변경에 관해서는 수정할 수 있으며, 다른 변경에 관해서는 수정할 수 없기 때문이다. 그러나 특정한 변경 요청에 반응하여 여러분이 달성하고 싶은 변경용이성 반응 측정(가령, 경과 시간이나 노력)을 명시할 수 있다. 예를 들어 "전자상거래 웹사이트에서 배송률을 변경하는 작업이 하루에 한 사람의 노력 이하로 완료되고 테스트될 수 있어야 한다"고 명시하기를 원할 수 있다(이것은 모호하지 않은 기준이다).

따라서 품질 속성 시나리오의 핵심은 자극과 반응을 쌍으로 하는 것이다. 여러분이 비디오 게임을 구축하고 있으며, 다음과 같은 기능 요구를 갖는다고 하자. "사용자가 C 버튼을 눌렀을 때 게임은 비디오 모드를 변경할 것이다." 이 기능 요구는 중요하다면 품질 속성 요구와 연관될 필요가 있다. 예를 들어, 다음과 같은 문제가 있을 수 있다.

- 기능이 얼마나 빨라야 하는가?
- 기능이 얼마나 안전해야 하는가?
- 기능이 얼마나 수정하기 쉬워야 하는가?

이 문제를 해결하기 위해 우리는 품질 속성 요구를 서술하는 시나리오를 사용한다. 예를 들어, 앞에서 제시된 기능 요구는 다음과 같이 주석될 것이다. "사용자가 C 버튼을 눌렀을 때 500ms 이내에 게임은 비디오 모드를 변경할 것이다." 시나리오는 자극(이 경우에는 C 버튼을 누르는 것)에 반응(비디오 모드를 변경하는 것)하는 것과 연관되며, 반응 측정(500 ms 이내)을 사용하여 측정된다. 완전한 품질 속성 시나리오는 3개 부분을 추가한다. 자극원(이 경우에는 사용자)과 영향을 받는 대상(이 경우에는 엔드-두-엔드 지연을 다루기 때문에 전체 시스템이 산출물이 된다), 그리고 환경(정상 운영, 시작, 성능 감소 모드, 또는 다른 모드도 있을 수 있다) 등이다. 전체적으로는 그림 2.2에서 볼 수 있는 바와 같이 완전하게 잘 정의된 시나리오는 3개 부분으로 구성된다.

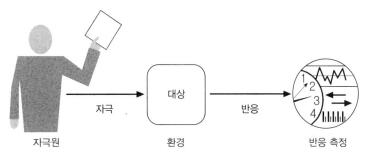

그림 2.2 품질 속성 시나리오의 6개 부분

시나리오는 시스템의 품질 속성 행위에 관한 테스트할 수 있고, 거짓을 입증할 수 있는 가설이다. 이들은 명확한 자극과 반응을 갖기 때문에 시나리오를 어떻게 지원할 것인지에 관한 용어로 설계를 평가할 수 있으며, 측정값을 취하여 프로토 타입이나 완전히 구현된 시스템을 대상으로 실제로 시나리오를 만족하는지 여부를 테스트할 수 있다. 분석(또는 프로토 타입 결과)이 시나리오의 응답 목표가 충족되지 않는다는 것을 나타낸다면 가설은 실패한 것으로 간주된다.

다른 요구와 마찬가지로 시나리오는 우선순위화되어야 한다. 이것은 각 시나리오와 관련되어 중요성 순위가 할당된 두 개의 차원을 고려함으로써 달성될 수 있다.

- 첫 번째 차원은 시스템의 성공과 관련된 시나리오의 중요성에 대응한다. 이것은 고객에 의해 순위가 결정된다.
- 두 번째 차원은 시나리오와 관련된 기술적인 위험 정도에 대응된다. 이것은 아키텍트에 의해 순위가 설정된다.

상/중/하(L/M/H) 척도가 두 차원의 우선순위를 매기는 데 사용된다. 일단 차원의 우선순위가 결정되면 시나리오는 (H, H), (H, M), (M, H) 순위의 결합을 갖는 것을 선택함으로써 우선순위가 결정된다.

이와 함께 JRP^Joint Requirement Planning, JAD^Joint Application Design, 발견 프로토 타입^discovery prototyping, 가속 시스템 분석^accelerated system analysis과 같은 몇 가지 전통적인 요구 도출 기법이 품질 속성 요구에 집중하도록 약간 수정될 수 있다.

그러나 어떤 기법을 사용하든지 측정할 수 있는 품질 속성의 우선순위화된 목록이 없이는 설계를 시작하지 말라! 이해당사자가 무지를 변명("나는 얼마나 빨라야 하는지 잘 모릅니다. 그냥 빠르게 해주세요!")할 수 있겠지만, 여러분은 적어도 가능한 반응의 범위를 거의 항상 도출할 수 있다. 시스템이 "빨라야" 한다고 말하는 대신에 10초 응답 시간이면 받아들일 수 있는지 이해당사자에게 묻는다. 만약 받아들일 수 없다면 5초면 되는지, 아니면 1초이어야 하는지를 묻는다. 대부분의 경우에 사용자는 자신의 요구에 대하여 깨닫는 것 이상으로 알고 있다는 것을 발견할 것이다. 그리고 여러분은 적어도 어떤 범위 안에 "그들을 가둬둘" 수 있다.

품질 속성 워크샵과 유틸리티 트리

품질 속성 워크샵(QAW, Quality Attribute Workshop)

QAW는 소프트웨어 아키텍처가 완료되기 전에 품질 속성 시나리오를 생성하고, 우선순위를 정하고, 정제하는 데 사용되는 중재되는 이해당사자에 초점을 맞춘 방법론이다. QAW 회의는 이상적으로 소프트웨어 아키텍처가 정의되기 전에 수행되지만, 실제로는 소프트웨어 개발 라이프사이클에서 어떤 위치에도서 QAW가 사용되는 것을 볼 수 있다. QAW는 시스템 수준의 관심사와 소프트웨어가 시스템에서 수행하는 역할에 명시적으로 초점을 맞춘다. QAW는 시스템 이해당사자의 참여에 전적으로 의존한다. QAW는 다음과 같은 단계를 수행한다.

1. QAW 프리젠테이션 및 소개: QAW 중재자는 QAW의 동기를 설명하고 방법론의 각 단계를 설명한다.

2. 비즈니스 목표 프리젠테이션: 프로젝트의 비즈니스 관심사를 표현하는 이해당사자가 시스템의 비즈니스 컨텍스트와 전반적인 기능 요구, 제약사항, 알려진 품질 속성 요구를 제시한다. 나중에 QAW 단계에서 정제될 품질 속성은 대개 이 단계에서 제시되는 비즈니스 목표로부터 도출되고 추적되어야 한다. 이런 이유로 이들 비즈니스 목적은 우선순위화되어야 한다.

3. 아키텍처 계획 프리젠테이션: 아키텍트는 현재 존재하는 그대로 시스템 아키텍처 계획을 제시한다. 아키텍처가 보통은 아직 정의되지 않지만(특히 신규 개발 시스템에서), 아키텍트는 이 초기 단계에서조차 잘 알고 있기 마련이다. 예를 들어, 아키텍트는 이미 사용해야 할 기술과 상호작용해야 할 다른 시스템, 따라야 할 표준, 재사용할 수 있는 서브시스템이나 컴포넌트 등을 알고 있을 수 있다.

4. 아키텍처적인 요인 식별: 중재자는 2단계와 3단계에서 수집된 주요 아키텍처 요인 목록을 공유하고, 이해당사자에게 명확하게 할 것과 추가할 것, 삭제할 것, 수정할 것이 있는지를 질문한다. 이렇게 하여 주요 기능 요구, 비즈니스 요인, 제약사항, 품질 속성을 포함하는 아키텍처 요인의 정제된 목록에 대한 의견 일치에 도달하게 한다.

5. 시나리오 브레인스토밍: 이런 컨텍스트 상에서 각 이해당사자는 시스템에 관련하여 자신의 필요와 바람을 표현하는 시나리오를 설명하는 기회를 갖는다. 중재자는 각 시나리오가 명확한 자극과 반응을 갖는지 확인한다. 또한 중재자는 4단계 목록에서 제시된 각 아키텍처 요인에 대하여 적어도 하나의 대표 시나리오가 존재하는지를 확인한다.

6. 시나리오 통합: 유사한 시나리오는 합리적인 곳에 통합된다. 7단계에서 이해당사자는 자신이 선호하는 시나리오에 투표한다. 그리고 통합은 같은 관심을 표현한 여러 시나리오가 있어서 투표를 해야 하는 것을 막아준다.

7. 시나리오 우선순위 결정: 시나리오 우선순위 결정은 전체 시나리오 수의 30% 정도의 투표수를 각 이해당사자에게 할당함으로써 수행된다. 이해당사자는 자신의 투표 수를 어떤 시나리오 또는 시나리오 조합에 할당할 수 있다. 모든 이해당사자가 투표를 하면 결과가 집계되고 이에 따라 시나리오의 우선순위가 결정된다.

8. 시나리오 정제: 최우선 시나리오를 다듬어서 상세하게 한다. 중재자는 이해당사자가 자극원–자극–대상–환경–반응–반응 측정의 여섯 부분 시나리오 형식으로 시나리오를 작성할 수 있도록 도와준다.

따라서 QAW의 출력은 비즈니스 목표와 연계된 우선순위화된 시나리오 목록으로, 가장 높은 우선순위를 갖는 시나리오가 탐험되고 정제된다. QAW는 간단한 시스템인 경우에는 2–3시간 정도 안에, 또는 이터레이션의 일부로서, 또는 요구 완료성이 목표인 복잡한 시스템인 경우에는 2일 정도 수행될 수 있다.

유틸리티 트리

자문할 어떤 이해당사자도 없다 할지라도 시스템에 직면한 여러 과제를 수행하기 위해 무엇을 해야 하며, 어떻게 우선순위화 할지를 결정할 필요가 있다. 우리의 생각을 구조화할 수 있는 한 가지 방법은 유틸리티 트리(utility tree)다. 유틸리티 트리는 다음 그림에서 볼 수 있듯이 우리의 품질 속성 목표를 자세히 설명할 수 있도록 하며, 이들의 우선순위를 결정할 수 있게 한다.

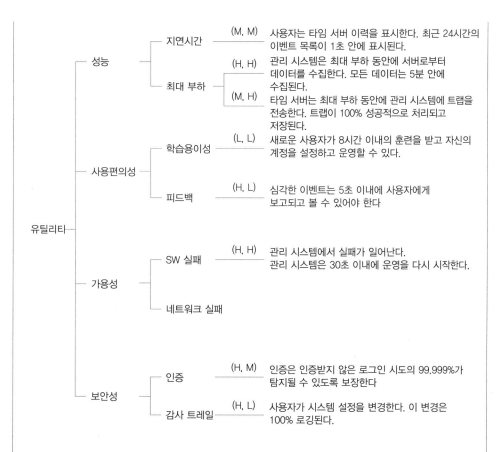

다음과 같은 방식으로 작업한다. 먼저 종이 위에 "유틸리티"라는 단어를 작성한다. 그 다음에 시스템의 유틸리티를 구성하는 다양한 품질 속성을 쓴다. 예를 들어, 시스템의 비즈니스 목표를 기반으로 시스템의 가장 중요한 품질이 시스템이 빠르고 안전하며 변경하기 쉬워야 한다는 것을 알고 있다고 하자. 그러면 이들 단어를 "유틸리티" 밑에 작성하면 된다. 다음에는 이들 용어가 실제로 의미하는 것을 여러분이 모르기 때문에 여러분이 가장 관심을 갖고 있는 품질 속성을 설명한다. 예를 들어, "성능"은 모호하지만 "데이터베이스 트랜잭션 지연"은 어느 정도 덜 모호하다. 마찬가지로 "변경용이성"은 모호하지만 "새로운 코덱을 추가하기 쉬움"은 덜 모호하다.

트리의 리프(leaf) 노드는 시나리오로 표현되어, 여러분이 방금 열거한 품질 속성 고려사항의 구체적인 예를 제공한다. 예를 들어, "데이터베이스 트랜잭션 지연"에 대하여 "정상적인 조건 하에 평균 1초 이내의 평균 지연으로 1000명의 사용자가 동시에 자신의 고객 기록을 갱신한다."와 같은 시나리오를 생성할 수 있다. "새로운 코덱을 추가하기 쉬움"에 대해서는 "고객은 새로운 커스텀 코덱이 시스템에 추가되도록 요청한다. 코덱은 2주간의 작업으로 부작용 없이 추기된다."와 같은 시나리오를 생성할 수 있다.

마지막으로 여러분이 생성한 시나리오는 우선순위화되어야 한다. 우리는 2차원 계수 기법으로 우선순위화 하여, 다음과 같은 우선순위 행렬(각 셀의 숫자는 시스템 시나리오의 집합에서 온다)을 작성할 수 있다.

비즈니스 중요성/기술 위험	L	M	H
L	5, 6, 17, 20, 22	1, 14	12, 19
M	9, 12, 16	8, 20	3, 13, 15
H	10, 18, 21	4, 7	2, 11

아키텍트로서 우리의 작업은 이 표의 우측 하단 부분(H, H)에 집중된다. 이들 시나리오는 가장 비즈니스 중요성이 높고 위험도 높다. 일단 우리가 이들 시나리오를 만족스럽게 해결했다면 (M, H)나 (H, M)을 갖는 것으로 이동할 수 있다. 그리고 시스템의 모든 시나리오가 해결될 때까지(또는 보통의 경우처럼 아마도 시간이나 예산이 부족할 때까지) 위로, 왼쪽으로 이동한다.

QAW와 유틸리티 트리가 같은 목표를 목적으로 하는 두 가지 서로 다른 기법이라는 것에 주목한다. 둘 다 가장 중요한 아키텍처 요인의 일부가 되는 가장 중요한 품질 속성 요구를 도출하고 우선순위화 한다. 그러나 이들 기법 사이에 선택하여야 할 이유가 없다. 둘 다 유용하고 가치가 있다. 그리고 우리 경험으로는 이들은 보완적인 강점을 갖고 있다. QAW는 외부 이해당사자의 요구에 좀 더 집중하는 경향이 있으며, 반면에 유틸리티 트리는 내부 이해당사자의 요구를 도출하는 것을 가속화하는 경향이 있다. 이들 모든 이해당사자를 행복하게 만드는 것이 여러분의 아키텍처의 성공을 보장하는 길이 될 것이다.

2.4.3 최우선 기능

기능은 시스템이 의도한 대로 작업을 수행하는 능력이다. 품질 속성과 반대로, 정상적으로는 시스템이 구조화되는 방식이 기능에 영향을 주지 않는다. 단 하나의 거대한 모듈 안에 해당 시스템의 모든 기능을 코드로 작성할 수 있다. 또는 그것을 작고 응집력이 높은 많은 모듈에 깔끔하게 분배할 수도 있다. 여러분이 기능만을 고려한다면 외부적으로 볼 때 시스템은 같은 방식으로 작동하는 것처럼 보인다. 하지만 중요한 것은 그와 같은 시스템을 변경하고자 할 때 어떤 일이 발생하는가 하는 것이다. 전자의 경우에 시스템은 변경은 어렵고 비용이 많이 든다. 후자의 경우는 변경이 훨씬 더 쉽고 비용이 많이 들지 않는다. 아키텍처 설계 관점에서는 기능 그 자체보다는 기능을 요소에 할당하는 것이 중요한 것이다. 좋은 아키텍처는 가장 공통적인 변경이 단일 또는 몇 개 요소 안으로 지역화되어 변경하기 쉽게 하는 것이다.

아키텍처를 설계할 때 적어도 최우선 기능을 고려할 필요가 있다. 최우선 기능[primary functionality]은 일반적으로 시스템 개발의 동기가 되는 비즈니스 목적을 달성하는 데 중요한 기능으로 정의된다. 최우선 기능의 다른 기준은 높은 수준의 기술적인 난이도를 의미하거나 많은 아키텍처 요소와의 상호작용이 필요한 것일 수 있다. 일반적으로 유스케이스나 사용자 스토리의 약 10 퍼센트 정도가 최우선적이라고 할 수 있다.

아키텍처를 설계할 때 최우선 기능을 고려해야 하는 두 가지 중요한 이유가 있다.

1. 변경용이성이나 재사용성을 증진시키고, 또한 작업 할당을 계획하기 위해 기능을 요소(대개는 모듈)에 할당되는 방법을 생각할 필요가 있다.

2. 일부 품질 속성 시나리오는 시스템의 최우선 기능과 직접 연결된다. 예를 들어 동영상 스트리밍 애플리케이션에서 최우선 유스케이스 중 하나는 물론 영화를 보는 것이다. 이 유스케이스는 "사용자가 재생을 누르면 동영상은 5초 이내에 스트리밍을 시작해야 한다"와 같은 성능 품질 속성 시나리오와 관련된다. 이 경우에 품질 속성 시나리오는 최우선 시나리오와 직접적으로 연관되어, 또한 이 시나리오를 지원하는 의사결정은 관련된 기능이 지원되는 방법에 관한 의사 결정을 필요로 한다. 이것은 모든 품질 속성에 해당하는 경우는 아니다. 예를 들어, 가용성 시나리오는 시스템 실패로부터 복구하는 것을 포함하며, 이러한 실패는 시스템의 어떤 유스케이스가 실행될 때라도 발생할 수 있다.

아키텍처 설계 동안에 수행되는 기능 할당과 관련된 결정은 개발이 진행함에 따라 기능의 나머지가 모듈에 할당되는 방법에 대한 선례도 수립된다. 이것은 보통 아키텍트의 작업이 아니다. 그 대신에 이 활동은 보통 2.2.2절에서 설명한 요소 상호작용 설계 프로세스의 일부로서 수행된다.

마지막으로 기능 할당과 관련하여 이루어진 나쁜 의사 결정은 기술적인 빚의 축적으로 이어진다(물론, 이들 결정이 가늠자에서만 나쁜 것으로 드러날 수는 있다). 이러한 빚은 리팩토링의 사용을 통해서 갚을 수 있다. 하지만 프로젝트의 진행율 또는 벨로서티에 영향을 준다("리팩토링" 참고 박스를 참고한다).

리팩토링

소프트웨어 아키텍처(또는 그 일부)를 리팩토링(refactoring)한다면 여러분이 하고 있는 일은 같은 기능을 유지하지만 몇 가지 품질 속성을 변경하는 것이다. 보통 아키텍트는 시스템의 일부분이 이해하고 디버깅하고 유지보수하기 어려울 때 리팩토링을 선택한다. 또는 시스템의 일부가 느리거나 실패하기 쉽거나 안전하지 않을 때 리팩토링한다.

각 경우에서의 리팩토링 목표는 기능을 변경하는 것이 아니라 품질 속성 반응을 변경하는 것이다(물론 기능의 추가도 때로는 리팩토링에 포함되기도 하지만, 리팩토링하는 핵심 목적은 아니다). 명확하게 같은 기능을 유지하지만 아키텍처를 변경시켜 다른 품질 속성 반응을 달성한다면 이들 요구 유현은 서로에게 직교적이다. 즉, 독립적으로 다양할 수 있다.

2.4.5 아키텍처 관심사

아키텍처 관심사$^{architectural\ concerns}$는 아키텍처 설계의 일부로서 고려될 필요가 있지만, 전통적으로 요구로서 표현되지 않는 추가적인 면을 포함한다. 여러 가지 다양한 유형의 관심사가 있다.

- **일반 관심사**$^{general\ concern}$: 전체 시스템 구조 수립, 기능을 모듈에 할당, 모듈을 팀에 할당, 코드베이스$^{code\ bae}$ 구조화, 시동 및 종료, 지원 인도, 배포, 갱신과 같이 아키텍처를 생성하는데 관련된 "광범위한" 이슈다.

- **특별 관심사**$^{specific\ concern}$: 예외 관리, 의존성 관리, 설정, 인증 로깅, 권한, 캐싱 등과 같이 대부분의 애플리케이션에 공통적인 좀 더 상세한 시스템 내부 이슈다. 몇 가지 특별 관심사는 참조 아키텍처(2.5.1절을 참조한다)로 해결될 수 있지만, 다른 것은 여러분의 시스템에만 고유할 것이다. 또한 특별 관심사는 이전 설계 결정으로부터 야기된다. 예를 들어, 이전에 웹 애플리케이션 개발의 참조 아키텍처를 사용하기로 결정했다면 세션 관리를 해결할 필요가 있다.

- **내부 요구**$^{internal\ requirement}$: 이들 요구는 고객이 보통 표현하기 어렵기 때문에 전통적인 요구 문서에 명확하게 명세되지 않는다. 내부 요구는 시스템의 개발, 배포, 운영 또는 유지보수를 촉진시키는 측면을 해결한다. 이들을 때로는 "파생된 요구$^{derived\ requirement}$" 라고도 한다.

- 이슈issue: 설계 검토(8.6절을 참조한다)와 같이 분석 활동으로부터 야기된다. 따라서 초기에는 나타나지 않을 수 있다. 예를 들어 아키텍처 평가는 현재 설계에서 수행되기 위해서는 몇 가지 변경이 필요한 위험을 밝혀낼 수 있다.

아키텍처 관심사와 관련된 몇 가지 결정은 사소하거나 분명할 수 있다. 예를 들어, 임베디드 시스템이나 단일 휴대전화에서 배포 구조가 단일 프로세서일 수 있다. 여러분의 참조 아키텍처는 회사 정책으로 제한될 수 있다. 여러분의 인증 권한 정책은 전사적 아키텍처enterprise architecture를 따라야 하며, 공유된 프레임워크로 실행되어야 할 수 있다. 그러나 다른 경우에서는(예를 들어 예외 관리나 입력 유효 확인 또는 코드베이스 구조와 같이) 특정한 관심사를 만족시키는 데 요구되는 결정이 분명하지 않을 수도 있다.

과거 경험으로 볼 때 현명한 아키텍트는 보통 시스템의 특정한 유형과 관련된 관심사와 이들을 해결할 수 있는 설계 결정을 하는 데 필요한 것을 알고 있다. 경험이 없는 아키텍트는 보통 이러한 관심사를 잘 알지 못한다. 이들 관심사는 분명하기보다는 암묵적인 경향이 있으므로 설계 프로세스의 일부로서 고려하지 않으므로 보통 나중에 문제로 등장하게 된다.

아키텍처 관심사는 자주 새로운 품질 속성 시나리오를 도입하게 한다. 예를 들어 "로깅 지원"의 관심사는 너무 모호해서 좀 더 명시적으로 만들어야 할 필요가 있다. 고객이 제공하는 품질 속성 시나리오와 같이 이들 시나리오는 우선순위화되어야 한다. 그러나 이들 시나리오의 고객은 개발 팀이나 운영, 또는 조직의 다른 멤버다. 설계 동안에 아키텍트는 고객이 제공하는 품질 속성 시나리오와 아키텍처 관심사로부터 도출된 시나리오를 둘 다 고려해야만 한다.

개정된 ADD 방법론의 목적 중 하나는 아키텍처 설계 프로세스의 명확한 입력으로서 아키텍처 관심사의 중요성을 고양시키는 것이다. 이 점은 4장과 5장, 6장의 예제와 사례에서 강조될 것이다.

2.4.6 제약사항

개발 상의 제약상을 아키텍처 설계 프로세스의 일부로서 고려할 필요가 있다. 이들 제약사항은 필수적인 기술, 시스템이 상호운영하거나 통합해야 할 필요가 있는 다른 시스템, 준수해야 할 법규나 표준, 개발자의 가용성, 협상할 수 없는 마감 시간, 이전 버전 시스템과의 하위 호환성 등의 형식을 갖는다. 기술적인 제약사항의 예는 오픈소스 기술의 사용이며, 반면에 비기술적인 제약사항은 시스템이 사베인스옥슬리 법을 따라야 한다거나 2015년 11월까지 인도되어야 한다는 것이다.

제약사항은 아키텍트가 통제할 수 없는 결정이다. 1장에서 언급한 것처럼, 여러분이 해야 할 일은 만족시키는 것이다. 직면한 제약사항에도 불구하고 여러분이 할 수 있는 한 최선의 시스템을 설계하는 것이다. 때로는 제약사항을 완화시켜줄 것을 주장할 수도 있지만, 대부분의 경우에서 여러분에게는 선택의 권한이 없다. 다만 제약사항 하에서 설계를 하는 것이다.

2.5 설계 개념: 구조 생성을 위한 빌딩 블록

설계는 마구잡이가 아니다. 계획되고 의도적이며 이성적이며 방향성을 갖는다. 설계 프로세스가 처음에는 벅차게 느껴진다. 어떤 설계 활동이든 처음에 "빈 페이지"를 마주할 때 가능성의 영역은 불가능할 정도로 거대하고 복잡하게 보일 수 있다. 그러나 여기에 몇 가지 도움이 될 만한 것이 있다. 소프트웨어 아키텍처 커뮤니티는 예측할 수 있는 결과로 고품질의 설계를 생성하도록 여러분을 가이드할 수 있는 일반적으로 수용할 수 있는 설계 원칙을 수십 년 동안 생성하고 발전시켜 왔다.

예를 들어, 몇 가지 잘 문서화된 설계 원칙은 특정한 품질 속성의 달성을 지향한다.

* 높은 응집성^{cohesion}과 낮은 결합성^{coupling}을 지향하는 좋은 모듈성을 목표로 함으로써 높은 변경용이성^{modifiability}을 달성할 수 있게 한다.
* 어떤 단일 실패점을 갖지 않도록 함으로써 높은 가용성^{availability}을 달성할 수 있게 한다.
* 중요한 리소스에 대한 하드 코딩된 한계를 갖지 않게 함으로써 확장성^{scalability}을 달성할 수 있게 한다.
* 상태를 외부화하여 테스트 용이성^{testability}를 달성할 수 있게 한다.
* 기타

각 경우에 실무에서 이들 품질 속성을 다루는 이들 원칙은 수십년 동안 발전되어 왔다. 이와 함께 우리는 설계, 그리고 궁극적으로는 코드에서 이들 추상적인 접근 방법의 재사용할 수 있는 실현을 발전시켰다. 우리는 이들 재사용할 수 있는 실현을 설계 개념^{design concept}이라고 하며, 이들이 아키텍처를 형성하는 구조를 생성하는 빌딩 블록이다. 다른 유형의 설계 개념이 존재하며, 여기에서는 참조 아키텍처와 배포 패턴, 아키텍처 패턴, 전술, 외부에서 개발된 컴포넌트(프레임워크와 같은)를 포함한 가장 공통적으로 사용되는 몇 가지를 논의한다. 처음 4개는 본질적으로 개념이지만, 나머지는 구체적이다.

2.5.1 참조 아키텍처

참조 아키텍처^{reference architecture}는 특정한 유형의 애플리케이션에 대하여 전반적인 논리적인 구조를 제공하는 청사진이다. 참조 아키텍처는 하나 이상의 아키텍처 패턴^{architectural pattern}에 매핑되는 참조 모델^{reference model}이다. 비즈니스와 기술 컨텍스트에서 증명되어 왔으며, 일반적으로 쉽게 사용할 수 있게 하는지 원 산출물의 집합이 함께 제공된다.

웹 애플리케이션 개발에서의 참조 아키텍처의 예는 그림 2.3에서 볼 수 있다. 이 참조 아키텍처는 이 유형의 애플리케이션에 대하여 주요 레이어(프리젠테이션, 비즈니스, 데이터)와 함께, UI 컴포넌트, 비즈니스 컴포넌트, 데이터 액세스 컴포넌트, 서비스 에이전트 등 레이어 안에 나타나는 요소의 유형과 이들 요소의 책임을 수립한다. 또한 이 참조 아키텍처는 해결할 필요가 있는 보안과 커뮤니케이션과 같은 횡단 관심사^{cross-cutting convern}를 도입한다. 이 예가 보여주는 것과 같이, 또한 여러분의 애플리케이션의 참조 아키텍처를 선택할 때 설계 동안에 해결될 필요가 있는 이슈의 집합을 채택한다. 여러분은 커뮤니케이션이나 보안에 관련된 명확한 요구가 없을 수도 있다. 그러나 이들 요소가 참조 아키텍처의 일부라는 사실은 여러분이 이들에 대해 설계 결정을 하는 것을 요구한다.

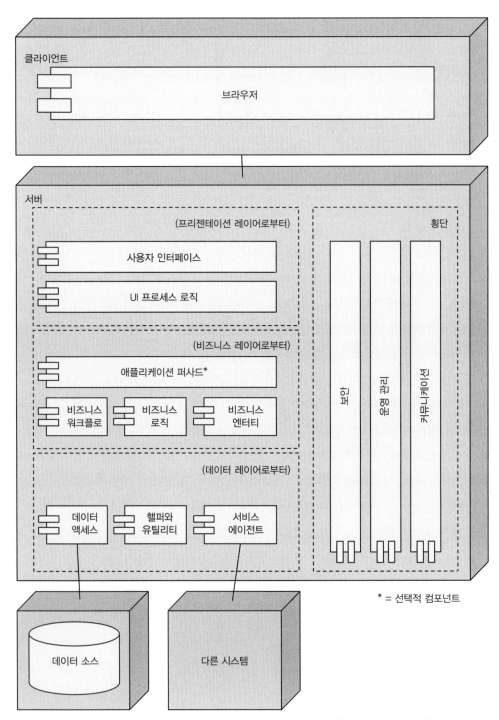

그림 2.3 마이크로소프트 애플리케이션 아키텍처 가이드의 웹 애플리케이션 개발을 위한 참조 아키텍처의 예(용례: UML)

참조 아키텍처와 아키텍처 스타일architectural style을 혼동할 수 있다. 그러나 이들 두 개념은 다르다. 아키텍처 스타일("파이프와 필터", "클라이언트 서버"와 같은)은 특정한 토폴로지에서 논리적이든 물리적이든 애플리케이션을 구조화하는 데 사용되는 컴포넌트와 커넥터의 타입을 정의한다. 이러한 스타일은 기술과 도메인에 구애를 받지 않는다. 이와는 반대로 참조 아키텍처는 특정한 도메인에 있는 애플리케이션을 위한 구조를 제공하며, 다른 스타일로 구체화할 수 있다. 또한 아키텍처 스타일이 학문에서 인기가 있지만, 참조 아키텍처는 실무에서 더 선호한다(또한 이것이 우리가 설계 개념의 목록에 참조 아키텍처를 포함시킨 이유이기도 하다).

많은 참조 아키텍처가 있지만 확장된 참조 아키텍처를 포함하는 카탈로그가 있는지는 알지 못한다.

2.5.2 아키텍처 디자인 패턴

디자인 패턴design pattern은 정의된 컨텍스트 안에 존재하는 반복적으로 나타나는 설계 문제에 대한 개념적인 솔루션이다. 원래 디자인 패턴이 인스턴스 생성, 구조, 행위를 포함하여 객체 단위에서의 결정에 중점을 두지만, 오늘날에는 다양한 수준의 입자성에서 결정을 해결하는 패턴을 포함하는 카탈로그가 있다. 이와 함께 보안이나 통합과 같은 품질 속성을 해결하는 특정한 패턴도 있다.

아키텍처 패턴architectural pattern과 좀 더 입자성이 작은 디자인 패턴에 고려해야 할 것 사이에 차이점에 대해서 몇몇 사람들이 논쟁을 하지만, 우리는 순전히 크기로 인한 원칙적인 차이점은 없다고 생각한다. 어떤 패턴의 사용이 직접적으로, 실질적으로 아키텍처 요인을 만족시키는 데 영향을 미칠 때 그 패턴이 아키텍처적이라고 생각한다(2.2절을 참고한다).

그림 2.4에서는 시스템을 구조하는 데 유용한 아키텍처 패턴의 예, 즉 레이어Layer 패턴을 보여준다. 여러분이 이와 같은 패턴을 선택할 때 시스템에 얼마나 많은 레이어가 필요하지 결정해야 한다. 그림 2.5는 성능을 향상시키는 데 유용한 동시성을 지원하는 패턴을 보여준다. 이 패턴도 인스턴스화instantiation가 필요하다. 즉, 특정한 문제와 설계 컨텍스트에 적응시켜야 할 필요가 있다. 인스턴스화는 3장에서 설명한다.

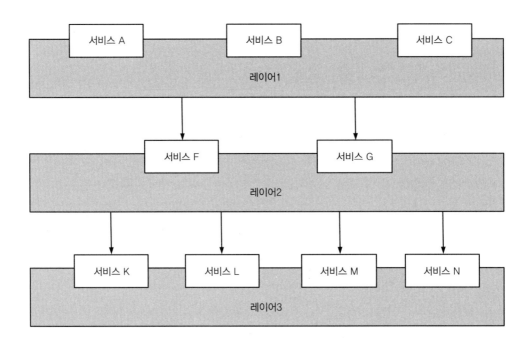

그림 2.4 패턴 지향 소프트웨어 아키텍처에서 가져온 애플리케이션 구조화를 위한 레이어 패턴

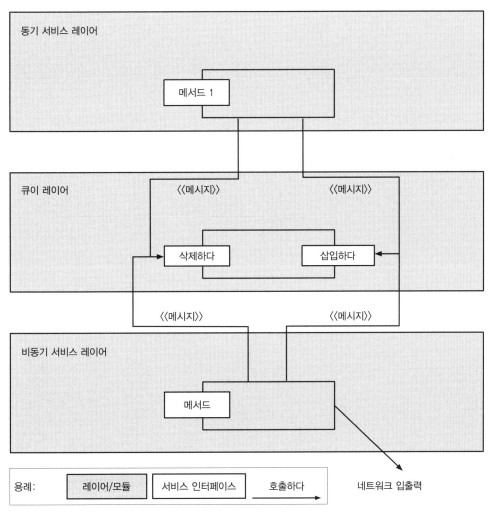

그림 2.5 패턴 지향 소프트웨어 아키텍처에서 가져온 동시성을 지원하는 반–동기/반–비동기 패턴(출처: Softserve)

참조 아키텍처를 패턴의 한 유형으로 생각할 수 있지만 이들을 분리해서 생각하는 것을 더 선호한다. 이들이 애플리케이션을 구조화하는 데 수행하는 중요한 역할 때문이며, 이들이 기술 스택에 좀 더 직접 연결되기 때문이다. 또한 참조 아키텍처는 일반적으로 다른 패턴을 포함하고 이들 패턴을 제약하기도 한다. 예를 들어 그림 2.3의 웹 애플리케이션 참조 아키텍처는 레이어 패턴을 포함할뿐만 아니라 얼마나 많은 레이어가 사용될 필요가 있는지도 수립한다. 이러한 참조 아키텍처는 애플리케이션 퍼사드[Application Facade]와 데이터 액세스 컴포넌트[Data Access Component]와 같은 다른 패턴도 포함한다.

2.5.3 배포 패턴

분리해서 고려해야 할 또 다른 유형의 패턴은 배포 패턴^{deployment pattern}이다. 이 패턴은 물리적으로 배포 할 수 있는 시스템을 구성하는 방법에 대한 모델을 제공한다. 그림 2.6과 같은 일부 배포 패턴은 티어^{tier, 물리적 노드}라는 용어로 시스템의 초기 물리적인 구조를 수립하는 데 유용하다. 그림 2.7과 같은 로드밸런싱 클러스터^{Load-Balanced Cluster}와 같은 좀 더 특수한 배포 패턴은 가용성, 성능, 보안과 같은 품질 속성을 만족시키는 데 사용된다.

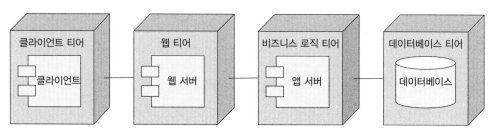

그림 2.6 마이크로소프트 애플리케이션 아키텍처 가이드에서 가져온 4 티어 배포 패턴(용례: UML)

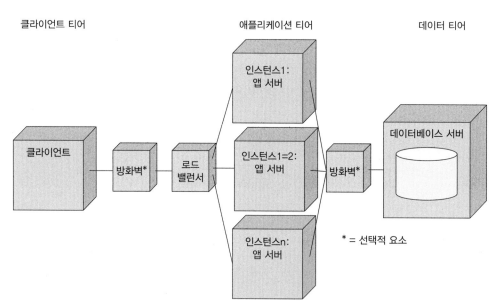

그림 2.7 마이크로소프트 애플리케이션 아키텍처 가이드에서 가져온 성능을 위한 로드밸런싱 클러스터 배포 패턴(용례: UML)

 일반적으로 시스템의 초기 아키텍처는 참조 아키텍처(그리고 다른 패턴)에서 가져온 논리적인 요소를 배포 패턴에 정의된 물리적인 요소로 매핑함으로써 수립된다.

2.5.4 전술

아키텍트는 기초적인 설계 기법의 묶음을 사용하여 특정한 품질 속성에 대한 반응을 달성할 수 있다. 우리는 이들 아키텍처 설계 근원architectural design primitive을 전술tactic이라고 한다. 디자인 패턴과 마찬가지로 전술은 아키텍트들이 오랫동안 사용해 온 기법이다. 우리는 전술을 새로 만들지 않는다. 다만 품질 속성 반응 목표를 관리하기 위해 수십년 동안 실무에서 실제로 수행된 것을 수집할 뿐이다.

전술은 품질 속성 반응의 통제에 영향을 미치는 설계 결정이다. 예를 들어, 낮은 반응 시간이나 높은 산출량을 갖도록 시스템을 설계하고 싶다면 이벤트 도착(서비스 요청)을 중재하는 설계 결정 집합을 만들어서 그림 2.8과 같이 일정한 시간 제약사항 안에서 산출되는 반응의 결과를 가져올 수 있다.

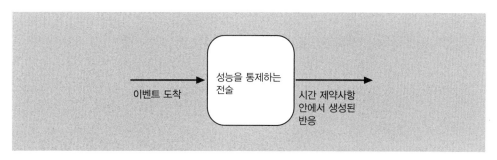

그림 2.8 전술은 이벤트와 반응을 중재한다

전술은 패턴보다는 더 단순하고 좀 더 근원적이다. 단 하나의 품질 속성 반응을 통제하는 데 중점을 둔다(하지만 물론 다른 품질 속성 목표와 트레이드오프해야 할 수도 있다). 이와 반대로 패턴은 일반적으로 여러 개의 세력(즉, 여러 품질 속성 목표)을 해결하고 균형을 맞추는 데 집중한다. 비유하자면 전술은 원소적이고 패턴은 분자적이다.

전술은 설계에 관한 하향식 사고 방식을 제공한다. 전술 분류는 품질 속성의 달성과 관련된 설계 목적의 집합으로 시작하여, 아키텍트가 선택할 수 있는 선택 사항의 집합을 제시한다. 이들 선택 사항은 어느 정도 패턴과 프레임워크, 코드와 결합을 통해서 더 인스턴스화될 필요가 있다.

그림 2.9의 예에서 성능의 설계 목적은 "리소스 수요 통제control resource demand"와 "리소스 관리manage resource"다. "좋은" 성능을 갖는 시스템을 생성하기 원하는 아키텍트는 이들 선택 사항 중에서 하나 이상을 선택할 필요가 있다. 즉, 아키텍트는 리소스 수요 통제가 타당한지, 그

리고 리소스 관리가 타당한지를 결정할 필요가 있다. 일부 시스템에서 시스템에 이벤트 도착은 일정한 방식으로 관리되고 우선순위화되며 제한될 수 있다. 이것이 가능하지 않다면 아키텍트는 수용할 수 있는 시간 제약 사항 안에서 응답을 생성하는 시도의 일부로서만 리소스를 관리할 수 있다. "리소스 관리" 카테고리 안에서 아키텍트는 리소스 증설, 동시성 도입, 여러 연산 복사본 유지, 여러 데이터 복사본 유지 등을 선택할 수 있다. 그 다음 이들 전술을 인스턴스화할 필요가 있다. 예를 들어, 아키텍트는 반-동기/반-비동기 패턴(그림 2.5 참조)을 동시성을 도입(그리고 관리)하는 방식으로 선택하거나, 로드밸런싱 클러스터 배포 패턴(그림 2.7 참조)을 선택하여 여러 연산 복사본을 유지할 수 있다. 3장에서 보게 되겠지만 전술과 패턴의 선택, 결합, 테일러링이 ADD 과정의 핵심 단계 중 일부다. 가용성, 상호운영성, 변경용이성, 성능, 보안, 테스트용이성, 사용편의성 품질 속성에 대한 기존의 전술 분류가 있다.

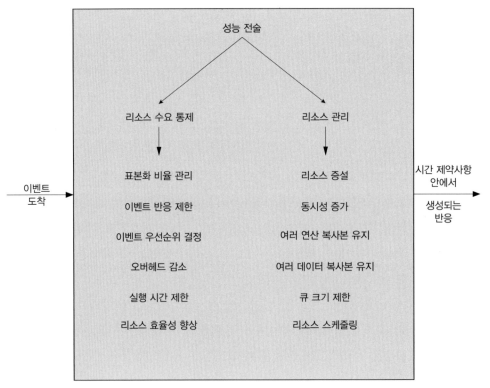

그림 2.9 성능 전술

2.5.5 외부에서 개발된 컴포넌트

패턴과 전술은 본질상 추상적이다. 그러나 소프트웨어 아키텍처를 설계할 때 이들 설계 개념을 구체적이고 실제로 구현하기 가깝도록 만들어야 한다. 이렇게 할 수 있는 두 가지 방법이 있다. 전술과 패턴으로부터 획득된 요소를 코드로 작성하든가, 아니면 기술들을 아키텍처에서 이들 요소 중 하나 이상에 연관시킬 수 있다. 이러한 "구매 대 구축" 선택은 아키텍처로서 여러분이 해야 할 가장 중요한 결정 중 하나다.

우리는 기술들을 개발 프로젝트의 일부로서 생성한 것이 아니기 때문에 외부에서 개발된 컴포넌트로 간주한다. 외부에서 개발된 컴포넌트의 여러 유형이 있다.

- **기술 패밀리**technology family: 기술 패밀리는 공통적인 기능적인 목적을 갖는 특정한 기술의 그룹을 나타낸다. 특정한 제품이나 프레임워크가 선택될 때까지 위치지정자로서 사용될 수 있다. 예로는 RDMBS relational database management system나 ORM Object-oriented to relational mapper이 있다. 그림 2.10은 빅데이터 도메인의 여러 기술 패밀리를 보여준다.

- **제품**product: 제품(또는 소프트웨어 패키지)은 설계할 때 시스템 안에 통합될 수 있도록 하며, 최소한의 설정이나 코딩만 요구하는 소프트웨어의 독립적인 기능 부분을 말한다. 예로서는 오라클이나 마이크로소프트 SQL 서버와 같은 관계형 데이터베이스 시스템을 들 수 있다. 그림 2.10은 빅데이터 도메인에서 여러 제품을 보여준다(기울임체).

- **애플리케이션 프레임워크**application framework: 애플리케이션 프레임워크(또는 그냥 프레임워크)는 재사용할 수 있는 소프트웨어 요소로, 패턴과 전술을 사용하여 구축되어 있고, 광범위한 애플리케이션 범위에서 되풀이되는 도메인 및 품질 속성 관심사를 해결하는 일반적인 기능을 제공한다. 프레임워크가 주의깊게 선택되고 구현될 때 프로그래머의 생산성을 향상시킬 수 있다. 프로그래머가 비즈니스 로직과 최종사용자 가치에 집중할 수 있게 함으로써 생산성을 향시키는 것이다. 제품과 반대로 일반적으로 프레임워크 함수가 애플리케이션 코드를 호출[1]하거나 관점 지향aspect-oriented 접근 방법의 일부 유형을 사용하여 "주입inject"된다. 보통 프레임워크는 보통 확장된 설정을 요구한다. 일반적으로 XML 파일이나 자바Java의 어노테이션annoation과 같은 접근 방법이 사용된다. 프

---

[1] 원문에는 프레임워크 함수가 애플리케이션 코드에서 호출되는 것으로 설명되어 있다. 저자들이 조금 잘못 알고 있는 듯 하다. 원문의 설명과는 반대로 애플리케이션 프레임워크 함수에서 애플리케이션 코드를 호출한다. 이것을 제어의 역흐름(inversion of control)이라고 한다. 일반적으로 객체지향의 다형성 개념을 활용하여, 추상적인 클래스나 인터페이스에 정의된 메서드를 애플리케이션의 클래스가 재정의 또는 실현함으로써 구현된다. – 옮긴이

레임워크의 예로는 자바에서 객체 지향을 관계형에 매핑할 때 사용되는 Hibernate를 들 수 있다. 여러 유형의 프레임워크를 사용할 수 있다. 스프링^{Spring}과 같은 풀스택^{full-stack} 프레임워크는 보통 참조 아키텍처와 연관되며, 참조 아키텍처의 다양한 요소 사이의 일반적인 관심사를 해결한다. 반면에 JSF와 같은 비 풀스택 프레임워크는 특정한 기능이나 품질 속성 관심사를 해결한다.

- **플랫폼**^{platform}: 플랫폼은 애플리케이션 구축하고 실행할 수 있는 완전한 인프라스트럭처를 제공한다. 플랫폼의 예로는 자바^{Java}와 닷넷^{.NET} 또는 구글 클라우드^{Google Cloud}가 있다.

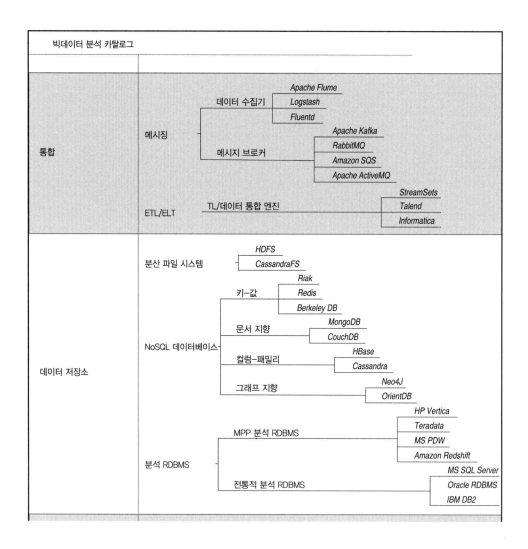

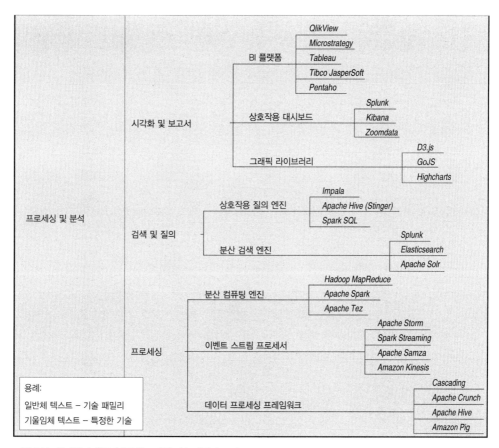

그림 2.10 빅데이터 애플리케이션 도메인 기술 패밀리 트리

외부에서 개발된 컴포넌트의 선택은 설계 프로세스의 중요한 작업으로, 이들의 개수가 많기 때문에 어려운 작업이 될 수 있다. 외부에서 개발된 컴포넌트를 선택할 때 고려해야 하는 몇 가지 기준이 있다.

- **해결해야 할 문제**: 객체지향과 관계형 매핑을 위한 프레임워크와 같이 특정한 것인가, 아니면 플랫폼과 같이 일반적인 것인가?

- **비용**: 라이선스 비용은 얼마인가? 무료라면 지원 및 교육 비용은 얼마인가?

- **라이선스 유형**: 프로젝트 목적에 맞는 라이선스를 갖는가?

- **지원**: 잘 지원되는가? 기술에 관한 자세한 문서가 있는가? 충고를 해줄 수 있는 사용자나 개발자 커뮤니티가 있는가?

- **학습 곡선**: 이 기술을 배우기가 얼마나 어려운가? 여러분의 조직에서 다른 사람이 이미 습득했는가? 교육 과정이 있는가?

- **성숙도**: 시장에 막 출시된 기술인가? 재미있지만 아직도 비교적 불안정하고 지원되지 못하고 있는가?

- **유명함**: 비교적 확산된 기술인가? 성숙된 조직이 긍정적으로 추천하고 채택하고 있는가? 기술을 잘 알고 있는 사람을 고용하기 쉬운가? 활성화된 개발자 커뮤니티나 사용자 그룹이 있는가?

- **호환성 및 통합 용이**: 프로젝트에서 사용되는 다른 기술과 호환되는가? 프로젝트에 쉽게 통합될 수 있는가?

- **중요한 품질 속성 지원**: 성능과 같은 속성을 제한하는가? 안전하고 강건한가?

- **크기**: 기술의 사용이 개발 중인 애플리케이션의 크기에 부정적인 영향을 미치는가?

불행히도 이들 질문에 대답을 항상 발견하기 쉬운 것은 아니며, 특정한 기술의 선택은 여러분이 어느 정도 조사나 궁극적으로 선택 과정에서 여러분을 도와줄 수 있는 프로토 타입을 생성하는 것을 요구할 수도 있다. 이러한 기준은 여러분의 전체 소유 비용에 많은 영향을 줄 수 있다.

2.6 아키텍처 설계 결정

우리가 이번 장의 앞에서 설명한 바와 같이 설계는 의사 결정 과정이다. 그러나 의사 결정을 하는 행위는 어떤 순간이 아닌 과정process이다. 경험이 많은 아키텍트는 설계 과제에 직면했을 때 보통 "후보" 결정의 집합(그림 2.1과 같이)을 고려한다. 이 집합으로부터 최선의 후보를 선택하고 그것을 인스턴스화한다. 이들은 경험과 제약 사항, 또는 프로토타이핑이나 시뮬레이션과 같은 분석 형식을 기반으로 이러한 "최선의" 후보를 선택할 수 있다. 현실적으로는 아키텍트는 보통 선택을 하고 "떨어질 때까지 말을 달린다"(즉, 결정을 하고 프로젝트의 성공을 손상시킬 것처럼 보이는 경우에만 다시 고려한다. 이들 결정은 심각한 결과를 갖는다).

초기 설계 단계에서 결정은 실질적인 하류 결과를 가져올 가장 크고 가장 중요한 선택(참조 아키텍처와 주요 기술(프레임워크와 같은), 패턴)에 중점을 둔다는 것을 기억하라. 참조 아키텍처와 배포 배턴, 그리고 다른 종류의 패턴이 광범위하게 논의되어 왔다. 패턴과 패턴 언어의 생성과 확인에 관련된 많은 책과 웹 사이트, 컨퍼런스가 있다. 그럼에도 불구하고 이들 활동의 출력은 항상 문서화된 패턴의 집합이다. 패턴 카탈로그로부터 패턴을 해석하는 것은 아키텍트의 선택 활동 중 중요한 부분이다. 각 후보 패턴이 선택되어야 하고, 인스턴스화가 분석되어야 한다. 예를 들어, 그림 2.4의 레이어 패턴을 선택했다면 여러분이 아직도 해야 할 많은 결정이 있다. 레이어는 몇 개일 것인가?, 레이어는 얼마나 엄격해야 하는가? 각 레이어에는 어떤 특정한 서비스를 둘 것인가? 이들 기능 사이에 어떤 인터페이스를 둘 것인가? 등 여러분이 그림 2.7의 로드밸런싱 클러스터 배포 패턴을 선택했다면 얼마나 많은 서버를 로드밸런싱해야 할까? 얼마나 많은 로드밸런서를 사용해야 할까? 이들 서버와 로드밸런서를 물리적으로 어디에 둘까? 어떤 종류의 네트워크로 이들 서버들을 연결시킬까?, 네트워크 연결에 어떤 형식의 암호를 사용할 것인가? 로드밸런서에 어떤 형식의 헬스 모니터링을 사용할 것인가 등이다. 이들 결정은 중요하며, 인스턴스화된 패턴의 성공에 영향을 미칠 것이다. 따라서 이들도 분석되어야 할 필요가 있다. 이와 함께 이들 결정의 구현의 품질은 패턴의 성공에도 영향을 미칠 것이다. 빈정대는 것처럼 들리겠지만, 아키텍처는 주고 구현은 빼앗아 간다.

게다가 설계 개념을 제시하는 많은 카탈로그와 웹 페이지는 다른 관습과 표기법을 사용한다. 이 책은 설계 방법론과 설계 방법론을 이들 외부 소스와 함께 사용하는 방법에 중점을 둔다. 이러한 이유로 우리는 외부 소스로부터 예제를 취하고, 외부 소스에 원래 표현되었던 그대로 여기에 보여준다. 이 책은 또 다른 디자인 패턴 카탈로그를 제시하려는 것이 아니다 (우리는 이들 카탈로그의 존재를 여러분에게 알려주고 이들이 아키텍트에게 믿을 수 없을 만큼 유용한 리소스가 될 수 있게 하는 방법을 보여주려는 것이다). 그러나 이들은 주심해서 해석되어야 하고 사용되어야 한다! 사실상 아키텍트로서 여러분의 많은 작업 중 하나가 자기자신의 표기법과 관습을 갖고 있는 이들 카탈로그를 이해하고 해석하는 것이다. 이것이 여러분이 다루어야만 할 실제다.

마지막으로 설계 결정을 했다면 어떻게 문서화할 것인지를 생각해야 한다. 물론 문서화를 하지 않을 수도 있다. 사실 상 문서화는 실천에서 가장 공통적인 것이다. 아키텍처 개념은 보통 모호하고, 개인적인 의사소통, 이메일, 네이밍 관습 등 "동족 지식tribal knowledge2"으로 비공식적으로 전달된다. 또는 보통 안전이 중요하거나 보안성이 높은 시스템과 같이 품질 속

---

2 동족 지식(tribal knowledge)이란 동족, 즉 공통적인 지식을 공유하는 그룹 안에서만 알려지고 외부 세계에는 알려지지 않은 정보나 지식을 말한다. - 옮긴이

성 요구를 엄격하게 요구하는 프로젝트에서는 하는 것처럼, 완전하고 형식적인 문서화를 생성하고 유지할 수도 있다. 여러분이 항공 통제 소프트웨어를 설계한다면 아마도 스펙트럼의 이쪽 끝에서 끝나게 될 것이다. 이들 양쪽 끝 사이 안에는 광범위한 가능성 집합이 있으며, 여기에서는 스케치(3.7에서 논의된다)와 같이 좀 덜 형식적인(그리고 비용이 덜 소요되는) 아키텍처 문서화 형식을 볼 것이다.

무엇을 언제 어떻게 문서화할 것인가를 결정하는 것은 위험을 기반으로 해야 한다. 여러분은 스스로에 다음 사항을 질문해야 한다. 이 결정을 문서화하지 않으면 어떤 위험이 있는가? 미래 개발자가 잘못 이해하고 훼손시킬 수 있을까? 시스템에서 단기 또는 장기 문제를 일으킬 수 있을까? 예를 들어, 레이어의 근거가 주의 깊게 문서화되지 않는다면 불가피하게 응집성을 잃어버리고 결합성을 증가시키는 방향으로 레이어가 분할될 수 있다. 시간이 지나면서 이러한 경향은 시스템의 기술적인 빚을 증가시켜 버그를 찾고 고치기 어렵게 만들거나 새로운 피처를 추가하기 어렵게 만들 것이다. 다른 예로 중요한 리소스의 할당에 대한 근거가 문서화되지 않으면 해당 리소스는 의도하지 않은 다툼 영역contention area이 되어 병목점과 실패를 가져올 것이다.

2.7 요약

이번 장에서 우리는 요구와 제약사항을 만족시키기 위한 결정의 집합으로서 설계에 관한 개념을 소개했다. 또한 "아키텍처" 설계의 개념을 소개하였으며, 아키텍처 요인, 즉 목적, 최우선 기능, 품질 속성 요구, 아키텍처 관심사와 제약사항의 충족을 해결하는 것을 제외하면 일반적인 설계와 다르지 않다는 것을 보여주었다. 어떤 결정이 "아키텍처적"인가? 결정이 지역적인 아닌 결과를 가져오고 이들 결과가 아키텍처 요인의 달성에 중요하다면 아키텍처적이다.

또한 우리는 아키텍처 설계가 왜 중요한지를 논의했다. 초기의, 광범위한, 변경하기 어려운 결정의 형상화이기 때문이다. 이들 결정은 아키텍처 요인을 충족시킬 수 있도록 도와줄 것이며, 프로젝트의 작업 할당 구조의 많은 것을 결정할 것이며, 시스템을 실현하는 데 필요한 도구와 기법, 기술에 영향을 미칠 것이다. 따라서 아키텍처 설계 결정은 그 결과가 심오하기 때문에 자세히 잘 조사되어야 한다. 이와 함께 아키텍처는 애자일의 핵심 성공 요인이다.

아키텍처 설계는 일정한 원칙으로 가이드해야 한다. 예를 들어 좋은 모듈성과 낮은 결합성, 높은 응집력[3]을 달성하려면, 현명한 아키텍트는 아마도 설계되는 아키텍처에 레이어 형식을 포함할 것이다. 마찬가지로 높은 가용성을 달성하려면 아키텍트는 활성-비활성 다중화active-passive redundancy와 같은 다중화redundancy와 장애 조치failover의 형식을 포함하는 패턴을 선택할 것이다. 활성-비활성 다중화에서 활성화 서버는 실시간 갱신을 비활성화 서버에 보내어, 활성화 서버가 실패하여 상태를 잃어버리는 경우에 비활성화 서버가 대체할 수 있도록 한다.

참조 아키텍처, 배포 패턴, 아키텍처 패턴, 전술, 외부에서 개발된 컴포넌트와 같은 설계 개념은 설계의 빌딩 블록으로, ADD를 사용하여 수행할 때 아키텍처 설계의 기초를 형성한다. 3장에서 ADD 단계별 설명에서 보게 되겠지만, 아키텍트가 내려야 할 가장 중요한 설계 결정 중 몇 가지가 설계 개념을 선택하는 방법과 인스턴스화하는 방법, 그리고 이들을 결합하는 방법이다. 또한 부록 A에서 여기에서 제시되는 설계 개념의 여러 인스턴스를 포함하는 설계 개념 카탈로그를 제시한다.

이들 기초로부터 아키텍처는 확신할 수 있고 예측할 수 있도록 구축될 수 있다.

2.8 더 읽을거리

시나리오와 아키텍처 요인을 더 깊이있게 다룬 책은 렌 베스와 폴 클레멘츠, 릭 캐즈먼의 『소프트웨어 아키텍처 이론과 실제(개정 3판)』이다. 또한 이 책에서는 품질 속성 목표를 달성하기 위해 아키텍처를 가이드하는 데 유용한 아키텍처 전술을 풍부하게 논의하고 있다. 또한 이 책은 QAW와 유틸리티 트리에 관한 폭넓은 논의를 포함한다.

미션 스레드 워크숍은 카즈만[R. Kazman]과 갈리아리디[M. Gagliardi], 우드[W. Wood]의 "Scaling Up Software Architecture Analysis", Journal of Systems and Software, 85, 1511-1519, 2012과 갈리아리디와 우드, 머로우[T. Morrow]의 Introduction to the Mission Thread Workshop, Software Engineering Institute Technical Report CMU/SEI-2013-TR-003, 2013에서 논의된다.

---

3 본문에는 높은 결합성(high coupling), 낮은 응집력(low cohesion)으로 표현되어 있지만, 오타 수준으로 잘못된 표현이다. – 옮긴이

발견 프로토타이핑, JRP, JAD, 가속 시스템 분석은 위튼[J. Whitten]과 벤틀리[L. Bentley]의 『Systems Analysis and Design Methods, 7th ed』(McGraw-Hill, 2007)과 같은 시스템 분석 설계에 관한 책에서 찾을 수 있다. 애자일 메서드와 아키텍처 접근 방법을 결합한 것은 9장에서 논의될 것이다.

참조 아키텍처와 배포 패턴의 카탈로그는 Microsoft Patterns and Practices Team의 『Microsoft(r) Application Architecture Guide, 2nd ed』(Microsoft Press, 2009)에 있다. 또한 이 책은 문서화된 참조 아키텍처와 관련된 아키텍처 관심사의 포괄적인 목록을 제공한다.

분산 시스템 구축에 대한 아키텍처 설계 패턴의 확장된 컬렉션은 부쉬만[F. Buschmann]과 헤니[K. Henney], 슈미트[D. Schmidt]의 『Pattern-Oriented Software Architecture Volume 4: A Pattern Language for Distributed Computing』(Wiley, 2007)에서 발견할 수 있다. POSA[Patterns Of Software Architecture] 시리즈의 다른 책에서는 추가적인 패턴 카탈로그를 제공한다. 특별한 애플리케이션 도메인과 기술에 특화된 많은 다른 패턴 카탈로그도 있다. 몇 개의 예는 다음과 같다.

- E. Gamma와 R. Helm, R. Johnson, J. Vlissides의 Design Patterns: Elements of Reusable Object-Oriented Software. Addison-Wesley, 1995[4]
- M. Fowler의 Patterns of Enterprise Application Architecture. Addison-Wesley, 2003[5]
- E. Fernandez-Buglioni의 Security Patterns in Practice: Designing Secure Architectures Using Software Patterns. Wiley, 2013.
- G. Hohpe와 B. Woolf. Enterprise Integration Patterns: Designing, Building, and Deploying Messaging Solutions. Addison-Wesley, 2004[6]

소프트웨어 패키지의 평가와 선택은 자드하브[A. Jadhav]와 소나[R. Sonar]의 "Evaluating and Selecting Software Packages: A Review", Journal of Information and Software Technology, 51, 555-563, 2009에서 논의된다.

---

4 『GoF의 디자인 패턴: 재사용성을 지닌 객체지향 소프트웨어의 핵심요소 개정판』(김정아 역, 프로텍미디어, 2015)으로 번역되어 있다. - 옮긴이

5 『엔터프라이즈 애플리케이션 아키텍처 패턴』(최민석 역, 위키북스, 2015)으로 번역되어 있다. - 옮긴이

6 『기업 통합 패턴』(차정호 역, 에이콘, 2014)으로 번역되어 있다. - 옮긴이

소프트웨어 아키텍처 문서화의 "바이블"은 폴 클레멘츠과 펠릭스 바흐만, 렌 베스, 데이비드 갈란, 제임스 이버스, 리드 리틀의 『소프트웨어 아키텍처 문서화 2판』(에이콘, 2016)이다.

빅데이터 애플리케이션 도메인의 기술 패밀리 트리는 서벤츠[H. Cervantes]와 하지예프[S. Haziyev], 리세이[O. Hrytsay], 카즈만[R. Kazman]의 Smart Decisions Game을 기반으로 하며, http://smartdecisionsgame.com에서 볼 수 있다.

3장

아키텍처 설계 프로세스

이번 장에서는 이 책의 핵심인 ADD 설계 방법론을 자세하게 설명한다. 방법론의 개요 각 단계별 작업으로 시작한다. 이 개요 다음에는 이들 단계를 수행할 때 고려해야 할 필요가 있는 다른 관점에 관한 좀 더 상세한 논의를 하기로 한다. 우리는 어떤 유형의 시스템을 설계하고 있는가에 따라서 다른 유형의 설계 개념이 언제 사용되는가에 관한 가이드를 제공하는 다른 로드맵을 제시한다. 또한 우리는 설계 개념의 식별과 선택, 이들 설계 개념으로부터 구조의 생성, 인터페이스 정의, 예비 문서화 생성, 그리고 마지막으로 설계 진행을 추적할 수 있는 기법을 논의한다.

3.1 원칙적인 방법론의 필요성

2장에서 설계에 관련된 다양한 개념에 대해서 설명하였다. 질문은 여러분이 실제로 설계를 어떻게 수행하는가 하는 것이다. 요인이 충족될 수 있도록 설계를 수행하기 위해서는 원칙적인 방법론principled method이 필요하다. "원칙적인principled"이란 적절한 설계를 산출하는 데 필요한 적절한 관점을 모두 고려하는 방법론이라는 것을 의미한다. 이러한 방법론은 요인을 만족시키는 것을 필수적으로 보장하는 가이드를 제공한다. 비용효율적으로 반복할 수 있는 방식으로 이러한 목적을 달성하기 위해서는 재사용할 수 있는 설계 개념을 결합하고 포함시킬 수 있도록 여러분을 가이드해줄 수 있는 방법론이 필요하다.

적절하게 설계를 수행하는 것은 아키텍처 설계 결정이 프로젝트 동안에 다른 위치에서 중대한 결과를 가져오기 때문에 중요하다. 예를 들어, 사전 영업 단계 동안에 적절한 설계는 비용과 범위, 일정을 더 산정할 수 있게 한다. 개발 동안에 적절한 설계는 나중의 재작업을 피할 수 있게 하며, 개발과 배포를 촉진시키는 데 도움이 될 것이다. 마지막으로 아키텍처 설계가 포함하고 있는 것을 명확하게 이해하는 것은 기술적인 빚을 더 잘 관리하는 데 필수적이다.

3.2 속성 주도 설계 3.0

아키텍처 설계는 소프트웨어 프로젝트의 개발에 걸쳐 일련의 라운드^{round}로 수행된다. 각 설계 라운드는 스프린트^{sprint}와 같은 프로젝트 증분^{increment} 안에서 발생할 수 있다. 이들 라운드 안에서 일련의 설계 이터레이션^{iteration}이 수행된다. 아마도 ADD 방법론의 가장 중요한 특징은 설계 이터레이션 안에서 수행되어야 하는 작업에 대한 상세한 단계별 가이드를 제공한다는 것이다(다른 설계 방법론과의 비교를 보고 싶다면 7장을 보라). ADD가 등장했을 때 품질 속성과 함께, 다른 유형의 구조의 선택을 통한 달성, 그리고 뷰를 통한 표현을 명시적으로 강조하는 첫 번째 방법론이었다. ADD가 공헌한 또 다른 것은 분석과 문서화가 설계 프로세스의 통합된 부분으로 인식되었다는 것이다. ADD가 소프트웨어 아키텍처 분야에서 중요한 공헌을 하고 있지만, 1.4절에서 설명한 일련의 본질적인 약점에 의해 실천자 커뮤니티 안에서 채택이 제한되고 있다고 생각한다.

ADD는 15년 이상 성공적으로 사용되었다. 그러나 ADD가 소개된 이래, 그리고 2006년에 2.0 버전이 출판된 이래 소프트웨어 세계는 더욱 더 극적으로 변화되어왔다. 이러한 이유로 2.0의 약점을 해결하기 위해 우리는 ADD 3.0을 만들기로 결정했다. 앞으로는 ADD라고 할 때 단순히 3.0 버전을 의미한다. 그림 3.1은 ADD와 관련된 단계와 산출물을 보여준다. 그리고 계속하여 각 단계에서의 활동의 개요를 제공한다.

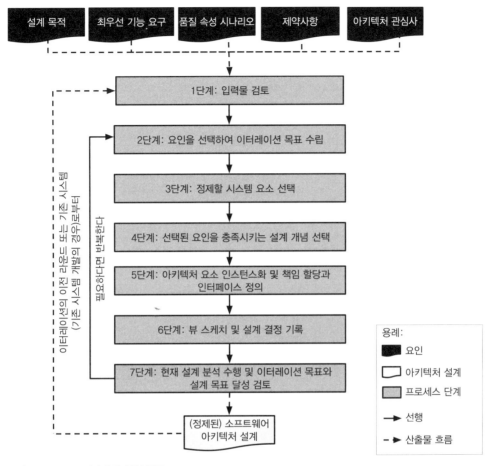

그림 3.1 ADD 3.0 버전의 단계와 산출물

3.2.1 1단계: 입력물 검토

설계 라운드를 시작하기 전에 설계 프로세스의 입력물이 사용할 수 있고 정확한지를 확인할 필요가 있다. 먼저 계속될 설계 활동의 목적을 명확하게 할 필요가 있다. 예를 들어 초기 산정을 위해 설계를 산출하는 것이 목적일 수 있다. 또는 시스템의 새로운 증분을 구축하기 위해 기존 설계를 정제하는 것일 수도 있으며, 일정한 기술적인 위험을 완화하기 위해 프로토타입을 설계하고 생성하는 것일 수도 있다(설계 목적의 논의에 대해서는 2.4.1절을 참조한다). 또한, 설계 활동에 필요한 다른 요인을 사용할 수 있는지 확인하는 것도 필요하다. 여기에는 최우선 기능 요구와 품질 속성 시나리오, 아키텍처 제약사항과 관심사가 포함된다. 마지막으로 첫 번째 설계 라운드가 아니라면, 또는 신규 개발이 아니라면 고려해야 할 부가적인 입력물은 기존의 아키텍처 설계다.

이 시점에서 이상적이라면 여러분의 가장 중요한 프로젝트 이해당사자에 의해 최우선 기능과 품질 속성 시나리오가 우선순위화되어 있다고 가정한다(그렇지 않다면 2.4.2절과 2.4.3절에서 논의한 것처럼 이들을 도출하고 우선순위를 결정하는 데 사용할 수 있는 기법이 있다). 아키텍트로서 여러분은 이제 이들 요인을 "소유"해야만 한다. 예를 들어 어떤 중요한 이해당사자가 원래의 요구 도출 프로세스에서 간과되었는지, 또는 우선순위화가 수행된 이후로 비즈니스 조건이 변경되었는지를 검토해야 한다. 이들 요인이 진짜로 설계를 "주도"한다. 따라서 이들 정확하게 얻고 정확하게 우선순위화하는 것이 중요하다. 우리는 이 점을 아주 강하게 강조한다. 대부분의 소프트웨어 엔지니어링 활동과 마찬가지로 소프트웨어 아키텍처 설계는 "쓰레기가 들어오면 쓰레기가 나온다(garbage in, garbage out)" 과정이다.

경험 상, 설계 목적과 제약사항, 초기 아키텍처 관심사 외에도 최우선 유스케이스와 가장 중요한 품질 속성 시나리오가 수립되면 설계를 시작할 수 있어야 한다. 물론 이 말이 이들 요인에 대해서만 결정을 할 것이라는 것을 의미하는 것은 아니다. 아직도 다른 품질 속성 시나리오와 유스케이스, 아키텍처 관심사를 해결할 필요가 있지만, 이것들은 나중에 처리될 수 있다.

요인은 다른 설계 이터레인션을 수행하기 위해 사용해야 하는 아키텍처 설계 백로그backlog의 일부가 된다. 우리는 이것에 관해 3.8.1절에서 좀 더 깊이 논의할 것이다.

3.2.3 2단계: 요인을 선택하여 이터레이션 목표 수립

설계 라운드design round는 만약 반복적인 개발 모델iterative development model을 사용한다면 개발 라이프사이클 안에서 수행되는 아키텍처 설계 활동이며, 폭포수 모델waterfall model을 사용한다면 아키텍처 설계 활동의 전체 집합이다. 여러분은 하나 이상의 라운드를 통해서 수립된 설계 목적에 맞는 아키텍처를 산출한다.

설계 라운드는 일반적으로 일련의 설계 이터레이션 안에서 수행되며, 각 이터레이션은 특정한 목표를 달성하는 데 초점을 맞춘다. 이러한 목표는 일반적으로 요인의 부분 집합을 만족시키도록 설계하는 것을 포함한다. 예를 들어, 이터레이션의 목표가 특정한 성능 시나리오를 지원하거나, 어떤 유스케이스가 달성될 수 있도록 하는 요소로부터 구조를 생성하는 것이 될 수도 있다. 이러한 이유로 설계를 수행할 때 특정한 설계 이터레이션을 시작하기 전에 목표를 수립할 필요가 있다.

3.3절에서 살펴보겠지만, 아키텍처가 설계되는 시스템의 유형에 따라서 "최선"(또는 적어도 강력하게 제안되는)으로 해결해야 할 이터레이션 목표의 순서가 있을 수 있다. 예를 들어, 성숙한 도메인에서 신규 개발 시스템이라면 일반적으로 초기 목표는 참조 아키텍처를 선택함으로써 시스템의 전체 구조를 식별하는 일이 된다.

3.2.3 3단계: 정제할 시스템 요소 선택

요인을 만족시키기 위해서는 하나 이상의 아키텍처 구조를 산출해야 한다. 이들 구조는 상호연관된 요소로 구성되며, 요소들은 보통 이전 이터레이션에서 이전에 식별한 다른 요소를 정제함으로써 획득된다. 정제^{refinement}란 작은 입자성을 갖는$^{fine-grained}$ 요소로 분할(하향식 접근 방법)하거나, 요소를 더 큰 입자성을 갖는$^{coarse-grained}$ 요소로 통합(상향식 접근 방법)하거나, 이전에 식별된 요소를 개선하는 것을 의미할 수 있다. 신규 개발의 경우에는 시스템 컨텍스트$^{system context}$를 수립하고, 그 다음에 분할함으로써 정제하기 위한 사용할 수 있는 요소만(즉, 시스템 그 자체) 선택함으로써 시작할 수 있다. 기존 시스템이나 신규 개발 시스템에서 나중의 설계 이터레이션에서는 이전 이터레이션에서 식별된 요소를 정제하기로 선택할 수 있다.

여러분이 선택할 요소는 특정한 요인을 만족시키기 위해 포함되어야 하는 것들이다. 이러한 이유로 기존 시스템에 설계가 수행될 때는 현재 구축된 시스템의 아키텍처의 일부인 요소를 잘 이해하는 것이 필요하다. 여기에는 몇 가지 "검출 작업$^{dectective work}$"과 역공학$^{reverse engineering}$, 개발자와의 논의가 포함된다.

방법론에서는 2단계와 3단계를 순서대로 제시했다. 즉, 2단계 다음에 3단계를 수행한다. 그러나 어떤 경우에는 순서가 반대로 될 수 있다. 예를 들어, 신규 개발 시스템이나 참조 아키텍처의 일정한 유형에 살을 붙일 때(5장에서 볼 수 있다) 적어도 초기 설계 단계에서는 시스템의 요소에 중접을 두고 특정한 요소를 선택한 다음에 해결하기 원하는 요인을 고려함으로써 이터레이션을 시작할 것이다.

3.2.4 4단계: 선택된 요인을 충족시키는 설계 개념 선택

설계 개념을 선택하는 것은 아마도 설계 프로세스에서 여러분이 부딪치게 될 가장 어려운 결정이 될 것이다. 이터레이션 목표를 달성하기 위해 사용될 수 있는 설계 개념 사이의 대안을 식별하고, 이들 대안 중에서 선택해야 하기 때문이다. 2.5절에서 본 것처럼 여러 가지 다른 유형의 설계 개념이 있으며, 각 유형마다 많은 선택 사항이 있다. 이것은 상당히 많은 대안 중에서 분석하고 선택해야 하는 결과를 가져온다. 3.4절에서 설계 개념의 식별과 선택에 대해서 좀 더 상세하게 논의할 것이다.

3.2.5 5단계: 아키텍처 요소 인스턴스화 및 책임 할당과 인터페이스 정의

하나 이상의 설계 개념을 선택했다면 다른 설계 결정을 해야 한다. 이 결정에는 여러분이 선택한 설계 개념으로부터 요소를 인스턴스화하는 것이 포함된다. 예를 들어 여러분이 설계 개념으로 레이어 패턴을 선택했다면 몇 개의 레이어를 사용할 것인가를 결정해야 한다. 레이어 패턴 그 자체는 특정한 개수의 레이어를 정하고 있지 않기 때문이다. 이 예에서 레이어는 인스턴스화되는 요소다. 어떤 경우에 인스턴스화는 설정을 의미할 수도 있다. 예를 들어 기술을 선택하고 이 기술을 설계에 있는 요소에 연관시키는 작업을 하나의 이터레이션에서 수행할 수도 있다. 이후 이터레이션에서는 품질 속성과 같은 특정한 요인을 지원하도록 설정하는 바업에 관한 세부적인 결정을 함으로써 이들 요소를 정제할 수 있다.

요소의 인스턴스화 후에는 이들 각각에 책임을 할당할 필요가 있다. 예를 들어 전형적인 웹 기반 엔터프라이즈 시스템에서는 보통 적어도 프리젠테이션 레이어와 비즈니스 레이어, 데이터 레이어 등 세 개의 레이어가 제시된다. 이들 레이어의 책임은 서로 다르다. 프리젠테이션 레이어의 책임은 모든 사용자 상호작용을 관리하지만, 데이터 레이어의 책임은 데이터의 지속성^{persistence}을 관리한다.

요소의 인스턴스화는 요인이나 관심사를 만족시키는 구조를 생성하기 위해 수행하는 데 필요한 작업 중 단지 하나일 뿐이다. 또는 인스턴스화되는 요소는 서로 협업할 수 있도록 연결될 필요가 있다. 따라서 요소 사이의 관계^{relationship}가 있어야 하며, 어떤 유형이든 인터페이스를 통해서 정보를 교환해야 한다. 인터페이스^{interface}는 요소 사이에 정보가 흘러가는 방법에 대한 계약적인 명세다. 3.5절에서는 다른 유형의 요소 개념이 인스턴스화하는 방법과 구조가 생성되는 방법에 대해서 자세히 설명하며, 3.6절에서는 인터페이스가 정의되는 방법을 논의한다.

3.2.6 6단계: 뷰 스케치 및 설계 결정 기록

이 시점에서 여러분은 이터레이션에 대한 설계 활동 수행을 마쳤다. 그럼에도 불구하고 뷰^{view}(생성한 구조의 표현)를 보존하기 위한 어떤 행위도 취하지 않았다. 예를 들어, 컨퍼런스 룸에서 이전 작업을 수행했다면 아마도 화이트보드에 몇 개의 다이어그램을 그렸을 것이다.

이 정보는 필수적이며, 여러분은 그것을 수집해서 나중에 분석하고 다른 이해당사자와 의사소통할 수 있도록 해야 한다.

여러분이 생성한 뷰는 거의 확실히 불완전하다. 따라서 이들 다이어그램은 이후 이터레이션에서 다시 가져다가 정제해야 할 필요가 있다. 일반적으로 이것은 추가적인 요인을 지원하기 위해 이루어진 다른 설계 결정으로부터 생성되는 요소를 수용하는 것으로 수행된다. 이 요인은 우리가 ADD에서 뷰를 "스케치"하는 것에 관해 말하는 이유를 설명한다. 즉, 예비 유형의 문서화를 생성하는 것이다. 좀 더 형식적이고 좀 더 완전히 살이 붙은 이들 뷰의 문서화(여러분은 이들을 생성해야 한다)는 몇 개의 설계 이터레이션이 완료된 후(1.2.2절에서 논의한 아키텍처 문서화 활동의 일부로서)에만 발생한다.

뷰의 스케치를 보존함과 함께 설계 이터레이션 동안에 내린 중요한 결정과 나중에 이들 결정에 대한 분석과 이해를 촉진시키기 위해 결정을 이끌어낸 이유, 즉 근거^{rationale}를 기록해야만 한다. 예를 들어, 중요한 트레이드오프에 관한 결정을 이 시점에서 기록할 수 있다. 설계 이터레이션 동안에 4단계와 5단계에서 우선적으로 내린 결정은 스케치를 생성하고, 설계 결정과 근거를 기록하는 것을 포함하여 설계하는 동안에 예비 문서화를 생성하는 방법에 대한 더 많은 정보를 제공한다.

3.2.7 7단계: 현재 설계 분석 수행 및 이터레이션 목표와 설계 목표 달성 검토

7단계에 도달할 즈음이면 이터레이션에 수립된 목표를 해결하는 부분적인 설계의 생성이 완료되어 있어야 한다. 이해당사자를 불행하게 하며 나중에 재작업하지 않기 위해서는 이것을 확인하는 것이 필요하다. 여러분은 뷰의 스케치와 기록한 설계 결정을 검토함으로써 스스로 분석을 수행할 수 있다. 그러나 더 좋은 것은 이 설계를 검토할 수 있는 누군가가 있는 것이다. 조직이 별도의 테스팅/품질 보증 그룹을 갖고 있는 것과 같은 이유로 그렇게 해야 한다. 다른 사람은 여러분의 가정을 공유하고 있지 않을 것이며, 다른 경험 기반과 다른 관점을 가질 것이다. 다른 관점을 갖고 있는 누군가를 끌어들이는 것이 코드와 아키텍처 둘 다에서 "버그"를 발견하는 데 도움이 된다. 우리는 8장에서 좀 더 깊이 분석에 대해 논의할 것이다.

일단 이터레이션에서 수행된 설계가 분석되었다면 수립된 설계 목적의 관점에서 여러분의 아키텍처의 상태를 검토해야 한다. 이 시점에서 설계 목적이 달성되었는지 또는 향후 프로젝트 증분에서 추가적인 설계 라운드가 필요한지를 고려할뿐만 아니라, 설계 라운드와 관련된 요인을 충족시키는 충분한 설계 이터레이션을 수행했는지를 고려해야 한다. 3.8절에서 설계 과정을 추적할 수 있는 간단한 기법을 설명한다.

3.2.8 필요하다면 반복한다

이상적으로는 추가적인 이터레이션을 수행하고, 입력물의 일부로서 고려되는 모든 요인에 대해 2단계에서 7단계까지를 반복해야 한다. 많은 경우에서 이러한 이터레이션이 가능하지 않을 수 있다. 시간이 리소스의 제약사항으로 인해 여러분은 설계 활동을 중단하고 개발 프로세스의 다음 활동(일반적으로 구현)으로 이동해야만 할 수 있다.

좀 더 설계 이터레이션이 필요한 지 여부를 평가하기 위한 기준은 무엇일까? 위험^{risk}이다. 여러분은 적어도 가장 높은 우선순위를 갖는 요인을 해결해야만 한다. 이상적으로는 중요한 요인이 충족되거나, 적어도 설계가 이들을 충족시키기에 "충분히 좋다"는 것을 확신해야 한다. 마지막으로 이터레이션 개발을 수행할 때 모든 프로젝트 이터레이션에서 하나의 설계 라운드를 수행하도록 해야 한다. 첫 번째 라운드는 요인을 해결하는 데 중점을 두고, 이후 라운드에서는 요인으로 선택되지는 않았지만 그럼에도 불구하고 해결할 필요가 있는 다른 요구에 대한 설계 결정을 하는 데 중점을 둔다.

3.3 시스템 유형에 따른 설계 로드맵

여러분이 책을 쓸 때 대단히 두려운 "빈 페이지 공포"를 경험했을 수도 있다. 마찬가지로 아키텍처 설계를 시작할 때도 "어떻게 설계를 시작하지?" 스스로에게 묻는 상황에 직면할 수 있다. 이 질문에 대답하기 위해서는 설계하는 시스템의 유형을 고려할 필요가 있다.

소프트웨어 시스템 설계는 3가지 카테고리로 분류된다. (1) 성숙한(즉, 잘 알고 있는) 도메인에서의 신규 개발^{greenfield} 시스템의 설계, (2) 특수한 도메인(즉, 인프라스트럭처와 지식 기반이 잘 수립되지 않은 도메인)에서의 신규 개발 시스템의 설계, (3) 기존 시스템^{brownfield}을 변경하는 설계 등이다. 이들 각 카테고리는 설계 이터레이션을 걸쳐 수행되어야 하는 목적의 순서라는 관점에서 다른 로드맵이 사용된다.

3.3.1 성숙한 도메인에서의 신규 개발 시스템 설계

성숙한 도메인에서의 신규 개발 시스템 설계는 "처음"부터 구축되는 시스템의 아키텍처를 설계할 때, 그리고 이 유형이 시스템이 잘 알려져 있고 이해할 수 있을 때, 즉 도구와 기술의 인프라스트럭처가 수립되어 있고 이에 관련된 지식 기반이 있을 때 발생한다. 성숙한 도메인의 예는 다음과 같다.

- 전통적인 데스크톱 애플리케이션

- 모바일 장치에서 실행되는 상호작용 애플리케이션

- 웹 브라우저에서 접근하는 엔터프라이즈 애플리케이션. 관계형 데이터베이스에 정보를 저장하고, 부분적 또는 완전히 자동화된 비즈니스 프로세스를 지원한다.

이들 유형의 애플리케이션은 비교적 공통적이기 때문에 설계에 관련된 어느 정도 일반적이며 아키텍처 관심사가 잘 알려져 있고 잘 문서화되어 있다. 만약 이러한 카테고리에 있는 새로운 시스템을 설계할 때는 다음 로드맵(그림 3.2와 같은)을 추천한다.

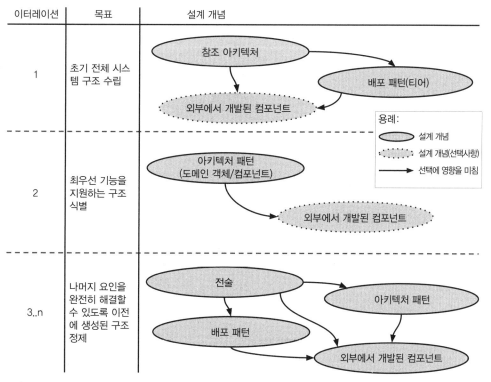

그림 3.2 신규 개발 시스템의 설계 개념 선택 로드맵

초기 설계 이터레이션의 목표는 초기 전체 시스템 구조를 수립하는 일반적인 아키텍처 관심사를 해결하는 것이어야 한다. 3 티어 클라이언트 서버 애플리케이션이나 피어투피어 애플리케이션, 빅데이터 백엔드에 연결된 모바일 애플리케이션 등인가? 이들 각 선택 사항은 다른 아키텍처 솔루션으로 여러분을 이끌어갈 것이며, 이들 솔루션은 여러분의 요인을 달성

할 수 있게 할 것이다. 이러한 이터레이션 목표를 달성하기 위해 몇 가지 설계 개념을 선택할 것이다. 분명히 여러분은 하나 이상의 참조 아키텍처와 배포 패턴(2.5.1과 2.5.3절 참조)을 선택할 것이다. 또한 프레임워크와 같은 몇 가지 외부에서 개발된 컴포넌트를 선택할 것이다. 초기 이터레이션에서 일반적으로 선택되는 프레임워크의 유형은 선택된 참조 아키텍처와 관련된 "풀스택full-stack" 프레임워크든, 참조 아키텍처(2.5.5절 참조)가 수립하는 요소와 관련된 좀 더 특정한 프레임워크다. 첫 번째 이터레이션에서 설계 개념을 선택하기 위해 모든 요인을 검토해야 하지만, 아마도 특정한 기능성과 관련되지 않으며 특정 참조 아키텍처를 선호하거나 특정 배포 설정을 요구하는 제약사항과 품질 속성에 좀 더 주의를 기울일 것이다. 예를 들어, 여러분이 빅데이터 시스템의 참조 아키텍처를 선택한다고 하면, 아마도 가장 중요한 요인으로 높은 데이터 볼륨에 낮은 지연과 같은 품질 속성을 선택할 것이다. 물론, 이러한 초기 선택에 살을 붙이기 위해 많은 후속적인 결정을 해야 할 것이다. 그러나 이 요인은 이미 특정한 참조 아키텍처의 선택과 같이 설계에 커다란 영향을 미치게 된다.

다음 설계 이터레이션의 목표는 최우선 기능을 지원하는 구조를 식별하는 것이다. 2.4.3절과 같이 기능(예: 유스케이스나 사용자 스토리)을 요소에 할당하는 것은 아키텍처 설계에 중요한 부분이다. 변경용이성과 팀에 작업 할당에 대하여 중요한 하류 영향을 미치기 때문이다. 게다가 일단 기능이 할당되면 이들 기능과 관련된 품질 속성을 지원하기 위해 이것을 지원하는 요소는 이후 이터레이션에서 정제될 수 있다. 예를 들어, 성능 시나리오는 특정한 유스케이스와 관련될 수 있다. 성능 목표를 달성하기 위해서는 이 유스케이스의 달성에 잠여하는 모든 요소에 걸쳐 설계 결정이 이루어지게 해야 한다. 기능을 할당하기 위해 여러분은 보통 이들을 분할함으로써 참조 아키텍처와 관련되는 요소를 정제한다. 어떤 특정한 유스케이스는 여러 요소의 식별을 요구할 수도 있다. 예를 들어, 어떤 웹 애플리케이션 참조 아키텍처를 선택했다면 유스케이스를 지원하기 위해서 아마도 여러분은 이 참조 아키텍처와 관련된 다른 레이어 걸쳐 모듈을 식별해야 할 것이다. 마지막으로 이 시점에서 또한 여러분은 기능(모듈과 관련된)을 개발자(팀)에게 할당하는 것에 관해 생각해야만 한다.

이후 설계 이터레이션의 목표는 나머지 요인을 완전히 해결하기 위해 이전에 생성한 구조를 정제하는 것이 되어야 할 것이다. 이들 요인과 특히 품질 속성을 해결하는 것은 설계 개념의 세 가지 주요 카테고리(전술, 패턴, 그리고 프레임워크와 같이 외부에서 개발된 컴포넌트)와 함께 모듈성, 낮은 결합성, 높은 응집성과 같은 일반적으로 수용되는 설계 선진 사례를 사용하도록 한다. 예를 들어 웹 애플리케이션에서 검색 유스케이스에 대하여 (부분적으로) 성능 요구를 만족시키기 위해서는 "여러 데이터 복사본 유지" 전술을 선택하고 데이터 지속성의 책임을 갖는 요소 안에 사용되는 프레임워크에 캐시를 설정함으로써 이 전술을 구현할 수 있다.

이러한 로드맵은 초기 프로젝트 이터레이션에 적절하지만, 또한 초기 프로젝트 산정 활동에도 아주 유용하다(9.1.1절의 사전 영업 동안에 아키텍처 설계 프로세스에 관한 논의를 참조하라). 왜 이러한 로드맵을 생성했을까? 첫 번째로, 아키텍처 설계를 시작하는 프로세스가 항상 복잡하기 때문이다. 둘째로, 이러한 로드맵의 많은 단계가 잘 고려되거나 사려깊게 수행되기보다는 자주 간과되거나 직관적으로, 특별하게 수행되기 때문이다. 세 번째로, 다른 유형의 설계 개념이 존재하기 때문이다. 그리고 설계의 어느 시점에서 이들이 사용되어야 하는지 항상 명확한 것이 아니기 때문이다. 이 로드맵은 가장 경쟁력을 갖는 아키텍처 조직에서 우리가 발견한 선진 사례를 포함하고 있다. 간단하게 말해서 로드맵의 사용은 특히 덜 성숙된 아키텍트에게 더 나은 아키텍처를 만들 수 있게 한다.

3.3.2 특수한 도메인에서의 신규 개발 시스템의 설계

특수한 도메인의 경우에 정확한 로드맵을 수립하는 것은 더 어렵다. 참조 아키텍처가 존재하지 않을 수도 있고, 외부에서 개발된 컴포넌트도 있다고 해도 별로 없기 때문이다. 아마도 십중팔구 여러분은 첫 번째 원칙으로부터 작업하여 여러분 자신의 솔루션을 생성할 것이다. 그러나 이 경우 조차도 전술과 패턴과 같은 범용적인 설계 개념이 여러분을 가이드할 수 있으며, 전략적인 프로토타이핑으로 도움을 받을 수 있다. 본질적으로 여러분의 이터레이션 목표는 대부분 요인을 완전하게 해결하기 위해 이전에 생성된 구조를 계획해서 정제하는 것이 될 것이다.

여러 번 여러분이 직면하고 있는 과제에 대한 가능한 솔루션을 탐험할 수 있도록 여러분의 설계 목표가 프로토 타입의 생성에 집중할 것이다. 특히 성능, 확장성, 보안성과 같은 품질 속성과 설계 과제에 집중할 필요가 있다. 우리는 3.4.2절에서 프로토 타입의 생성에 대해 논의할 것이다.

물론 "특수한"이란 개념은 유동적이다. 모바일 애플리케이션 개발이 10년이나 15년 전에는 특수한 도메인이었지만, 지금은 잘 수립된 분야다.

3.3.3 기존 시스템 설계

기존 시스템^{brownfield}의 아키텍처 설계는 다른 목적으로 수행된다. 가장 분명한 것은 유지보수^{maitenance}(즉 새로운 요구를 만족시키거나 문제를 수정하는 것이 필요할 때)로, 이 경우에 기존 시스템의 아키텍처를 변경해야 할 수도 있다. 또한 리팩토링^{refactoring} 목적으로 기존 시스템의 아키텍처를 변경할 수도 있다. 리팩토링을 할 때 기능을 변경시키지 않고 기존 시스템의 아키텍처를 변경시켜서 기술적인 빚을 감소시키거나, 기술 업데이트를 도입하거나, 품질 속성 문제(예: 시스템이 너무 느리거나 안전하지 않거나 자주 다운된다)를 수정할 수 있다.

설계 프로세스의 일부(ADD 3단계)로서 분할할 요소를 선택할 수 있기 위해서는 기존 시스템의 아키텍처에 어떤 요소들이 있는지 먼저 알아야 한다. 이 경우에 설계 이터레이션을 시작하기 전에 첫 번째 목표는 기존 시스템의 아키텍처를 명확하게 이해하는 것이다.

일반 여러분이 시스템의 아키텍처를 구성하는 요소와 속성, 관계, 기록 기존 코드베이스의 특징을 이해했다면 초기 설계 이터레이션 후에 신규 개발 시스템에 대해 했던 것과 유사한 설계를 수행할 수 있다. 여러분의 설계 이터레이션 목표가 여기서 식별되고, 구조를 정제를 정제하여 새로운 기능과 품질 속성을 포함한 아키텍처 요인을 만족시키고 특정한 아키텍처 관심사를 해결할 수 있게 할 것이다. 일반적으로 이들 설계 이터레이션은 중요한 리팩토링을 다루지 않는다면 새로운 전체 시스템 구조를 수립하지는 않는다.

이와 같은 다른 컨텍스트에서의 설계 논의가 다소 추상적이고 혼란스러울 수도 있을 것이다. 다음 3개 장에서 우리는 성숙한 도메인에서의 시스템 설계(4장)와 비교적 특수한 도메인에서의 시스템 설계(5장), 그리고 기존 시스템을 변경하기 위한 설계(6장)의 예제를 제시할 것이다. 이들 확장된 예제는 이전에 설명한 개념을 좀 더 명확하고 구체적으로 만들어줄 것이다.

3.4 설계 개념 식별과 선택

영국의 물리학자인 프리먼 다이슨^{Freeman Dyson}은 다음과 같이 말했다. "좋은 과학자는 독창적인 아이디어를 갖고 있는 사람이다. 좋은 엔지니어는 가능한 한 적은 독창적인 아이디어로 작동하는 설계를 하는 사람이다." 이 명제가 특히 소프트웨어 아키텍처 설계 컨텍스트에서 적절하다. 대부분의 경우에 여러분은 새로운 것을 만들어낼 필요도 없고 그렇게 하지 않아야 한다. 그보다는 주요 설계 활동은 설계 이터레이션에 걸쳐 만나게 되는 과제와 요인을 해결하기 위한 설계 개념을 식별하고 선택하는 일이다. 아직도 설계는 독창적이고 창조적인 노력이다. 그러나 창조성은 이들 기존 솔루션의 적절한 식별 안에 있으며, 그 다음에 이들을 결합하여 당면한 문제에 적용하는 것이다.

3.4.1 설계 개념 식별

설계 개념 식별은 어려운 일처럼 보일 수 있다. 방대한 설계 개념이 존재하기 때문이다. 특정한 이슈를 해결하기 위해 사용할 수 있는 수십 개의 디자인 패턴과 외부에서 개발된 컴포넌트가 있다. 더욱 더 어려운 것은 이들 설계 개념이 유명한 출판사나 연구 서적, 책, 인터넷 등 여러 다른 출처에 걸쳐 흩어져 있다는 것이다. 게다가 많은 경우에 있어서 개념의 표준적인 정의도 없다. 예를 들어 여러 다른 사이트에서 브로커^{Broker} 패턴을 다르게, 그리고 보통 비공식적으로 정의할 것이다. 마지막으로 이터레이션의 설계 목표를 달성할 수 있도록 잠재적으로 도와주는 대안을 식별했다면 이들 중에서 선택을 해야 한다.

특정한 시점에 필요한 설계 개념을 식별하기 위해서는 설계 로드맵에 관하여 우리가 앞에서 논의한 것을 고려할 필요가 있다. 보통 설계 프로세스의 다른 시점에서는 다른 유형의 설계 개념을 필요로 한다. 예를 들어, 성숙한 도메인에서 신규 개발 시스템을 설계할 때 시스템의 초기 구조를 수립하는데 도움이 되는 설계 개념의 유형은 참조 아키텍처와 배포 패턴이다. 설계 프로세스를 진행함에 따라 전술, 아키텍처 및 디자인 패턴, 그리고 외부에서 개발된 컴포넌트 등 모든 카테고리의 설계 개념을 사용하게 될 것이다. 특정한 설계 문제를 해결하기 위해서는 다른 유형의 설계 개념을 사용하고 결합할 수 있으며 보통은 그렇게 할 것이다. 예를 들어 보안 요인을 해결할 때 보안 패턴과 보안 전술, 보안 프레임워크 또는 이들의 결합을 활용할 수 있다.

일단 여러분이 사용하기를 원하는 설계 개념의 유형이 명확해지면 대안(즉, 설계 후보)을 식별할 필요가 있다. 여러 가지 방식이 있지만, 단일한 기법을 사용하기보다는 다음 기법의 결합을 사용하게 될 것이다.

- **기존 선진 사례 활용**: 인쇄되거나 온라인 형식으로 사용할 수 있는 카탈로그를 활용하여 필요한 설계 개념에 대한 대안을 식별할 수 있다. 패턴과 같은 몇 가지 설계 개념은 광범위하게 문서화되어 있다. 외부에서 개발된 컴포넌트와 같은 다른 것은 완전하게 문서화되어 있지는 않다. 이러한 접근 방법의 이점은 많은 대안을 식별할 수 있다는 것이

며, 상당한 지식과 다른 사람의 경험을 활용할 수 있다는 것이다. 단점은 정보를 검색하고 공부하는 데 상당히 많은 시간이 들며, 문서화된 지식의 품질은 알 수 없고, 나의 가정과 편견도 알 수 없다는 것이다.

- **자신의 지식과 경험 활용**: 여러분이 설계하는 시스템이 과거에 설계했던 다른 시스템과 유사하다면 여러분이 전에 사용했던 일부 설계 개념으로 시작하기 원할 것이다. 이 접근 방법의 이점은 대안 식별이 빠르고 신뢰할 수 있게 수행된다는 것이다. 단점은 설사 여러분이 직면한 모든 설계 문제에 가장 적절하지 않을지라도, 그리고 새로운 더 좋은 접근 방법으로 대체할 수 있다고 하더라도 같은 아이디어를 반복하는 것으로 끝나버릴 수 있다는 것이다. 속담처럼 말이다. "작은 어린아이에게 망치를 주면 세상의 모든 것이 못으로 보인다."

- **다른 사람의 지식과 경험 활용**: 아키텍트로서 여러분은 수년에 걸쳐 얻은 배경과 지식을 갖고 있다. 이러한 기반은 사람마다 다양하다. 특히 과거에 어떤 유형의 설계 문제를 해결한 경험을 갖고 있느냐에 따라 달라진다. 여러분은 브레인스토밍을 통해서 여러분의 동료와 설계 개념의 식별과 선택을 수행함으로서 이러한 정보를 활용할 수 있다.

3.4.2 설계 개념 선택

일단 여러분이 대안 설계 개념의 목록을 식별했다면 이들 중에서 당면한 설계 문제를 해결하는 데 가장 적절한 것을 선택할 필요가 있다. 이것은 비교적 단순한 방식으로 달성할 수 있다. 각 대안과 관련된 찬반 목록을 포함하는 테이블을 생성하고 이들 기준과 요인을 기반으로 대안 중 하나를 선택하면 된다. 또한 테이블에는 대안 사용과 관련된 비용과 같은 다른 기준을 포함시킬 수 있다. 표 3.1은 다른 참조 아키텍처의 선택을 지원하는 데 사용되는 테이블의 예다.

표 3.1 대안 선택을 지원하는 테이블 예제

대안 이름	찬성	반대	비용
웹 애플리케이션	표준 웹 브라우저를 사용하여 다양한 플랫폼에서 접근할 수 있음 빠른 페이지 로딩 단순한 배포	"풍부한" 상호작용을 지원하지 못함	하
리치 인터넷 애플리케이션	"풍부한" 사용자 상호작용를 지원함 단순한 배포와 업데이트	더 긴 페이지 로딩 클라이언트 브라우저에 설치되는 런타임 환경이 필요함	중
모바일 애플리케이션	"풍부한" 사용자 상호작용을 지원함	낮은 호환성 화면 제한	상

또한 여러분은 대안을 선택하는 데 좀 더 깊이 있는 분석을 수행할 필요가 있을 수도 있다. CBAM^cost benefit analysis method이나 SWOT^strengths, weaknesses, opportunities, threats와 같은 방법론으로 이러한 분석을 수행할 수 있다('비용 편익 분석 방법론' 참고 박스를 참조한다).

비용 편익 분석 방법론

비용 편익 분석 방법론(CBAM, Cost Benefit Analysis Method)은 계량적인 접근 방법을 사용하여 설계 대안의 선택을 가이드하는 방법론이다. 이 방법로는 아키텍처 전략(즉, 설계 개념의 조합)이 품질 속성 반응에 영향을 미치며, 차례로 각 반응의 수준이 시스템 이해당사자에게 유틸리티(utility)[1]라고 하는 편익을 제공한다는 것을 고려한다. 각 아키텍처 전략은 다른 수준의 유틸리티를 제공하지만, 또한 구현하는 데 비용과 시간이 든다. CBAM의 뒤에 있는 아이디어는 유틸리티와 구현 비용의 수준을 검토함으로써 특별한 아키텍처 전략이 관련된 투자 수익(ROI, return on investment)을 기반으로 선택될 수 있다는 것이다. CBAM은 ATAM(architecture tradeoff analysis method) 다음에 수행되는 것으로 인식되지만, 설계 동안에(즉, 아키텍처 평가가 수행되기 전에) CBAM을 사용하는 것도 가능하다.

CBAM은 우선순위화된 전통적인 품질 속성 시나리오의 컬렉션을 입력물로 받아들여서 부가적인 정보로 분석되고 정제된다. 부가적인 정보는 각 시나리오에 대한 반응의 여러 수준을 고려하는 것이다.

---

1 효과, 가치를 의미한다. – 옮긴이

- 최저 시나리오는 시스템이 수행해야 하는 최소 임계치를 나타낸다(유틸리티=0).
- 최고 시나리오는 이해당사자가 더 이상 유틸리티를 예측할 수 없는 그 이상의 수준을 나타낸다(유틸리티=100).
- 현재 시나리오는 시스템이 이미 수행하고 있는 수준을 나타낸다(현재 시나리오의 유틸리티는 이해당사자가 산정한다).
- 기대 시나리오는 이해당사자가 달성하기를 희망하는 반응의 수준을 나타낸다(희망 시나리오의 유틸리티는 이해당사자가 산정한다).

이들 데이터 점수를 사용하여 그림과 같이 유틸리티–반응 곡선(utility–response curve)을 그릴 수 있다. 유틸리티–반응 곡선이 각 사니리오에 매핑된 후에 몇 개의 심사숙고한 설계 대안이 고려되고, 이들의 예상 반응 값이 산정될 수 있다. 예를 들어서 평균 실패 시간(mean time to failure)에 관심을 갖고 있다면 세 개의 다른 아키텍처 전략(즉, 다중화 선택 사항)(예를 들어, 다중화 없음과 수동 예비(cold spare), 빠른 예비(hot spare))을 고려할 수 있다. 이들 각 전략에 대하여 예상 반응(즉, 예상 평균 실패 시간)을 산정할 수 있다. 그림의 그래프에서 "e"는 예상 반응 측정을 기반으로 곡선 위에 놓여진 그러한 선택 사항 중 하나를 표현한다.

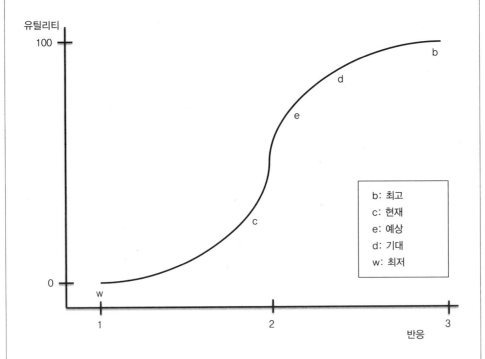

이들 반응 산정을 사용하여 이제 각 아키텍처 전략의 유틸리티 가치가 보간법(interpolation)을 통해 결정되어 예상 편익을 제공할 수 있다. 또한 각 아키텍처 전략의 비용도 도출된다(빠른 예비가 가장 비용이 많이 들 것으로 예상되며, 그 다음에는 수동 예비와 다중화 없음이 따른다).

이러한 모든 정보가 제공되면 이제 아키텍처 전략은 비용에 대한 예상 가치를 기반으로 선택될 수 있다.

CBAM이 처음에는 비교적 복잡하고 시간이 많이 드는 것처럼 보이지만, 설계 결정이 많은 경제적인 중요성(비용과 편익, 그리고 프로젝트 일정상의 효과라는 관점에서)을 가질 수 있다는 것을 고려할 필요가 있다. 여러분은 직관적인 접근 방법만 사용해서 결정할 것인지, 좀 더 합리적이고 체계적인 접근 방법으로 결정할 것인지를 결정해야만 한다.

이전 분석 기법이 적절한 선택을 할 수 있도록 가이드하지 못하는 경우에는 광고 전단 프로토 타입$^{throwaway\ prototype}$을 생성하여 이들로부터 측정값을 수집할 수도 있다. 초기 광고 전단 프로토 타입의 생성은 외부에서 개발된 컴포넌트의 선택에서는 도움이 되는 유용한 기법이다. 이 유형의 프로토 타입은 보통 유지보수나 재사용에 대한 고려를 하지 않고 "임시 변통$^{quick\ and\ dirty}$" 방식으로 생성된다. 이러한 이유로 광고 전단 프로토 타입은 향후 개발의 기반으로서는 사용되지 않아야 한다는 점을 명심하는 것이 중요하다.

프로토 타입의 생성이 분석과 비교(우리가 갖고 있는 자료에 따르면 비용율은 10에서 5사이 대 1이다)하면 비용이 많이 들지만, 일정한 시나리오에는 프로토 타입의 생성이 강하게 필요하다. 여러분이 프로토 타입을 생성할 것인지를 결정할 때 고려해야 하는 관점은 다음과 같다.

- 프로젝트가 현재 뜨고 있는 기술을 포함해야 하는가?
- 이 기술이 기업에서는 새로운 것인가?
- 선택된 기술을 사용하여 만족시키는 것이 위험이 따르는 일정한 요인, 특히 품질 속성이 있는가? (즉, 만족시킬 수 있는지 알 수 없다.)
- 선택된 기술이 프로젝트 요인을 만족시키는 데 유용하다는 확실성 정도를 제공하는 신뢰할 수 있는 대내외 정보가 부족한가?
- 테스트하거나 이해하는데 필요한 기술과 관련된 설정 선택사항이 있는가?
- 선택된 기술이 프로젝트에서 사용되는 다른 기술과 통합될 수 있는지 불명확한가?

이들 질문에 대하여 대부분의 대답이 "예"라면 광고 전단 프로토 타입을 생성할 것을 강하게 고려해야 한다.

설계 개념을 식별하고 선택할 때 아키텍처 요인의 일부인 제약사항을 염두에 두어야 한다. 어떤 제약사항은 특정한 대안을 선택하는 것을 제한할 수도 있기 때문이다. 예를 들어, 제약사항이 시스템의 모든 라이브러리와 프레임워크가 GPL 라이선스를 사용하지 못하게 하는 것일 수도 있다. 따라서 여러분의 필요에 유용할 수 있는 프레임워크를 발견했다고 하더라도 해당 프레임워크가 GPL 라이선스를 갖는다면 폐기해야 한다. 또한 이전 이터레이션에서 이루어진 설계 개념의 선택에 관련된 결정이 비호환성 때문에 향후에 선택할 수 있는 설계 개념을 제한할 수도 있다는 것을 염두에 두어야 한다. 예를 들어, 초기 이터레이션에서 사용할 웹 애플리케이션 참조 아키텍처를 선택했다면, 이후 이터레이션에서는 로컬 애플리케이션을 대상으로 하는 사용자 인터페이스 프레임워크를 선택할 수 없다.

마지막으로 ADD가 설계 프로세스를 수행하는 방법에 대한 가이드를 제공한다 할지라도 적절한 설계 결정을 하는 것을 보장할 수 없다는 것을 기억할 필요가 있다. 다른 대안들을 충분히 추론하고 고려하는 것(단지 처음에 든 생각이 아니라)이 좋은 솔루션을 찾아내는 확률을 향상시키는 가장 좋은 수단이다. 우리는 8장에서 '설계 프로세스에서 분석'을 수행하는 것을 논의할 것이다.

3.5   구조 생성

구조를 생성하지 않는다면 설계 개념 그 자체로는 요인을 만족시키는 것을 도와주지 못한다. 즉, 선택된 설계 개념에서 도출되는 요소를 식별하고 연결할 필요가 있다. ADD에서 이 과정을 아키텍처 요소의 인스턴스화instantiation라고 한다. 요소와 이들 사이의 관계를 생성하고, 이들 요소와 책임을 연관시키는 것이다. 소프트웨어 시스템의 아키텍처가 구조의 집합으로 구성되어 있다는 것을 기억하는 것이 중요하다. 그리고 구조는 세 개의 중요한 카테고리로 그룹화될 수 있다.

- **모듈 구조**module structure: 파일, 모듈, 클래스와 같이 개발 시에 존재하는 논리적 정적 요소로 구성된다.

- **컴포넌트 커넥터**C&C, component and connector 구조: 프로세스와 스레드와 같이 실행 시에 존재하는 동적인 요소로 구성된다.

- **할당 구조**^{allocation structure}: 소프트웨어 요소(모듈 또는 C&C 구조에서 가져온)와 파일 시스템, 하드웨어, 개발 팀과 같이 개발 시와 실행 시에 존재하는 비 소프트웨어 요소로 둘 다 구성된다.

설계 개념을 인스턴스화할 때 실제로는 하나 이상의 구조를 생성할 수 있다. 예를 들어, 특정한 이터레이션에서 레이어^{layer} 패턴을 인스턴스화하여 모듈 구조를 생성할 수 있다. 이러한 패턴의 인스턴스화의 일부분으로서 레이어의 수와 이들의 관계, 그리고 각 레이어의 특정한 책임을 선택할 필요가 있을 것이다. 또한 이터레이션의 일부분으로서 방금 식별한 요소가 시나리오를 지원하는 방법을 연구할 수도 있다. 예를 들어, 논리적인 요소의 인스턴스를 C&C 구조에 생성하고, 이들이 메시지를 교환하는 방법(3.6절 참조)을 모델링할 수 있다. 마지막으로 각 레이어 내부에 모듈을 구현할 책임을 누가 가질 것인지를 결정하기 원할 수 있으며, 이것이 할당 결정이다.

3.5.1 요소 인스턴스화

아키텍처 요소의 인스턴스화는 여러분이 작업하고 있는 설계 개념의 유형에 달려 있다.

- **참조 아키텍처**: 참조 아키텍처의 경우에 일반적으로 인스턴스화는 어느 정도의 맞춤화를 수행하는 것을 의미한다. 이 작업의 일부로서 참조 아키텍처에 정의된 구조의 부분인 요소를 추가하거나 삭제할 것이다. 예를 들어, 결재를 처리하기 위해 외부 애플리케이션과의 커뮤니케이션이 필요한 웹 애플리케이션을 설계한다면 전통적인 프리젠테이션과 비즈니스, 데이터 레이어 외에도 통합 레이어가 필요할 수도 있다.

- **아키텍처 및 디자인 패턴**: 이들 패턴은 요소로 구성된 일반적인 구조와 이들의 관계와 책임을 제공한다. 이 구조가 일반적이기 때문에 특정한 문제로 적용시키는 것이 필요할 것이다. 인스턴스화는 보통 패턴에 정의된 일반적인 구조를 여러분이 해결하는 문제의 필요에 적합하게 한 특정한 것으로 변환하는 것을 포함한다. 예를 들어, 파이프와 필터 ^{Pipe and Filter} 아키텍처 패턴을 생각해보자. 이 패턴은 기본적인 연산 요소(필터)와 이들 관계(파이프)를 수립하지만, 여러분의 문제에 얼마나 많은 필터를 사용해야 하는지, 또는 이들이 어떤 관계를 가져야 하는지를 명시하지는 않는다. 여러분은 문제를 해결하는 데 얼마나 많은 파이프와 필터가 필요한지를 정의하고, 각 필터의 특정한 책임을 수립하고, 이들의 토폴로지를 정의함으로써 이 패턴을 인스턴스화한다.

- **배포 패턴**: 아키텍처와 디자인 패턴의 경우와 유사하게 배포 패턴의 인스턴스화는 일반적으로 물리적인 요소의 식별과 명세를 포함한다. 예를 들어, 여러분이 로드밸런싱 클러스터Load-Balanced Cluster 패턴을 사용한다면 인스턴스화는 클러스터 안에 포함되어야 하는 복제replica의 수와 로드밸런싱 알고리즘, 그리고 복제의 물리적인 위치를 포함할 수 있다.

- **전술**: 이 설계 개념은 특정한 구조를 규정하지 않는다. 따라서 전술을 인스턴스화하기 위해서는 다른 설계 개념을 사용할 필요가 있을 것이다. 예를 들어, 액터를 인증하는 보안 전술을 선택하고 커스텀 코드로 작성된 애드혹 솔루션을 생성하거나 보안 패턴을 사용함으로써, 또는 보안 프레임워크와 같이 외부에서 개발된 컴포넌트를 사용함으로써 인스턴스화할 수 있다.

- **외부에서 개발된 컴포넌트**: 이들 컴포넌트의 인스턴스화는 새로운 요소를 생성하는 것을 내포할 수도 있고 아닐 수도 있다. 예를 들어, 객체지향 프레임워크의 경우에 인스턴스화는 프레임워크 안에 정의된 기초 클래스로부터 상속되는 특정한 클래스를 생성하는 것을 요구할 수 있다. 이것은 새로운 요소를 만들어낸다. 다른 접근 방법에서는 새로운 요소의 생성이 포함되지 않을 수도 있다. 이 경우에는 이전 이터레이션에서 식별된 기술 패밀리로부터 특정한 기술을 선택하고, 특정한 프레임워크를 이전 이터레이션에서 식별된 요소에 연관시키거나 특정한 기술과 관련된 요소를 위한 구성 선택 사항(스레드 풀에서 스레드의 개수와 같이)을 명시하는 것으로 끝날 수도 있다.

3.5.2 책임 연관 및 속성 식별

설계 요소를 인스턴스화하여 요소를 생성할 때 이들 요소에 할당되는 책임을 고려할 필요가 있다. 예를 들어, 레이어 패턴을 인스턴스화하여 전통적인 3계층 레이어 구조를 사용하기로 결정할 때 이들 레이어 중 하나는 사용자의 상호작용을 관리하는 책임(보통 프리젠테이션 레이어라고 한다)을 갖게 될 것이다. 요소를 인스턴스화하고 책임을 할당할 때 높은 응집성/낮은 결합성 설계 원칙을 염두에 두어야 한다. 요소는 책임의 좁은 책임의 집합narrow set of resposibility으로 정의된 높은 응집성high cohesion(내부적으로)과 다른 요소의 구현 상세를 알지 못하도록 정의된 낮은 결합성low coupling(외부적으로)을 가져야 한다.

설계 개념을 인스턴스화 할 때 고려해야 하는 하나의 추가적인 면은 요소의 속성property이다. 이것은 설정 선택 사항, 상태 있음, 리소스 관리, 우선순위, 또는 선택된 기술의 하드웨어 특징(생성된 요소가 물리적인 노드라면)과 같은 사항을 포함할 수 있다. 이들 속성을 식별하는 것은 설계 근거의 분석과 문서화를 지원한다.

3.5.3 요소 사이의 관계 수립

또한 구조의 생성은 요소와 이들 속성 사이에 존재하는 관계와 관련된 결정을 요구한다. 다시 한 번 레이어 패턴을 생각해보자. 여러분은 두 레이어를 연결하기로 결정할 수 있다. 그러나 그 다음에 이들 레이어는 궁극적으로 하드웨어에 할당된 컴포넌트에 할당될 것이다. 이 경우에 여러분은 컴포넌트를 이들에게 할당할 때 이들 레이어 사이에 어떻게 커뮤니케이션이 이루어지는지를 결정할 필요가 있다. 커뮤니케이션은 동기적인가 또는 비동기적인가? 어떤 유형의 네트워크 커뮤니케이션이 관련되는가? 어떤 유형의 프로토콜이 사용되는가? 얼마나 많은 정보가 전송되며 어떤 비율로 전송되는가? 이들 설계 결정은 성능과 같은 특정한 품질 속성을 달성하는 것과 관련하여 심각한 영향을 미칠 수 있다.

3.6 인터페이스 정의

인터페이스interface는 요소가 협업하고 정보를 교환할 수 있게 하는 계약적인 명세를 수립하는 외부적으로 가시적인 요소의 속성이다. 요소에는 외부와 내부, 두 가지 카테고리가 있다.

3.6.1 외부 인터페이스

외부 인터페이스external interface는 여러분이 개발하고 있는 시스템에 필수적인 다른 시스템의 인터페이스와 다른 시스템에 여러분의 시스템이 제공하는 인터페이스를 포함한다. 필수 인터페이스required interface는 여러분의 시스템에서는 제약사항의 일부로, 여러분은 보통 이들 명세에 영향을 미칠 수 없다. 제공 인터페이스provided interface는 내부 인터페이스를 정의하는 것과 유사한 방식(즉, 외부 시스템과 여러분의 시스템 사이에 상호작용을 고려하고 더 큰 구조의 요소로서 간주함으로써)으로 수행될 수 있도록 공식적으로 정의될 필요가 있다.

설계 프로세스를 시작하면서 시스템 컨텍스트를 수립하는 것은 외부 인터페이스를 식별하는 데 유용하다. 이 컨텍스트는 그림 3.3과 같이 시스템 컨텍스트 다이어그램을 사용하여 표현될 수 있다. 외부 시스템과 개발 중인 시스템이 인터페이스를 통해 상호작용한다면 외부 시스템 당 적어도 하나의 외부 인터페이스(그림에서 각 관계)가 있어야 한다.

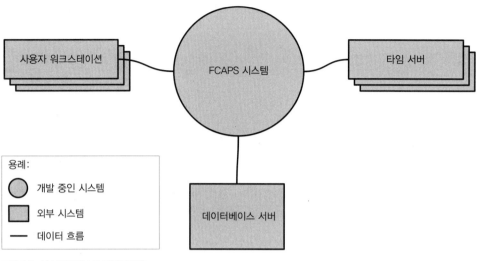

그림 3.3 시스템 컨텍스트 다이어그램

3.6.2 내부 인터페이스

내부 인터페이스internal interface는 설계 개념의 인스턴스화로부터 생성된 요소 사이의 인터페이스다. 관계와 인터페이스 세부사항을 식별하려면 일반적으로 실행 시 요소가 어떻게 정보를 교환하는지를 이해할 필요가 있다. 여러분은 UML 시퀀스 다이어그램(그림 3.4)과 같은 모델링 도구를 사용하여 이것을 달성할 수 있다. UML 시퀀스 다이어그램sequence diagram은 유스케이스 또는 품질 속성 시나리오를 지원하기 위해 실행되는 동안 요소 사이에 정보가 교환되는 것을 모델링할 수 있게 한다. 또한 이 유형의 분석은 요소 사이의 관계를 식별하는 데도 유용하다. 두 요소가 정보를 직접 교환할 필요가 있다면 이들 요소 사이의 관계가 존재해야 한다. 교환되는 정보는 인터페이스 명세의 일부분이 된다. 일반적으로 인터페이스는 명시된 매개변수와 반환값, 그리고 필요하다면 예외와 사전, 사후 조건을 갖는 오퍼레이션(메서드와 같은)의 집합으로 구성된다. 그러나 파일이나 데이터베이스에 정보를 작성하는 컴포넌트와 그 다음 이 정보에 접근하는 다른 컴포넌트처럼, 일부 인터페이스는 다른 정보 교환 메커니즘도 포함할 수 있다. 또한 인터페이스가 서비스 품질quality of service 계약을 수립할 수도 있다. 예를 들어, 인터페이스에 명시된 오퍼레이션의 실행이 성능 품질 속성 시나리오를 만족시키기 위해 시간 제약이 있을 수 있다.

인터페이스 식별은 보통 모든 설계 이터레이션에 걸쳐 동등하게 수행되지 않는다. 예를 들어 신규 개발 시스템의 설계를 시작할 때는 첫 번째 이터레이션에서 레이어와 같은 추상적인 요소만 산출할 것이다. 그리고 이들 요소는 이후 이터레이션에서 정제될 것이다. 레이어와 같은 추상적인 요소의 인터페이스는 일반적으로 명시되지 않는다. 예를 들어 초기 이터레이션에서 UI 레이어가 비즈니스 로직 레이어에게 "명령"을 보내고, 비즈니스 로직 레이어는 "결과"를 반환한다고 단순하게 명시할 수 있다. 설계 프로세스가 진전됨에 따라, 그리고 특히 특정한 유스케이스와 품질 속성 시나리오를 해결하기 위해 구조를 생성할 때 상호작용에 참여하는 특정한 요소의 인터페이스를 정제할 필요가 있을 것이다.

일부 특별한 경우에는 인터페이스의 식별이 아주 단순하다. 예를 들어 5장에서 제시되는 빅데이터 사례 연구에서, 인터페이스는 이미 선택된 기술에 의해 정의된다. 따라서 선택된 기술이 상호작용을 설계하기 때문에 인터페이스 명세는 비교적 사소한 작업이 되며, 많은 인터페이스 가정과 결정은 이미 "완성되어" 있다.

다음은 4장의 FCAPS 사례 연구에 있는 유스케이스 UC-2(결함 탐지)[2]의 초기 시퀀스 다이어그램이다. 이 다이어그램은 액터와 UC-2에 참여하는 5개의 컴포넌트 사이의 상호작용을 보여준다. 이 다이어그램을 생성할 때 우리는 교환되는 정보와 호출되는 메서드, 그리고 전달되고 반환되는 값을 식별한다.

---

2   이 예제는 4장에서 좀 더 자세하게 살펴본다.

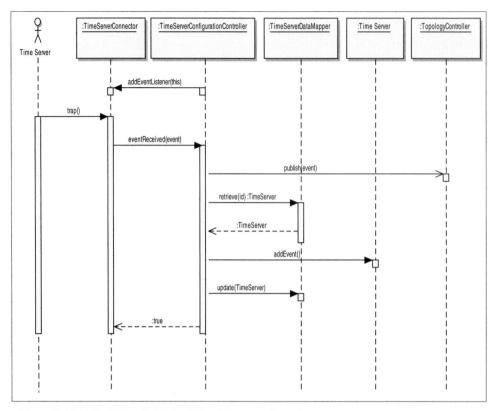

그림 3.4 인터페이스를 식별하는 데 사용되는 시퀀스 다이어그램(용례: UML)

이 상호작용으로부터 상호작용하는 요소의 인터페이스에 초기 메서드가 식별되었다.

이름: TimeServerConnector

메서드명	설명
boolean addEventListener(:EventListener)	이 메서드는 비즈니스 로직 컴포넌트가 자기자신을 TimeServer로부터 수신되는 이벤트의 리스너로 등록할 수 있게 한다.

마지막으로 시스템 요소의 모든 내부 인터페이스가 설계 프로세스의 일부로서 식별되지 않는다는 것을 고려할 필요가 있다("요소 상호작용 설계에서 인터페이스 식별" 참고 박스를 참조한다).

요소 상호작용 설계에서 인터페이스 식별

인터페이스를 정의하는 것이 아키텍처 설계 프로세스의 필수적인 부분이기는 하지만, 모든 내부 인터페이스가 아키텍처 설계 동안에 식별되는 것은 아니라는 것을 인식하는 것이 중요하다. 아키텍처 설계 프로세스의 일부로서 여러분은 일반적으로 최우선 유스케이스를 아키텍처 요인으로 고려하며, 다른 요인과 함께 최우선 기능을 지원하는 요소(보통 모듈)를 식별한다. 그러나 이 프로세스는 전체 유스케이스의 집합을 지원하는 데 필요한 시스템의 모든 요소와 인터페이스를 발견하지는 못할 것이다. 이러한 특수성의 결여는 의도된 것이다. 아키텍처는 추상화에 관한 것이며, 따라서 특히 설계의 가장 초기 단계에서 필수적으로 일부 정보는 덜 중요하다.

최우선이 아닌 유스케이스를 지원하는 모듈을 식별하는 것은 보통 산정이나 작업 할당 목적에 필요하다. 이들의 인터페이스를 식별하는 것도 모듈의 개별적인 개발과 통합을 지원하고 단위 테스팅을 수행하는 데 필요하다. 이러한 모듈의 식별은 프로젝트 라이프사이클 초기에 수행될 수 있지만, 대규모 사전 설계(BDUF, big design up front) 접근 방법과 혼동하지 말아야 한다. 이것이 기껏해야 초기 산정이나 이터레이션 계획과 같은 일정한 컨텍스트 안에서 피하기 어려운 BDUF다.

아키텍트로서 여러분은 시스템 전체 또는 시스템의 특정한 릴리스의 완전한 유스케이스 집합을 지원하는 모듈의 집합을 식별할 수도 있지만, 최우선이 아닌 유스케이스를 지원하는 모듈과 관련된 인터페이스의 식별은 일반적으로 여러분의 책임이 아니다. 그렇게 하기 위해서는 많은 시간이 필요하며 보통 아키텍처에 중요한 영향을 미치지 않기 때문이다. 우리가 요소 상호작용 설계(2.2.2절 참조)라고 부르는 이 작업은 보통 아키텍처 설계가 끝난 후, 그리고 (대부분의) 모듈을 개발하기 시작하기 전에 수행된다. 이 작업은 개발 팀의 다른 멤버에 의해 수행되지만, 여러분도 그 안에서 중요한 역할을 수행한다. 이들 인터페이스는 여러분이 수립한 아키텍처 설계를 고수해야하기 때문이다. 아키텍트로서 여러분은 인터페이스를 식별할 책임이 있는 엔지니어와 아키텍처를 의사소통해야 하며, 그들이 기존 설계 결정의 근거를 이해할 수 있도록 해야 한다.

이러한 의사소통을 달성하는 좋은 방법은 중간 설계 능동적 검토(ARID, active reviews for intermediate design) 방법을 사용하는 것이다. 이 방법에서 아키텍처 설계(또는 일부)가 검토자 그룹(이 경우에 이 설계를 활용할 엔지니어)에게 제시된다. 설계 설명이 끝난 후에 참여자는 시나리오 집합을 선택한다. 선택된 시나리오는 활동의 핵심으로 사용되어, 검토자는 아키텍처에 제시된 요소가 이들을 만족시키는지를 검토한다. 표준 ARID에서 검토자는 인터페이스를 식별할 목적으로 코드 또는 의사 코드를 작성하도록 요청받는다. 또는 아키텍트가 아키텍처를 제시하고 최우선이 아닌 기능 시나리오를 선택하여 참여자가 시퀀스 다이어그램이나 유사한 방법으로 시나리오를 지원하는 인터페이스를 식별하도록 요청할 수 있다.

이 활동으로 아키텍처 설계가 검토된다는 사실과 별도로 이 접근 방법의 추가적인 이점이 있다. 분명히 한번의 회의로 아키텍처 설계 또는 일부가 전체 팀에 제시되어 인터페이스가 정의되는 방법(예: 매개변수 전달, 데이터 타입, 또는 예외 관리와 같은 세부 사항 또는 관점 수준)에 관하여 의견 일치에 도달할 수 있게 된다.

3.7 설계 동안 예비 문서화 생성

소프트웨어 아키텍처는 일반적으로 뷰의 집합으로 문서화되며, 뷰^{view}는 아키텍처를 구성하는 서로 다른 구조로 표현된다. 이들 뷰의 공식 문서화는 설계 프로세스의 일부분은 아니다. 그러나 구조는 설계의 일부분으로 생성된다. 설사 비공식적인 방법(예 스케치)이라고 하더라도, 이들 구조를 수집하는 것은 이들 구조를 생성하도록 이끄는 설계 결정과 함께, 정상적인 설계 활동의 일부분으로서 수행되어야 하는 작업이다.

3.7.1 뷰의 스케치 기록

특정한 설계 문제를 해결하기 위해 여러분이 선택한 설계 개념을 인스턴스화함으로써 구조를 생성할 때, 일반적으로 여러분은 이들 구조를 마음 속으로 만드는 것이 아니라, 이들의 스케치^{sketch}를 생성할 것이다. 가장 간단한 경우에 화이트보드나 플립차트 또는 종이에라도 이들 스케치를 만들어낼 것이다. 그렇지 않으면 구조를 그리는 모델링 도구를 사용할 수도 있다. 여러분이 생성한 스케치는 여러분 아키텍처의 초기 문서화로서, 필요하다면 나중에 수집하여 살을 붙이게 된다. 스케치를 생성할 때 항상 UML과 같은 형식적인 언어를 사용할 필요는 없다. 비형식적인 표기법을 사용한다면 적어도 기호를 사용하는 데 일관성을 유지하도록 유의해야 한다. 궁극적으로는 다이어그램에 용례를 추가하여 명확성을 제공하고 모호성을 피할 수 있도록 해야 한다.

구조를 생성할 때 요소에 할당하는 책임을 작성하는 규율을 개발해야 한다. 그 이유는 간단하다. 여러분이 요소를 식별할 때 그 요소의 책임을 마음 속으로 결정하고 있다. 그 순간에 그것을 쓰면 나중에 기억하려고 하지 않아도 된다. 또한, 나중에 한꺼번에 모든 것을 하려고 하는 것보다 점차적으로 요소와 관련된 책임을 작성하는 것이 더 쉽다.

여러분이 설계할 때 이러한 예비 문서화를 생성하는 것은 어느 정도 규율이 필요하다. 그러나 이점이 드는 노력의 값어치를 한다(나중에 어느 시점에서 비교적 쉽고 빠르게 좀 더 상세한 아키텍처 문서화를 만들어낼 수 있을 것이다). 여러분이 화이트보다 플립차트, 도는 파워포인트 슬라이드를 사용한다면 책임을 문서화하는 하나의 간단한 방법은 여러분이 생성한 스케치를 사진 찍어, 다이어그램에 표현된 모든 요소의 책임을 요구한 테이블과 함께 문서에 붙이는 것이다(그림 3.5는 하나의 예를 제공한다). 만약 CASE^{computer-aided software engieering} 도구를 사용한다면 요소를 선택하여 텍스트 영영을 생성하고 요소의 속성에 책임을 문서화 다음 자동적으로 문서화를 생성할 수 있다.

이 다이어그램은 5장 사례 연구의 전체 시스템 구조를 보여주는 모듈 뷰의 스케치를 표현한다.

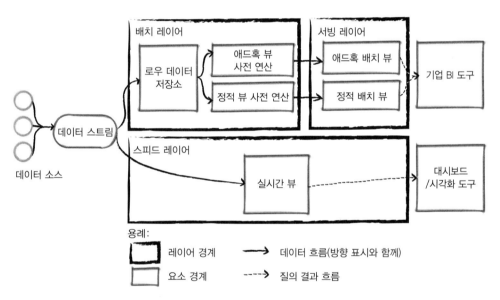

그림 3.5 예비 문서화의 예

다이어그램은 요소의 책임을 서술한 테이블로 보완된다.

요소	책임
데이터 스트림	이 요소는 모든 데이터 소스에서 실시간으로 데이터를 수집하여 배치 레이어와 스피드 레이어가 처리할 수 있도록 전송한다.
배치 레이어	이 레이어는 서빙 레이어에 저장될 수 있도록 로우 데이터를 저장하고 배치 뷰를 사전 연산하는 책임을 갖는다.
…	…

물론, 모든 것을 문서화할 필요는 없다. 문서화의 세 가지 목적은 분석과 구축, 교육이다. 여러분이 설계하는 순간에 문서화의 목적을 선택한 다음, 여러분의 위험 완화 관심사를 기반으로 그 목적에 맞도록 문서화해야 한다. 예를 들어, 아키텍처 설계가 충족시켜야 하는 중요한 품질 속성 시나리오가 있다면, 그리고 이 요구가 분석에서 충족된다는 것을 증명할 필요가 있다면, 분석에 적절한 정보가 충분히 문서화될 수 있도록 처리해야 한다. 또는 새로운 팀 멤버를 교육시켜야 할 필요가 있다면 시스템의 C&C 뷰 스케치를 만들어서 실행 시에 어떻게 작동하는지, 요소가 서로 상호작용하는지를 보여주고, 시스템의 있는 그대로의 모듈 뷰를 구축하여 적어도 주요 레이어와 서브 시스템을 보여주어야 한다.

마지막으로 문서화할 때 궁극적으로 여러분의 설계가 분석될 수 있도록 해야 한다는 것을 기억해야 한다. 결론적으로 이러한 분석을 지원하기 위해 어떤 정보를 문서화해야 하는지를 생각해야 할 필요가 있다("시나리오 기반 문서화" 참고 박스를 참조한다).

시나리오 기반 문서화

아키텍처 설계 분석은 가장 중요한 유스케이스와 품질 속성 시나리오를 기반으로 한다. 간단히 설명하면, 시나리오를 선택하고 검토자에게 아키텍처가 이 시나리오를 어떻게 지원하는지를 설명하고 여러분의 결정을 정당화해야 한다. 설계하는 동안 분석을 준비하기 위해 시나리오를 만족시키는데 관련된 요소를 포함하고 있는 구조를 생성하고 문서화하는 것이 유용하다. 시나리오가 설계 프로세스를 가이드하기 때문에 이것이 자연스러운 것이기는 하지만, 이 점을 항상 마음 속에 갖고 있는 것이 유용하다.

설계 프로세스 동안에 하나의 문서에 적어도 다음 요소가 수집될 수 있도록 해야 한다.

- 기본 프리젠테이션: 여러분이 생성한 구조를 표현하는 다이어그램
- 요소 책임 테이블: 구조 안에 나타나는 요소의 책임을 기록한다
- 적절한 설계 결정과 근거(3.7.2절 참조)

또한 여러분은 또 다른 두 가지 정보를 수집해야 한다.

- 요소 상호작용의 런타임 표현(예를 들어, 시퀀스 다이어그램)
- 초기 인터페이스 명세(또한 별도의 문서에 수집될 수 있다)

여러분이 볼 수 있는 바와 같이 이 모든 정보는 설계 프로세스의 일부분으로서 산출될 필요가 있다. 어떤 식으로든 시스템에 어떤 요소를 표현할지, 또한 이들이 어떻게 상호작용하는지를 결정

할 필요가 있다. 하나의 질문은 이 정보를 작성하는 것이 여러분을 번거롭게 하는지, 또는 이 표현이 오직 코드에만 있는지 여부다.

여러분이 여기서 우리가 주장하는 접근 방법을 따른다면 설계의 끝에서 문서화된 예비 뷰의 집합을 갖게 될 것이다. 그리고 적은 비용으로 이 문서화를 갖게 될 것이다. 이 예비 문서화는 설계를 분석하는 "현재(as-is)"로 사용될 수 있다. 그리고 특히 시나리오 기반 평가를 거치게 된다.

3.7.2 설계 결정 기록

각 설계 이터레이션에서 목표를 달성하기 위해 중요한 설계 결정을 해야 한다. 앞에서 우리가 살펴본 바와 같이 이들 설계 결정에는 다음 사항이 포함된다.

- 여러 대안에서 설계 개념 선택
- 선택된 설계 개념을 인스턴스화함으로써 구조 생성
- 요소 사이의 관계 수립 및 인터페이스 정의
- 리소스 할당(예: 사람, 하드웨어, 연산)
- 기타

아키텍처를 표현하는 다이어그램을 공부할 때 생각하는 과정의 마지막 산출물을 보게 된다. 그러나 이 결과를 달성하도록 만든 결정을 이해하는 것은 쉽지 않을 수 있다. 선택된 요소와 관계, 속성의 표현 너머에 있는 설계 결정을 기록하는 것은 여러분이 결론에 도달한 방법, 즉 설계 근거$^{design\ rationale}$를 이해하는 데 기본이 된다.

이터레이션 목표가 득정한 품질 속성 시나리오를 만족시키는 것일 때, 여러분이 내린 결정 중 일부는 시나리오 반응 측정을 달성하기 위한 여러분의 능력에서 중요한 역할을 할 것이다. 따라서 이들은 기록하는 데 가장 큰 주의를 기울여야 하는 결정이다. 여러분은 이들 결정을 기록해야 한다. 이들 결정이 여러분이 생성한 설계의 분석을 촉진시키는 데 필수적이며, 그 다음에 구현을 촉진시키고, 나중(예: 유지보수 동안)에는 아키텍처의 이해를 도와주기 때문이다. 또한 모든 설계 결정은 "충분히 좋아야" 하지만, 최적이란 것은 없다. 따라서 여러분은 결정을 정당화할 필요가 있으며, 가능하다면 나중에라도 나머지 위험을 다시 검토해야 한다.

설계 결정을 기록하는 것을 지겨운 작업이라고 생각할 수 있다. 실제로 개발되고 있는 시스템의 중요성에 따라서 기록되는 정보의 양을 조정할 수 있다. 예를 들어, 최소한의 정보를 기록하기 위해서는 표 3.2에 있는 것과 같이 간단한 표를 사용할 수 있다. 이것보다 더 많은 정보를 기록해야 한다면 다음 정보가 유용할 것이다.

- 결정을 정당화할 수 있는 어떤 증거가 산출되었는가?

- 누가 무엇을 하는가?

- 왜 지름길을 택했는가?

- 왜 트레이드오프가 이루어졌는가?

- 어떤 가정을 하였는가?

표 3.2 설계 결정 문서화 테이블의 예

요인	설계 결정과 위치	근거와 가정
QA-1	동시성 도입(전술)	TimeServerConnector와 FaultDetectionService에 여러 이벤트(트랩)를 동시에 받고 처리하기 위해서는 동시성이 도입되어야 한다.
QA-2	커뮤니케이션 레이어에 메시지 큐의 도입을 통한 메시징 패턴 사용	메시지 큐의 사용이 시나리오가 부과하는 성능에는 좋지 않은 것처럼 보일 수 있지만, 일부 구현은 고성능을 제공하고, 더욱이 QA-3을 지원하는 유용하기 때문에 메시지 큐가 선택되었다.

그리고 요소를 식별할 때 책임을 기록하라고 했던 것과 같은 방식으로 여러분이 내린 설계 결정을 기록해야 한다. 그 이유는 간단하다. 나중까지 내버려두면 여러분이 왜 그 일을 했는지 기억할 수 없을 수도 있다.

3.8 설계 진행 추적

ADD가 설계를 체계적으로 수행할 수 있도록 명확한 가이드를 제공한다고 할지라도, 설계를 추적하는 메커니즘을 제공하지는 않는다. 여러분이 설계를 수행할 때 다음과 같은 질문에 대답할 수 있어야 한다.

- 얼마나 많은 설계를 해야 할까?

- 지금까지 얼마나 많은 설계를 해왔는가?

- 끝났는가?

백로그^{backlog}와 칸반^{Kanban} 보드의 사용과 같은 애자일 프랙티스는 설계 진행을 추적하고 이들 질문에 대답을 할 수 있도록 도와줄 수 있다. 물론 이들 기법은 애자일 방법론에만 제한되지 않는다. 프로젝트에서 어떤 방법론을 사용하더라도 진행 상황을 추적해야 한다.

3.8.1 아키텍처 백로그 사용

아키텍처 (또는 설계) 백로그의 개념은 여러 저자가 제안했다(7.1절 참조). 이것은 스크럼^{Scrum}과 같은 애자일^{Agile} 개발 방법론에서 발견할 수 있는 것과 유사하다. 기본적인 아이디어는 아키텍처 설계 프로세스의 일부로서 수행될 필요가 있는 나머지 활동의 목록을 생성하는 것이다.

초기에 요인으로 설계 백로그를 채워야 한다. 그러나 아키텍처 설계를 지원하는 다른 활동도 포함될 수 있다.

- 특정한 기술을 테스트하거나 특정한 품질 속성 위험을 해결하기 위한 프로토 타입 생성

- 기존 자산의 탐색과 이해(가능하다면 역공학 포함)

- 설계 검토에서 밝혀진 이슈

- 이전 이터레이션에서 수행된 부분적인 설계 검토

예를 들어, 스크럼을 사용할 때 스프린트 백로그^{sprint backlog}와 설계 백로그는 독립적이지 않다. 스프린트 백로그에 있는 어떤 피처는 아키텍처 설계가 수행되는 것을 요구할 수도 있다. 따라서 이들은 아키텍처 설계 백로그에 들어가는 항목을 생성될 것이다. 이들 두 백로그는 별도로 관리될 수 있다. 설계 백로그는 내부적으로 관리될 수 있다. 따라서 일반적으로 고객(또는 제품 오너)이 논의하지 않거나 우선순위화되지 않은 여러 항목을 포함한다.

또한 결정이 이루어질 때 추가적인 아키텍처 관심사도 제기될 수도 있다. 예를 들어, 참조 아키텍처를 선택했다면 여기에서 도출되는 특정한 아키텍처 관심사나 품질 속성 시나리오도 아키텍처 설계 백로그에 추가될 필요가 있을 것이다. 이러한 관심사의 예로는 웹 애플리케이션 참조 아키텍처에서의 세션 관리가 있다.

3.8.2 설계 칸반 보드 사용

설계가 라운드 안에서 수행되고, 이들 라운드 안에 일련의 이터레이션이 있을 때, 설계의 진행 정도를 추적할 수 있는 방법이 필요하다. 또한 좀 더 많은 설계 결정(예: 추가적인 이터레이션 수행)을 계속해야 할 필요가 있는지 여부를 결정해야만 한다. 이러한 작업을 촉진시키는데 사용할 수 있는 하나의 도구가 그림 3.6에서 볼 수 있는 것과 같은 칸반 보드^{Kanban board}다.

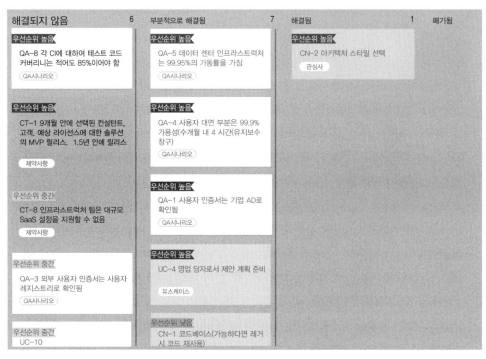

그림 3.6 설계 진행을 추적하는 데 사용되는 칸반 보드

　　설계 라운드를 시작할 때 설계 프로세스의 입력물은 백로그에 있는 항목이 된다. 초기에 이 활동은 ADD 1단계에서 발생한다. 이 설계 라운드의 백로그에 있는 다른 항목들은 보드의 "해결되지 않음" 컬럼에 추가되어야 한다(여기에서 해결되기를 원하는 이전 설계 라운드에서 결론을 내지 못한 항목이 있다면 제외한다). ADD 2단계에서 설계 이터레이션을 시작할 때 설계 이터레이션 목표의 일부분으로서 해결할 계획을 갖고 있는 요인에 대응되는 백로그 항목은 "부분적으로 해결됨" 컬럼으로 이동시켜야 한다. 마지막으로 인터레이션이 끝나고 설계 결정의 분석으로 특정한 요인이 해결되었다는 것이 확인되면(ADD 7단계) 그 항목은 보드의 "해결됨" 컬럼으로 이동시켜야 한다. 요인을 "해결됨" 항목으로 이동시킬 수 있는 명확한 기

준을 수립하는 것이 중요하다(스크럼에서 사용되는 "완료의 정의^{definition of done}"와 유사하게 이것을 "해결됨의 정의^{definition of addressed}" 기준으로 생각하라). 예를 들어, 요인이 분석되거나, 또는 프로토 타입으로 구현되는 것이 기준이 될 수 있다. 또한 특정한 이터레이션에 선택된 요인은 해당 이터레이션에서 완전히 해결되지 않을 수도 있다. 이 경우에 "부분적으로 해결됨" 컬럼에 그대로 남아 있어야 하며, 여러분은 이 시점에 존재하는 요소에 이들을 어떻게 할당할 것인지를 고려해야 한다.

우선순위에 따라서 보드에 있는 항목을 구분하는 기법을 선택하는 것이 유용할 수 있다. 예를 들어, 우선순위에 따라서 포스트잇 노트의 색상으로 구별할 수 있다.

얼마나 많은 (가장 중요한) 요인이 설계 라운드에서 연결되고 있고 해결되었는지를 빨리 볼 수 있기 때문에 이러한 보드를 사용하여 설계 진척도를 시각적으로 추적하는 것이 쉽다. 또한 이 기법은 대부분의 요인(또는 적어도 가장 높은 우선순위를 갖는 것)이 "해결됨" 컬럼으로 이동되어서 설계 라운드가 이상적으로 끝났을 때 추가적인 이터레이션을 수행해야 할 필요가 있는지 여부를 결정할 수 있도록 도와준다.

3.9 요약

이번 장에서 우리는 속성 주도적 설계 방법론 버전 3.0의 자세한 작업 내역을 제시했다. 또한 설계 프로세스의 다양한 단계에서 고려되어야 할 필요가 있는 여러 가지 중요한 관점을 논의했다. 이들 관점에는 백로그의 사용과 다양한 가능한 설계 로드맵(신규 개발, 기존 시스템, 특수한 분야), 그리고 설계 개념의 식별과 선택, 이들을 사용한 구조 생성, 인터페이스 정의, 그리고 예비 문서화 산출이 포함된다.

전체 아키텍처 개발 라이프사이클에 설계에서 분리된 활동으로서 아키텍처 문서화와 분석을 포함하고 있을 지라도, 우리는 이들 활동을 명확하게 분리하는 것은 인위적이고 해롭다고 주장한다. 우리는 예비 문서화와 분석 활동이 설계 프로세스의 통합된 부분으로서 정상적으로 수행될 필요가 있다는 점을 강조한다.

4장과 5장, 6장에서 우리는 여러 가지 확장된 예제에서 ADD 3.0을 인스턴스화하여, 실세계에서, 신규 개발과 기존 시스템 컨텍스트에서 둘 다 방법론이 어떻게 작업을 하는지를 보여줄 것이다.

3.10 더 읽을거리

ADD 3.0의 개념 중 일부는 IEEE 소프트웨어 문서에서 처음 소개되었다. 서밴츠[H. Cervantes]와 벨라스코[P. Velasco], 카즈만[R. Kazman]의 "A Principled Way of Using Frameworks in Architectural Design", IEEE Software, 46-53, March/April 2013. ADD 2.0 버전이 처음 문서화된 곳은 SEI 기술 보고서다. 와이치크[R. Wojcik]와 배치만[F. Bachmann], 베스[L. Bass], 클레멘츠[P. Clements], 메르슨[P. Merson], 노드[R. Nord], 우드[B. Wood]의 "Attribute-Driven Design(ADD), Version 2.0", SEI/CMU 기술 보고서 CMU/SEI-2006-TR-023, 2006. ADD 2.0 사용의 확장된 예제는 우드[W. Wood]의 "A Practical Example of Applying Attribute-Driven Design(ADD), Version 2.0", SEI/CMU 기술 보고서: CMU/SEI-2007-TR-005다.

소프트웨어 아키텍처의 설계를 지원하는 여러 대안 방법론이 있다. 이들은 7장에서 좀 더 상세하게 논의되고 참조된다.

아키텍처 백로그의 개념은 호프메이스터[C. Hofmeister]와 크루첸[P. Kruchten], 노드[R. Nord], 오빙크[H. Obbink], 란[A. Ran], 어메리카[P. America]의 "A General Model of Software Architecture Design Derived from Five Industrial Approaches", Journal of Systems and Software, 80:106-126, 2007에서 논의되었다.

ARID 방법론은 폴 클레멘츠와 릭 캐즈먼의 『소프트웨어 아키텍처 평가』에서 논의되었다.

CBAM 방법론은 렌 베스와 폴 클레멘츠, 릭 캐즈먼의 『소프트웨어 아키텍처 이론과 실제 (개정 3판)』에서 제시되었다.

아키텍처가 문서화되는 방법은 폴 클레멘츠과 펠릭스 바흐만, 렌 베스, 데이비드 갈란, 제임스 이버스, 리드 리틀의 『소프트웨어 아키텍처 문서화 2판』(에이콘, 2016)에서 포괄적으로 다룬다. 문서화의 애자일 접근 방법은 브라운[S. Brown]의 『Software Architecture for Developers』(Lean Publishing, 2015)에서 논의되었다.

설계 근거를 수집하는 중요성과 과제는 탕[A. Tang]과 알리 바바[M. Ali Babar], 고튼[I. Gorton], 한[J. Han]의 "A Survey of Architecture Design Rationale", Journal of Systems and Software, 79(12):1792-1804, 2007에서 논의되었다. 근거를 수집하는 최소 기법은 즈툰[U. Zdun]과 카필라[R. Capilla], 트란[H. Tran], 짐머만[O. Zimmermann]의 "Sustainable Architectural Design Decisions", IEEE Software, 30(6):46-53, 2013에서 논의되었다.

4장

사례 연구: FCAPS 시스템

이제 성숙한 도메인의 신규 개발 시스템을 위하여 ADD 3.0을 사용하는 사례 연구를 제시한다. 이 사례 연구는 3개 이터레이션으로 구성된 초기 설계 라운드를 자세히 다루고 있으며, 실세계 예제를 기반으로 한다. 먼저 비즈니스 컨텍스트를 제시하고, 시스템 요구를 요약하기로 한다. 그 다음에는 ADD 이터페이션 동안에 수행되는 활동의 단계별 요약이 온다.

4.1 비즈니스 케이스

2006년에 대형 통신 회사들은 IP$^{internet\ protocol}$ 네트워크를 확장시켜 "캐리어 등급 서비스"와 좀 더 특별하게 고품질 VOIP$^{voice\ over\ IP}$ 시스템을 지원하기를 원했다. 이러한 목표를 달성하는 하나의 중요한 관점은 VOIP 서버와 다른 장비를 동기화시키는 것이었다. 품질이 떨어지는 동기화는 낮은 QoS$^{quality\ of\ service}$와 저하된 성능, 그리고 불행한 고객의 결과를 가져온다. 동기화의 필수 수준을 달성하기 위해서 회사는 NTP$^{Network\ Time\ Protocoal}$를 지원하는 타임 서버 time server의 네트워크를 배포하기를 원했다. 타임 서버는 일반적으로 지리적인 지역에 대응하는 그룹으로 형성된다. 이들 지역 안에서 타임 서버는 수준 또는 계층^{strata}별로 계층적으로 구성되며, 계층도의 상위 수준(계층 1)에 놓여지는 타임 서버는 정확한 시간을 제공하는 하드웨어(예: 세슘 진동자, GPS 신호) 장비를 갖춘다. 계층도의 하위에 있는 타임 서버는 NTP를 사용하여 상위 수준이나 동일 수준의 서버로부터 시간을 요청한다.

많은 장비들이 네트워크에 있는 타임 서버가 제공하는 시간에 의존하기 때문에, 회사의 하나의 우선순위는 타임 서버에서 발생하는 어떤 문제든 고치는 것이었다. 이러한 문제는 기술자를 보내서 타임 서버에 재부팅과 같은 물리적인 보수를 수행하여 해결한다. 회사의 또 다른 우선순위는 타임 서버로부터 데이터를 수집하여 동기화 프레임워크 성능을 모니터링하는 것이다.

초기 배포 계획에서 회사는 특정한 모델의 100 타임 서버를 필드에 배치하기를 원했다. NTP 외에도 타임 서버는 SNMP^{Simple NEtwork Management Protocol}를 지원하는데, 이 프로토콜은 다음 3가지 기본 오퍼레이션을 제공한다.

- set() 오퍼레이션: 설정 변수(예: 연결된 피어)를 변경한다.
- get() 오퍼레이션: 설정 변수나 성능 데이터를 가져온다.
- trap() 오퍼레이션: GPS 신호의 손실이나 왜곡 또는 시간 참조 변경과 같은 예외적인 이벤트의 알림

회사의 목표를 달성하기 위해 타임 서버의 관리 시스템이 개발될 필요가 있었다. 이 시스템은 네트워크 관리 표준 모델인 FCAPS 모델을 준수해야 할 필요가 있었다. 약자의 의미는 다음과 같다.

- **결함 관리**^{Fault Management}: 결함 관리의 목적은 네트워크에서 발생하는 결함을 인식하고 분리하고 수정하고 로깅하는 것이다. 이 경우에 이들 결함은 타임 서버가 발생시키는 트랩^{trap}이나 관리 시스템과 타임 서버 사이의 커뮤니케이션 손실과 같은 다른 문제에 상응한다.
- **형상 관리**^{Configuration Management}: 이것은 네트워크 장치로부터 설정을 수집하고 저장하여 장치 설정에 이루어진 변경을 추적하는 것이다. 이 시스템에서 개별 설정 변수를 변경하는 것 외에도 여러 타임 서버에 특정한 설정을 배포할 수 있어야 한다.
- **계정**^{Accounting}: 여기서 목표는 장치 정보를 수집하는 것이다. 이 컨텍스트에서 장치 하드웨어와 펌웨어 버전, 하드웨어 장비, 및 다른 시스템 구성요소를 추적하는 것을 포함한다.

- **성능 관리**[Performance Management]: 이 카테고리는 현재 네트워크의 효율성을 결정하는 것에 중점을 둔다. 성능 데이터를 수집하고 분석함으로써 네트워크 건강[network health]을 모니터링한다. 이 경우에 지연, 오프셋, 지터 측정이 타임 서버로부터 수집된다.
- **보안 관리**[Security Management]: 이것은 네트워크 안에 있는 자산에 접근을 통제하는 과정이다. 이 경우에 기술자와 관리자 등, 두 유형의 중요한 사용자가 있다. 기술자는 트랩 정보와 설정을 볼 수 있지만, 변경할 수는 없다. 관리자는 같은 정보를 볼 수 있을 뿐만 아니라 설정을 변경할 수도 있다. 또한 네트워크에 서버를 추가하고 제거할 수도 있다.

일단 초기 네트워크가 배포되면 회사는 새로운 모델로 타임 서버를 추가하여 SNMP가 아닌 관리 프로토콜을 잠재적으로 지원할 수 있도록 확장할 계획을 갖고 있다.

이 장의 나머지 부분은 ADD 3.0을 사용하여 생성된 이 시스템의 설계를 설명한다.

4.2 시스템 요구

요구 도출 활동은 이전에 수행되었으며, 다음은 수집된 가장 적절한 요구의 요약이다.

4.2.1 유스케이스 모델

그림 4.1의 유스케이스 모델은 시스템의 FCAPS 모델을 지원하는 가장 적절한 유스케이스를 제시한다. 다른 유스케이스는 생략했다.

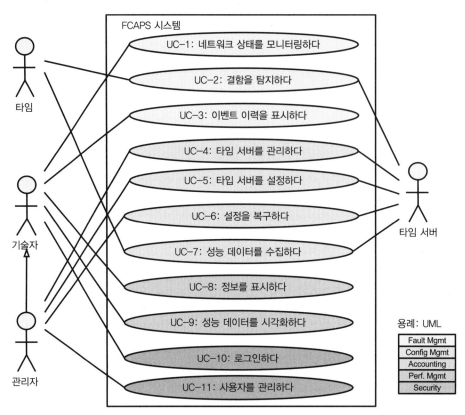

그림 4.1 FCAPS 시스템 유스케이스 모델

각 유스케이스는 다음 표에서 설명한다.

유스케이스	설명
UC-1: 네트워크 상태를 모니터링하다	사용자는 전체 네트워크의 계층적인 표현으로 타임 서버를 모니터링한다. 문제가 있는 장치는 그룹에 속하는 논리적인 지역과 함께 강조가 된다. 사용자는 네트워크 표현을 확장하거나 축소할 수 있다. 이러한 표현은 결함이 검출되거나 복구될 때 연속적으로 갱신된다.
UC-2: 결함을 탐지하다	정기적으로 관리시스템은 타임 서버에 접속하여 "살아있는"지 확인한다. 타임 서버가 반응이 없거나 문제를 신호하거나 정상 운영 상태로 돌아왔다는 트랩을 받으면 이벤트가 저장되고, 이에 따라 사용자가 볼 수 있는 네트워크 표현이 갱신된다.
UC-3: 이벤트 이력을 표시하다	특정한 타임 서바나 서버 그룹과 관련된 저장된 이벤트가 표시된다. 유형이나 심각성과 같은 다양한 기준에 의해 필터링될 수 있다.
UC-4: 타임 서버를 관리하다	관리자는 타임 서버를 네트워크에 추가하거나 제거한다.
UC-5: 타입 서버를 설정하다	관리자는 특정한 타밍 서버에 관련된 설정 매개변수를 변경한다. 매개변수는 장치에 전송되어 지역적으로 저장된다.
UC-6: 설정을 복구하다	지역적으로 저장된 설정이 하나 이상의 타임 서버에 전송된다.

(이어짐)

유스케이스	설명
UC-7: 성능 데이터를 수집하다	네트워크 성능 데이터(지연, 오프셋, 지터)가 타임 서버로부터 정기적으로 수집된다.
UC-8: 정보를 표시하다	사용자는 타임 서버에 관한 저장된 정보(서버 이름과 같은 설정값 및 다른 매개변수)를 표시한다.
UC-9: 성능 데이터를 시각화하다	사용자는 네트워크 성능 측정(지연, 오프셋, 지터)를 그래픽 방식으로 보고 네트워크 성능을 분석한다.
UC-10: 로그인하다	사용자는 로그인/비밀번호 화면에서 시스템에 로그인한다. 성공적으로 로그인이 되면 사용자는 자신의 역할에 따라 다른 옵션이 제시된다.
UC-11: 사용자를 관리하다	관리자는 사용자를 추가 또는 삭제할 수 있고, 사용자 권한을 수정할 수 있다.

4.2.2 품질 속성 시나리오

이들 유스케이스와 함께 여러 품질 속성 시나리오가 도출되고 문서화되었다. 6개의 가장 적절한 유스케이스가 다음 표에 제시되었다. 각 시나리오와 관련된 유스케이스도 식별했다.

ID	품질 속성	시나리오	관련된 유스케이스
QA-1	성능	최대 부하 시에 여러 타임 서버가 관리 시스템에 트랩을 전송한다. 트랩의 100%가 성공적으로 처리되고 저장된다.	UC-2
QA-2	변경용이성	새로운 타임 서버 관리 프로토콜이 갱신의 일부로서 시스템에 도입된다. 시스템의 핵심 컴포넌트에 변경없이 프로토콜이 성공적으로 추가된다.	UC-5
QA-3	가용성	정상 운영 중에 실패가 관리 시스템에서 발생한다. 관리 시스템은 30초 이내에 운영을 재개한다.	모두
QA-4	성능	최대 부하 시에 관리 시스템은 타임 서버로부터 성능 데이터를 수집한다. 관리 시스템은 5분 이내에 모든 성능 데이터를 수집한다. 그동안 모든 사용자 요청은 처리되어 CON-5로 인한 데이터 손실이 없다는 것을 보장한다.	UC-7
QA-5	성능, 사용편의성	정상 운영 중에 사용자는 특정한 타임 서버의 이벤트 이력을 표시한다. 최근 24시간 이내의 이벤트 목록이 1초 이내에 표시된다.	UC-3
QA-6	보안성	정상 운영 중에 사용자는 시스템에서 변경을 수행한다. 오퍼레이션을 수행한 사람이 누구이고 언제 수행되었는지 100% 알 수 있다.	모두

4.2.3 제약사항

마지막으로 시스템과 구현 상의 제약사항 집합이 수집되었다. 이들은 다음 표에 있다.

ID	제약사항
CON-1	최소 500명의 동시 사용자를 지원해야 한다.
CON-2	시스템은 다양한 시스템(윈도우, OSX, 리눅스)에서 웹 브라우저(크롬 V3.0+, 파이어폭스 V4+, IE8+)를 통해 접근될 수 있어야 한다.
CON-3	기존 관계형 데이터베이스 서버를 사용해야 한다. 이 서버는 데이터베이스를 호스팅하는 것 외에 다른 목적으로 사용될 수 없다.
CON-4	사용자 워크스테이션에 네트워크 접속은 낮은 대역폭을 가질 수 있지만, 일반적으로 신뢰할 수 있어야 한다.
CON-5	성능 데이터는 5분 이내의 간격으로 수집되어야 한다. 더 많은 간격은 타임 서버가 데이터를 폐기하는 결과를 가져온다.
CON-6	최근 30일까지 이벤트가 저장되어야 한다.

4.2.4 아키텍처 관심사

신규 개발 시스템이기 때문에 다음 표와 같은 몇 가지 아키텍처 관심사가 초기에 식별되었다.

ID	관심사
CRN-1	전체 초기 시스템 구조 수립
CRN-2	Spring, JSF, Swing, Hibernate, Java Web Start, JMS 프레임워크와 자바 언어를 포함하는 자바 기술에 관한 팀의 지식 활용
CRN-3	개발 팀 멤버에 작업 할당

이와 같은 입력물이 제공되기 때문에 3.2절에서 설명한 설계 프로세스를 진행할 준비가 되었다. 이번 장에서는 요구 수집 프로세스의 최종 결과만을 제시한다. 이들 요구를 수집하는 작업이 쉽지 않지만 이 장의 범위를 넘어선다.

4.3   설계 프로세스

이제 우리는 요구와 비즈니스 관심사의 세계로부터 설계의 세계로 넘어갈 준비가 되었다. 아마도 이것이 아키텍트의 가장 중요한 작업(요구를 설계 결정으로 변환하는 것)이다. 물론 많은 다른 결정과 의무도 중요하지만 이것인 아키텍트가 된다는 것이 무엇인지를 의미하는 것, 즉 광범위한 영향을 미치는 설계 결정을 하는 것의 핵심이다.

4.3.1 ADD 1단계: 입력물 검토

ADD 방법론의 첫 번째 단계는 입력물을 검토하고 어떤 요구가 요인(즉, 설계 백로그에 포함될 것)으로 고려될 수 있는지를 식별한다. 입력물은 다음 표에 요약되어 있다.

카테고리	세부 사항
설계 목적	이것은 성숙한 도메인의 신규 개발 시스템이다. 목적은 시스템의 구축을 지원하는 충분히 상세한 설계를 산출해내는 것이다.
최우선 기능 요구	4.2.1절에서 제시된 유스케이스로부터 최우선 유스케이스는 다음과 같이 결정되었다. • UC-1: 핵심 비즈니스를 직접 지원하기 때문에 • UC-2: 핵심 비즈니스를 직접 지원하기 때문에 • UC-7: 이것과 관련된 기술적인 이슈 때문에(QA-4를 참고한다)
품질 속성 시나리오	시나리오는 4.2.2절에 설명되어 있다. 이들은 이제 다음과 같이 (4.2.2절에서 논의된 것처럼) 우선순위가 결정되었다. {표} 이 목록에서 QA-1과 QA-2, QA-3, QA-4만 요인으로 선택되었다.
제약사항	4.2.3절에서 논의한 모든 제약사항이 요인으로 포함되었다.
아키텍처 관심사	4.2.4절에서 논의한 모든 아키텍처 관심사가 요인으로 포함되었다.

시나리오 ID	고객 중요성	아키텍트에 의한 구현 난이도
QA-1	높음	높음
QA-2	높음	중간
QA-3	높음	높음
QA-4	높음	높음
QA-5	중간	중간
QA-6	중간	낮음

4.3.2 이터레이션 1: 전체 시스템 구조 수립

이 절에서는 설계 프로세스의 첫 번째 이터레이션에서 ADD의 각 단계에서 수행된 활동의 결과를 제시한다.

2단계: 요인을 선택하여 이터레이션 목표 수립

이것이 신규 개발 시스템의 설계에서 첫 번째 이터레이션이기 때문에, 이터레이션 목표는 아키텍처 관심사 CRN-1 전체 초기 시스템 구조 수립을 달성하는 것이다(3.3.1절 참조).

이 이터레이션이 일반적인 아키텍처 관심사에 의해 주도되지만 아키텍트는 시스템의 일반적인 구조에 영향을 미칠 수 있는 모든 요인을 염두에 두어야 한다. 특히 아키텍트는 다음 사항에 신경을 써야 한다.

- QA-1: 성능
- QA-2: 변경용이성
- QA-3: 가용성
- QA-4: 성능
- CON-2: 시스템은 서로 다른 플랫폼(윈도우, OSX, 리눅스)에서 웹 브라우저를 통해 접근될 수 있어야 한다
- CON-3: 관계형 데이터베이스 서버를 사용해야 한다
- CON-4: 사용자 워크스테이션에 네트워크 접속은 낮은 대역폭을 가질 수 있으며 신뢰할 수 있어야 한다
- CRN-2: 팀의 자바 기술을 활용한다

3단계: 정제할 시스템 요소 선택

이것이 신규 개발 시스템이기 때문에, 이 경우에 정제할 요소는 그림 4.2와 같은 전체 FCAPS 시스템이다. 이 경우에 정제는 분할을 통해 수행된다.

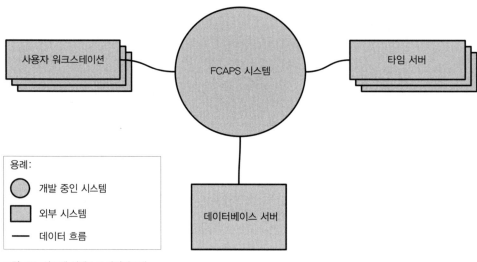

그림 4.2 시스템 컨텍스트 다이어그램

4단계: 선택된 요인을 충족시키는 설계 개념 선택

이 초기 이터레이션에서 전체 시스템을 구조화하는 목표가 주어졌으므로 설계 개념은 3.3.1절에서 제시된 로드맵을 따라서 선택된다. 다음 표는 설계 결정 선택의 요약이다. 또한 이 사례 연구의 모든 설계 개념은 부록 A에 서술되어 있다.

설계 결정과 위치	근거
논리적인 구조 리치 클라이언트 애플리케이션 참조 아키텍처를 사용하여 시스템의 클라이언트 부분	리치 클라이언트 애플리케이션(RCA, rich client application) 참조 아키텍처(A.1.2절 참조)는 사용자의 PC에 설치되는 애플리케이션의 개발을 지원한다. 이들 애플리케이션은 네트워크 토폴로지와 성능 그래프(UC-1)를 표시하는 데 필요한 풍부한 사용자 인터페이스 기능을 지원한다. 또한 이들 기능은 요인이 아닌 설계 결정이긴 하지만 QA-5를 달성하는데 도움이 된다. 이들 유형의 애플리케이션은 웹 브라우저(CON-2)에서 실행되지는 않지만, Java Web Start와 같은 기술을 사용하여 웹 브라우저에서 설치될 수 있다. 폐기된 대안: _(아래 표 참조)_

대안	폐기 근거
리치 인터넷 애플리케이션(RIA, rich internet application)	이 참조 아키텍처(A.1.3절 참조)는 웹 브라우저에서 실행되는 풍부한 사용자 인터페이스를 갖는 애플리케이션을 개발하는 것을 지향한다. 이 유형의 애플리케이션이 풍부한 사용자 인터페이스를 지원하고 쉽게 업그레이드될 수 있지만, RIA를 실행하는 플러그인이 자바 가상 머신보다는 덜 광범위하게 사용된다고 믿기 때문에 이 옵션은 폐기되었다.
웹 애플리케이션	이 참조 아키텍처(A.1.1절 참조)는 웹 브라우저에서 접근할 수 있는 애플리케이션을 개발하는 것을 지향한다. 이 참조 아키텍처가 배포와 업데이트를 촉진시키지만, 풍부한 사용자 인터페이스 경험을 제공하기 어렵기 때문에 폐기되었다.
모바일 애플리케이션	이 참조 아키텍처(A.1.4절 참조)는 핸드헬드 디바이스에 배포되는 애플리케이션을 개발하는 것을 지향한다. 이 유형의 디바이스가 시스템에 접근하는 것을 고려하지 않았기 때문이 이 대안은 폐기되었다.

설계 결정과 위치	근거
논리적인 구조 서비스 애플리케이션 참조 아키텍처를 사용하는 시스템의 서버 부분	서비스 애플리케이션(A.1.5절 참조)은 사용자 인터페이스를 제공하지 않지만, 다른 애플리케이션이 사용할 수 있는 서비스를 노출한다. 다른 대안은 고려되지도 폐기되지도 않았다. 아키텍트가 이 참조 아키텍처를 잘 알고 있고, 요구 사항을 충족시키는 데 완전히 적합하다고 판단했다.
물리적 구조 3티어 배포 패턴을 사용한 애플리케이션	시스템은 웹 브라우저에서 접근(CON-2)되어야 하고 기존 데이터베이스 서버를 사용(CON-3)해야 하기 때문에, 3 티어 배포가 적당하다(A.2.2절 참조). 이 시점에서 QA-3을 지원하기 위해서는 웹/애플리케이션 티어와 데이터베이스 티어에 둘 다 어떤 유형의 복제든 필요할 것이라는 것이 명확하지만, 이것은 나중에(이터레이션 3에서) 해결될 것이다. 폐기된 대안에는 3 티어가 아닌 다중 티어 패턴이 포함되어 있다. 2티어 대안도 기존 레거시 데이터베이스 서버가 시스템에 포함되어야 하고, CON-3에 따라 이 서버를 다른 목적으로는 사용할 수 없기 때문에 폐기되었다. 3티어 이상의 모든 대안은 이 시점에서 다른 서버가 솔루션에 필요하지 않기 때문에 폐기되었다.

(이어짐)

설계 결정과 위치	근거
Swing 자바 프레임워크와 다른 자바 기술을 사용하여 클라이언트 애플리케이션의 사용자 인터페이스 구축	자바 리치 클라이언트(Java Rich Client) 구축을 위한 표준 프레임워크는 이식성(CON-2)을 보장하며, 개발자들이 이미 익숙한(CON-3) 기술이다. 폐기된 대안: 이클립스 SWT(Standard Widget Toolkit) 프레임워크가 고려되었지만, 개발자가 이 기술에 익숙하지 않았다.
Java Web Start 기술을 사용하여 애플리케이션 배포	애플리케이션에 접근은 웹 브라우저를 통해 인스톨러를 실행시킴으로써 이루어진다(CON-2). 또한 이 기술은 새로운 버전을 사용할 수 있을 때만 클라이언트 코드가 재로드되기 때문에 업데이트를 촉진시킨다. 업데이트가 자주 발생하지 않을 것으로 예상되기 때문에 이 기술이 낮은 대역폭 상황에서 유익하다(CON-4). 대안은 애플릿을 사용하는 것이었지만, 웹 페이지가 로드될 때마다 재로드되어야 할 필요가 있기 때문에 대역폭 요구가 증가하게 된다.

5단계: 아키텍처 요소 인스턴스화 및 책임 할당과 인터페이스 정의

고려되고 결정된 설계 결정 인스턴스화는 다음 표에 요약되어 있다.

설계 결정과 위치	근거
리치 클라이언트 애플리케이션에서 로컬 데이터 소스를 제거함	일반적으로 네트워크 연결이 신뢰할 수 있기 때문에 데이터를 지역적으로 저장해야 할 필요가 없다고 판단된다. 또한, 서버와의 커뮤니케이션은 데이터 레이어에서 처리된다. 클라이언트에서 컴포넌트 사이의 내부 커뮤니케이션은 지역 메서드 호출을 통해서 관리되며, 특히 지원할 것이 없다.
서비스 애플리케이션 참조 아키텍처의 데이터 레이어에 타임 서버에 접근하는 것을 전담하는 모듈을 생성함	참조 아키텍처의 서비스 에이전트 컴포넌트가 타임 서버의 접근을 추상화하기 위해 채택되었다. 이것은 QA-2의 달성을 촉지시킬 것이며, UC-2와 UC-7의 달성에 중요한 역할을 수행할 것이다.

이들 인스턴스와 결정의 결과는 다음 단계에서 기록된다. 이 초기 이터레이션에서 일반적으로 기능과 인터페이스를 정확하게 정의하는 것은 너무 빠르다. 좀 더 자세하게 기능을 정의하도록 되어있는 다음 이터레이션에서 인터페이스가 정의되기 시작할 것이다.

6단계: 뷰 스케치 및 설계 결정 기록

그림 4.3의 다이어그램은 클라이언트와 서버 애플리케이션을 위해 선택된 두 개의 참조 아키텍처의 모듈 뷰 스케치를 보여준다. 이제 우리가 결정한 설계 결정에 따라 이들을 적응시켰다.

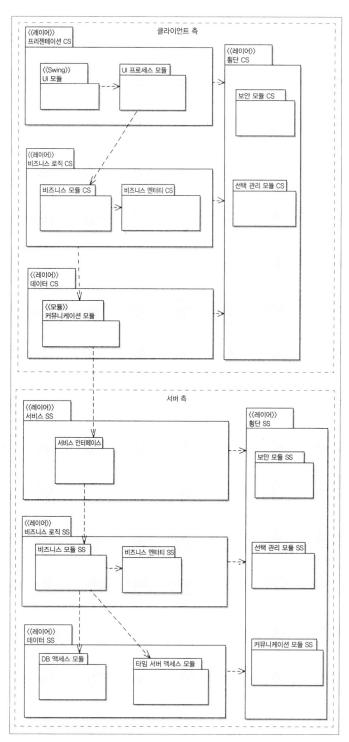

그림 4.3 선택된 참조 아키텍처에서 획득한 모듈

이러한 스케치는 CASE 도구를 사용하여 생성되었다. 도구로 각 요소를 선택하여 책임을 설명하는 간단한 서술을 수집한다. 이 시점에서 서술은 아주 조악해서 단지 주요 기능 책임만 나타내며 상세한 설명은 없다. 다음 표는 수집된 정보를 요약한다.

요소	책임
프리젠테이션 클라이언트 측 (CS)	이 레이어는 사용자 상호작용과 유스케이스 통제 흐름을 통제하는 모듈을 포함한다.
비즈니스 로직 CS	이 레이어는 클라이언트 측에서 지역적으로 실행될 수 있는 비즈니스 로직 오퍼레이션 을 수행하는 모듈을 포함한다.
데이터 CS	이 레이어는 서버와 커뮤니케이션 하나는 책임을 갖는 모듈을 포함한다.
횡단 CS	이 "레이어"는 보안, 로깅, I/O와 같이 다른 레이어에 걸쳐 있는 기능을 갖는 모듈을 포함한다. 이것은 요인 중의 하나는 아닐지라도 QA-6를 달성하는데 도움이 된다.
UI 모듈	이들 모듈은 사용자 상호작용을 표현하고 사용자 입력을 받는다.
UI 프로세스 모듈	이들 모듈은 모든 시스템 유스케이스의 흐름(화면 사이의 이동 포함)을 통제하는 책임을 갖는다
비즈니스 모듈 CS	이 모듈은 지역적으로 수행될 수 있는 비즈니스 오퍼레이션을 구현하거나 서버 측으로부터의 비즈니스 기능을 노출한다.
비즈니스 엔터티 CS	이들 엔터티는 도메인 모델을 구성한다. 이들은 서버 측에 있는 것보다 상세하지 않을 수 있다.
커뮤니케이션 모듈 CS	이들 모듈은 서버 측에서 실행하는 애플리케이션이 제공하는 서비스를 소비한다.
서비스 서버 측 (SS)	이 레이어는 클라이언트가 소비하는 서비스를 노출하는 모듈을 포함한다.
비즈니스 로직 SS	이 레이어는 서버 측에서 프로세싱을 요구하는 비즈니스 로직 오퍼레이션을 수행하는 모듈을 포함한다.
데이터 SS	이 레이어는 데이터 지속성과 타임 서버와의 커뮤니케이션 책임을 갖는 모듈을 포함한다.
횡단 SS	이들 모듀은 보안, 로깅, I/O와 같이 다른 레이어에 걸쳐 있는 기능을 갖는다.
서비스 인터페이스 SS	이들 모듈은 클라이언트가 소비하는 서비스를 노출한다.
비즈니스 모듈 SS	이들 모듈은 비즈니스 오퍼레이션을 구현한다.
비즈니스 엔터티 SS	이들 엔터티는 도메인 모델을 구성한다.
DB 액세스 모듈	이 모듈은 비즈니스 엔터티(객체)를 관계형 데이터베이스에 지속화하는 책임을 갖는다. 이것은 객체지향-관계 매핑을 수행하며 지속성 상세로부터 애플리케이션의 다른 부분을 감춘다.
타임 서버 액세스 모듈	이 모듈은 타임 서버와 커뮤니케이션의 책임을 갖는다. 타임 서버와의 오퍼레이션을 분리하고 추상화하여 다른 유형의 타임 서버(QA-2 참조)와의 커뮤니케이션을 지원한다.

그림 4.4의 배포 다이어그램은 이전 다이어그램에 있는 모듈과 관련된 컴포넌트가 배포되는 것을 보여주는 할당 뷰$^{allocation\ view}$를 스케치한다.

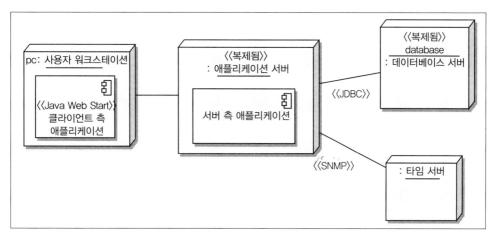

그림 4.4 FCAPS 시스템 초기 배포 다이어그램(용례: UML)

요소의 책임은 다음 표에 요약되어 있다.

요소	책임
사용자 워크스테이션	사용자 PC로 애플리케이션의 클라이언트 측 로직을 호스팅한다.
애플리케이션 서버	애플리케이션의 서버 측 로직을 호스팅하며, 또한 웹 페이지를 서비스하는 서버
데이터베이스 서버	레거시 관계형 데이터베이스를 호스팅하는 서버
타임 서버	(외부) 타임 서버의 집합

또한 다이어그램에서 기록할 만한 가치가 있는 요소 사이의 관계에 대한 정보는 다음 표에 요약되어 있다.

관계	설명
웹/애플리케이션 서버와 데이터베이스 서버 사이	데이터베이스와의 커뮤니케이션은 JDBC 프로토콜을 사용하여 이루어진다.
웹/애플리케이션 서버와 타임 서버 사이의 관계	SNMP 프로토콜이 사용된다. (적어도 초기에는)

7단계: 현재 설계 분석 수행 및 이터레이션 목표와 설계 목표 달성 검토

다음 표는 3.8.2절에서 설명한 칸반 보드를 사용한 설계 과정 요약이다.

해결되지 않음	부분적으로 해결됨	해결됨	이터레이션 동안 이루어진 설계 결정
	UC-1		선택된 참조 아키텍처가 이 기능을 지원할 모듈을 수립함
	UC-2		선택된 참조 아키텍처가 이 기능을 지원할 모듈을 수립함
	UC-7		선택된 참조 아키텍처가 이 기능을 지원할 모듈을 수립함
QA-1			아직 결정되지 않음. 시나리와 관련된 유스케이스에 참여하는 요소를 식별할 필요가 있음
	QA-2		타임 서버와의 커뮤니케이션을 캡슐화하는 서버 애플리케이션 상의 데이터 레이어에 타임 서버 액세스 모듈 도입
	QA-3		복제될 필요가 있는 배포 패턴으로부터 도출된 요소의 식별
QA-4			아직 결정되지 않음. 시나리와 관련된 유스케이스에 참여하는 요소를 식별할 필요가 있음
	CON-1		3 티어를 사용하는 시스템을 구조화하는 것은 여러 클라이언트가 애플리케이션에 연결될 수 있도록 할 것이다. 동시 액세스에 관련된 결정은 아직 이루어지지 않았다
		CON-2	Java Web Start 기술의 사용은 웹 브라우저를 통해서 접근하여 리치 클라이언트를 다운로드할 수 있게 한다. 리치 클라이언트가 자바로 프로그래밍되기 때문에 윈도우, OSX, 리눅스 상에서 실행될 수 있다.
		CON-3	3 티어 배포 팰닝를 사용하여 애플리케이션을 물리적으로 구조화하고 애프리케이션 서버의 데이터 레이어에 있는 데이터 액세스 컴포넌트를 제공함으로써 데이터베이스를 분리시킨다
	CON-4		Java Web Start 기술을 사용하면 처음과 업그레이드가 발생할 때만 클라이언트가 다운로드된다. 이것은 제한된 대역폭 연결을 지원하는 데 도움이 된다. 프리젠테이션과 비즈니스 로직 레이어 사이의 커뮤니케이션에 관련된 좀 더 많은 결정이 필요하다.
CON-5			아직 결정되지 않음
CON-6			아직 결정되지 않음
		CRN-1	참조 아키텍처와 배포 패턴 선택

(이어짐)

해결되지 않음	부분적으로 해결됨	해결됨	이터레이션 동안 이루어진 설계 결정
	CRN-2		이 시점까지 고려된 기술은 개발자의 지식을 고려했다. 아직도 다른 기술을 선택할 필요가 있다. (예 타임 서버와의 커뮤니케이션)
CRN-3			아직 결정되지 않음

4.3.3 이터레이션 2: 최우선 기능을 지원하는 구조 식별

이번 절에서는 FCAPS 시스템의 설계 프로세스의 두 번째 이터레이션의 ADD 각 단계에서 수행되는 활동의 결과를 제시한다. 이번 이터레이션에서는 이터레이션 1에서 사용된 기능의 일반적이고 입자성이 큰 서술로부터 구현을 주도할 좀 더 자세한 결정으로 이동하고 개발 팀을 형성한다.

이러한 일반적인 것에서 특정한 것으로의 이동은 의도적이며, ADD 방법론에도 구축되어 있다. 우리는 앞단에서 모든 것을 설계할 수 없다. 따라서 어떤 결정을 언제 해야 할지에 관한 규율을 정하여 체계적으로 설계가 수행되도록 함으로써 가장 큰 위험을 먼저 해결하고, 좀 더 세밀한 세부적인 것으로 이동하는 것이 필요하다. 첫 번째 이터레이션에서의 목표는 전체 시스템 구조를 수립하는 것이다. 이제 이 목표는 충족되었으므로, 두 번째 이터레이션의 새로운 목표는 구현 단위에 관하여 추론하는 것이다. 이들 구현 단위는 팀 형성과 인터페이스에 영향을 미치며, 개발 작업이 스프린트 안에서 배포되고 아웃소싱되며, 구현되는 수단이 된다.

2단계: 요인을 선택하여 이터레이션 목표 수립

이번 이터레이션의 목표는 최우선 기능을 지원하는 구조를 식별한다고 하는 일반적인 아키텍처 관심사를 해결하는 것이다. 이들 요소를 식별하는 것은 기능이 어떻게 지원되는가를 이해하는 데 뿐만 아니라, CRN-3(즉, 개발 팀의 멤버에 작업 할당)을 해결하는 데 유용하다.

이 두 번째 이터레이션에서는 CRN-3 외에도 아키텍터는 다음과 같은 시스템의 최우선 유스케이스를 고려한다.

- UC-1
- UC-2
- UC-7

3단계: 정제할 시스템 요소 선택

이번 이터레이션에서 정제할 요소는 이전 이터레이션의 두 개의 참조 아키텍처에 의해 정의된 다른 레이어 안에 위치한 모듈이다. 일반적으로 이 시스템의 기능을 지원하기 위해서는 다른 레이어에 위치한 모듈과 관련된 컴포넌트의 협업이 필요하다.

4단계: 선택된 요인을 충족시키는 설계 개념 선택

이번 이터레이션에서 여러 설계 개념(이 경우에는 아키텍처 설계 패턴)을 『Pattern Oriented Architecture, Volume 4』에서 선택한다. 다음 표는 설계 결정을 요약한다. 다음 표에서 진하게 표시된 단어는 이 책의 아키텍처 패턴을 가르키며, 부록 A에서 찾을 수 있다.

설계 결정 및 위치	근거와 가정
애플리케이션의 도메인 모델 생성	기능 분할을 시작하기 전에 도메인에 있는 주요 엔터티와 이들의 관계를 식별함으로써 시스템의 초기 도메인 모델을 생성한다 좋은 대안은 없다. 궁극적으로 도메인 모델이 생성되어야 한다. 그렇지 않으면 최적의 상태에 못미치게 되어 이해하고 유지보수하기 어려운 애드혹 아키텍처가 될 것이다.
기능 요구에 매핑할 도메인 객체 식별	애플리케이션 요소의 각 구별된 기능 요소는 자기 포함 빌딩 블록(도메인 객체) 안에 캡슐화될 필요가 있다. 하나의 가능한 대안은 도메인 객체를 고려하지 않고 직접 레이어를 모듈로 분할하는 것이다. 그러나 이것은 요구를 고려하지 않는 위험을 증가시킨다.
도메인 객체를 일반 및 특수 컴포넌트로 분할	도메인 객체는 완전한 기능 집합을 표현하지만, 이 기능은 레이어 안에 있는 더 입자성이 작은 요소에 의해 지원된다. 이 패턴에서 "컴포넌트"는 우리가 모듈이라고 하는 것이다. 모듈의 특수화는 이들이 위치한 레이어(예: UI 모듈)와 관련된다. 레이어를 기능을 지원하는 모듈로 분할하는 다른 좋은 대안은 없다.
Spring 프레임워크와 Hibernate 사용	Spring은 엔터프라이즈 애플리케이션 개발을 지원하는 광범위하게 사용되는 프레임워크다. Hibernate는 객체 관계 매핑(ORM, object-relation mapping) 프레임워크로 Spring과 잘 통합된다. 애플리케이션 개발에 고려된 다른 대안은 JEE다. Spring이 최종적으로 선택된 이유는 좀 더 "가볍"고, 개발 팀이 이미 잘 알고 있어서 더 크고 이른 생산성을 가져올 수 있기 때문이다. 다른 ORM 프레임워크는 고려되지 않았다. 개발 팀이 Hibernate를 이미 잘 알고 있고 성능에도 만족하기 때문이다.

5단계: 아키텍처 요소 인스턴스화 및 책임 할당과 인터페이스 정의

이 이터레이션에서 결정된 설계 결정 인스턴스화는 다음 표에 요약되어 있다.

설계 결정과 위치	근거
초기 도메인 모델만 생성	최우선 유스케이스에 참여하는 엔터티는 식별되고 모델링될 필요가 있지만, 이 서계 단계를 가속화하기 위해 초기 모델만 생성된다.
시스템 유스케이스를 도메인 객체에 매핑	시스템의 유스케이스를 분석함으로서 초기에 도메인 객체를 식별할 수 있다. CRN-3을 해결하기 위해 4.2.1절의 모든 유스케이스에 대해 도메인 객체가 식별된다. 레이어에 걸쳐 도메인 객체를 분할하여 명시적 인터페이스를 갖는 레이어 특정한 모델을 식별함 이 기법은 모든 기능을 지원하는 모듈이 식별될 수 있게 한다. 아키텍트는 최우선 유스케이스에 대해서만 이 작업을 수행할 것이다. 이것은 다른 팀 멤버가 나머지 모듈을 식별하고, 따라서 팀 멤버 사이에 작업을 할당할 수 있게 한다. 모듈 집합을 수립하면 아키텍트는 이들 모듈을 테스트할 필요성을 인식하고, 따라서 다음과 같은 새로운 아키텍처 관심사가 식별된다. CRN-4: 대부분의 모듈은 단위 테스트되어야 한다 "대부분의 모듈"만 이 관심사를 다룬다. 사용자 인터페이스 기능을 구현하는 모듈은 독립적으로 테스트하기 어렵다.
Spring을 사용하는 모듈과 관련된 컴포넌트 연결	이 프레임워크는 제어의 역흐름(inversion of control) 접근방법을 사용하여 다른 관점이 지원되고 모듈이 단위 테스트(CRN-4)될 수 있게 한다.
프레임워크를 데이터 레이어에 있는 모듈과 연관시킴	ORM 매핑은 데이터 레이어에 포함된 모듈에 캡슐화된다. 이전에 선택된 Hibernate 프레임워크는 이들 모듈과 연관된다.

구조와 인터페이스가 방법론의 이 단계에서 식별되지만 다음 단계에서 수집된다.

6단계: 뷰 스케치 및 설계 결정 기록

5단계에서 이루어진 결정의 결과로 여러 다이어그램이 생성된다.

그림 4.5는 시스템의 초기 도메인 모델을 보여준다.

그림 4.6은 4.2.1절의 유스케이스 모델을 인스턴스화한 도메인 객체를 보여준다.

그림 4.7은 비즈니스 객체에서 도출되고, 최우선 유스케이스와 관련된 모듈의 모듈 뷰를 스케치한 결과를 보여준다. 명시적인 인터페이스가 나타나지 않지만 이들의 존재는 가정되어 있다.

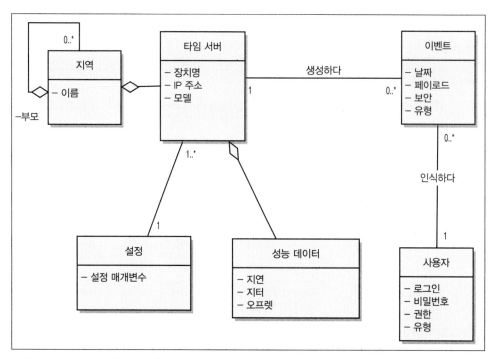

그림 4.5 초기 도메인 모델(용례: UML)

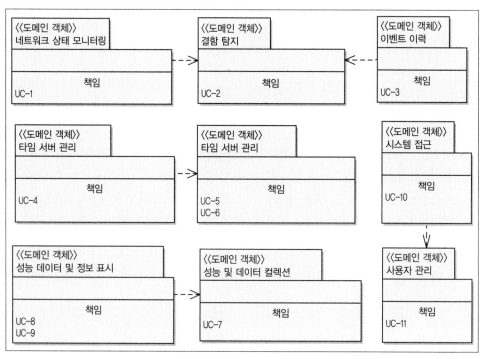

그림 4.6 유스케이스 모델과 관련된 도메인 모델(용례: UML)

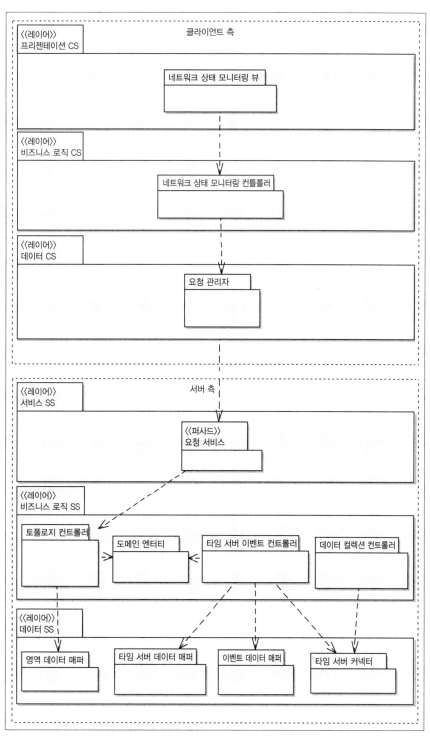

그림 4.7 최우선 유스케이스를 지원하는 모듈(용례: UML)

그림 4.7에서 식별된 요소의 책임은 다음 표에 요약되어 있다.

요소	책임
NetworkStatusMonitoringView	네트워크 표현을 표시하고 이벤트를 수신할 때 갱신한다. 이 컴포넌트는 참조 아키텍처의 UI 컴포넌트와 UI 프로세스 컴포넌트를 구체화한다.
NetworkStatusMonitoringController	네트워크 표현을 표시하기 위해 프리젠테이션 레이어에 필요한 정보를 제공하는 책임을 갖는다.
RequestManager	서버 측 로직과 커뮤니케이션하는 책임을 갖는다.
RequestService	클라이언트로부터 요청을 받는 퍼사드를 제공한다.
TopologyController	토폴로지 정보와 관련된 비즈니스 로직을 포함한다.
DomainEntities	도메인 모델(서버 측)의 엔티티를 포함한다.
TimeServerEventsController	이벤트 관리와 관련된 비즈니스 로직을 포함한다.
DataCollectionController	데이터 컬렉션과 저장소를 수행하는 로직을 포함한다.
RegionDataMapper	영역 데이터 매퍼 영역과 관련된 지속성 오퍼레이션(CRUD)의 책임을 갖는다.
TimeServerDataMapper	타임 서버와 관련된 지속성 오퍼레이션(CRUD)의 책임을 갖는다.
EventDataMapper	이벤트와 관련된 지속성 오퍼레이션(CRUD)의 책임을 갖는다.
TimerServerConnector	타임 서버와 커뮤니케이션하는 책임을 갖는다. 타임 서버와의 오퍼레이션을 분리하고 추상화하여 다른 유형의 타임 서버와의 커뮤니케이션을 지원한다(QA-2 참조).

다음 UC-1과 UC-2의 시퀀스 다이어그램은 인터페이스를 정의하는 방법론의 이전 단계에서 생성되었다(3.6절 참조). UC-7에 대한 유사한 다이어그램이 생성되었지만 공간적인 제약으로 인해 여기 제시하지 않았다.

4.3.4 UC-1: 네트워크 상태 모니터링

그림 4.8은 UC-1(네트워크 상태 모니터링) 초기 시퀀스 다이어그램을 보여준다. 토폴로지의 사용자 표현이 시작 시에 표시되는 방법(사용자가 시스템에 성공적으로 로그인 한 후에)을 보여준다. 실행되면 서버의 TopologyController^{토폴로지 컨트롤러}로부터 토폴로지가 요청된다. 이 요소는 RegionDataMapper^{지역 데이터 매퍼}를 통해서 루트 영역을 가져다가 클라이언트에 반환한다. 클라이언트 Region 클래스 안에 있는 관계를 밟아가면서 뷰를 표시한다.

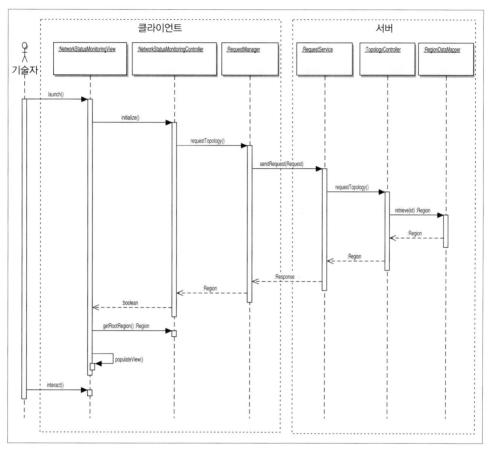

그림 4.8 UC-1 유스케이스 시퀀스 다이어그램(용례: UML)

시퀀스 다이어그램에서 식별된 상호작용으로부터 상호작용하는 요소의 인터페이스의 초기 메서드가 식별될 수 있다.

메서드명	설명
요소: NetworkStatusMonitoringController	
boolean initialize()	네트워크 표현을 열어 사용자가 상호작용할 수 있게 한다.
Region getRootRegion()	루트 영역과 이 객체의 이웃의 참조(트랩 제외)를 반환한다.
요소: RequestManager	
Region requestTopology()	토폴로지를 요청한다. 이 메서드는 완전한 토폴로지를 이동할 수 있는 루트 영역의 참조를 반환한다.

(이어짐)

요소: RequestService	
Response sendRequest(Request req)	이 메서드는 요청을 받는다. 이 메서드만 서비스 인터페이스에 노출된다. 이렇게 함으로써 기존 서비스 인터페이스를 수정하지 않고서도 향후에 다른 기능을 추가하는 것이 단순해진다.
요소: TopologyController	
Region requestTopology()	토폴로지를 요청한다. 이 메서드는 완전한 토폴로지를 이동할 수 있는 루트 영역의 참조를 반환한다.
요소: RegionDataMapper	
Region retrieve(int id)	id로부터 Region을 반환한다.

4.3.5 UC-2: 결함 탐지

그림 4.9는 서버 측 컴포넌트 만 보여주는 UC-2(결함 탐지) 초기 시퀀스 다이어그램을 보여준다. 상호작용은 TimeServerConnector가 구독하는 트랩을 TimeServer가 보냄으로써 시작한다. 트랩은 Event로 변환되어 TimeServerConfigurationController에게 전송된다. Event는 비동기적으로 TopologyController에게 전송되어 클라이너트에게 출판되고 지속된다.

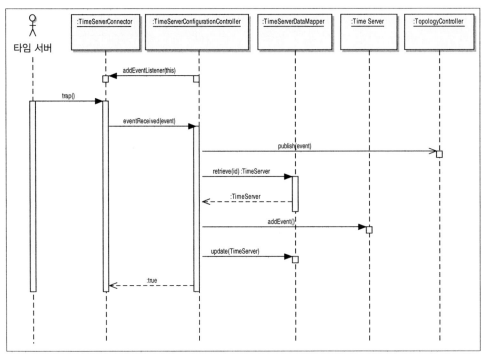

그림 4.9 UC-2 유스케이스 시퀀스 다이어그램(용례: UML)

이 상호작용으로부터 상호작용하는 요소의 인터페이스의 초기 메서드가 식별될 수 있다.

메서드명	설명
요소: TimeServerConnector	
boolean addEventListener(EventListener el)	이 메서드는 비즈니스 로직 컴포넌트가 타임 서버로부터 수신되는 이벤트의 리스너로 스스로를 등록할 수 있게 한다.
요소: TimeServerConfigurationController	
boolean eventReceived(Event evt)	이 콜백 메서드는 이벤트가 수신될 때 호출된다.
요소: TopologyController	
publish(Event evt)	이 메서드는 새로운 이벤트가 발생될 때 클라이언트에 고지한다.
요소: TimeServerDataMapper	
TimeServier retrieve(int id)	id로 식별되는 TimeServer를 가져온다.
boolean update(TimeServer ts)	TimeServer를 갱신한다.

7단계: 현재 설계 분석 수행 및 이터레이션 목표와 설계 목표 달성 검토

이번 이터레이션에서 이루어진 결정은 시스템에 기능이 지원되는 방법에 관한 초기 이해를 제공했다. 최우선 유스케이스와 관련된 모듈이 아키텍트에 의해 식별되고, 나머지 기능에 관련된 모듈은 다른 팀 멤버에 의해 식별되었다. 모듈의 전체 목록으로부터 작업 할당 테이블이 생성되어(여기에서는 제시되지 않음) CRN-3을 해결했다.

또한 모듈 식별의 부분으로서 새로운 아키텍처 관심사가 식별되어 칸반 보드에 추가되었다. 이전 이터레이션에서 완전히 해결된 요인은 표에서 삭제되었다.

해결되지 않음	부분적으로 해결됨	해결됨	이터레이션 동안 이루어진 설계 결정
		UC-1	이 유스케이스를 지원하는 레이어에 걸친 모듈과 예비 인터페이스가 식별되었음
		UC-2	이 유스케이스를 지원하는 레이어에 걸친 모듈과 예비 인터페이스가 식별되었음
		UC-7	이 유스케이스를 지원하는 레이어에 걸친 모듈과 예비 인터페이스가 식별되었음
	QA-1		관련된 유스케이스(UC-2)를 지원하는 요소가 식별됨
	QA-2		관련된 유스케이스(UC-5)를 지원하는 요소가 식별됨

(이어짐)

해결되지 않음	부분적으로 해결됨	해결됨	이터레이션 동안 이루어진 설계 결정
	QA-3		아직 결정되지 않음
	QA-4		관련된 유스케이스(UC-7)를 지원하는 요소가 식별됨
	CON-1		아직 결정되지 않음
	CON-4		아직 결정되지 않음
	CON-5		데이터 저장소를 수집하는 책임을 갖는 모듈이 식별됨
	CON-6		데이터 저장소를 수집하는 책임을 갖는 모듈이 식별됨
	CRN-2		추가적인 기술이 식별되고 팀의 지식을 고려하여 선택됨
		CRN-3	모든 유스케이스와 관련된 모듈이 식별되었고 작업 할당 행렬이 생성됨(제시되지 않음)
	CRN-4		새로운 이터페이션에서 도입된 단위 테스팅 모듈의 아키텍처 관심사로, 모듈과 관련된 컴포넌트를 연결하는 제어의 역흐름 접근 방법을 사용하여 부분적으로 해결됨

4.3.6 이터레이션 3: 품질 속성 시나리오 요인(QA-3) 해결

이번 절에서는 설계 프로세스의 세 번째 이터페이션의 ADD 각 단계에서 수행되는 활동의 결과를 제시한다. 이터레이션 1과 2에서 이루어진 기본적인 구조적인 결정을 기반으로, 이제 좀 더 중요한 일부 품질 속성의 달성을 추론할 수 있다. 이 이터레이션은 이들 품질 속성 시나리오 중 단 하나에만 집중한다.

2단계: 요인을 선택하여 이터레이션 목표 수립

이 이터레이션에서 아키텍트는 QA-3 품질 속성 시나리오: 정상 운영 중에 실패가 관리 시스템에서 발생한다. 관리 시스템은 "30초 이내에 운영을 재개한다"에 집중한다.

3단계: 정제할 시스템 요소 선택

이 가용성 시나리오를 위해 정제될 요소는 첫 번째 이터레이션 동안에 식별된 물리적인 노드다.

- 애플리케이션 서버

- 데이터베이스 서버

4단계: 선택된 요인을 충족시키는 설계 개념 선택

이번 이터레이션에서 사용된 설계 개념은 다음과 같다.

설계 결정과 위치	근거와 가정
애플리케이션 서버와 데이터베이스와 같은 다른 중요한 컴포넌트를 복제함으로써 활성 다중화 전술 도입	중요한 요소를 복제함으로써 기능에 영향을 미치지 않고 복제된 요소 중 하나가 실패하더라도 시스템이 대처할 수 있다.
메시지 큐 기술 패밀리에서 요소 도입	타임 서버에서 수신된 트랩은 메시지 큐에 저장되고, 다음에 애플리케이션이 가져온다. 큐의 사용은 트랩이 순서대로 처리되고 전달된다는 것을 보장할 것이다(QA-1).

5단계: 아키텍처 요소 인스턴스화 및 책임 할당과 인터페이스 정의

설계 결정의 인스턴스화는 다음 표에 요약되어 있다.

설계 결정과 위치	근거
별도의 노드에 메시지 큐 배포	별도의 노드에 메시지 큐를 배포함으로써 애플리케이션이 실패하는 경우에 어떤 트랩도 손실되지 않는다는 것을 보장한다. 이 노드는 활성 다중화 전술을 사용하여 복제되지만, 하나의 복제본만 네트워크 장치로부터 오는 이벤트를 수신하고 처리한다.
애플리케이션 서버에 활성 다중화 및 로드 밸런싱 사용	애플리케이션 서버의 두 복제본이 어느 때든 활성화되기 때문에 본제본 사이에 부하를 분산하고 밸런싱할 수 있다. 이 전술은 로드밸런싱 클러스터 패턴(A.2.3 절 참조)을 사용하여 달성된다. 이것은 새로운 아키텍처 관심사 CRN-5: 복제본 상태 관리를 도입한다.
기술 지원을 사용한 로드밸런싱 및 다중화 구현	로드밸런싱과 다중화에 대한 많은 기술적인 옵션이 구현되어 있어 덜 성숙하고 지원하기 어려울 수 있는 애드혹 솔루션을 개발하지 않아도 된다.

이러한 인스턴스화 결정의 결과는 다음 단계에서 기록된다.

6단계: 뷰 스케치 및 설계 결정 기록

그림 4.10은 시스템에 다중화의 도입을 포함하는 정제된 배포 다이어그램을 보여준다.

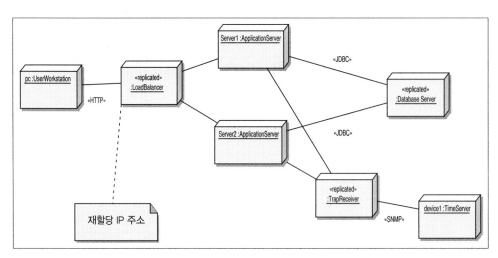

그림 4.10 정제된 배포 다이어그램(용례: UML)

다음 표는 앞에서 (이터레이션 1에서) 목록화되지 않은 요소의 책임을 서술한다.

요소	책임
LoadBalancer	클라이언트로부터 오는 요청을 애플리케이션 서버로 전달한다. 또한 로드밸런서는 고유한 IP 주소를 클라이언트에게 제시한다.
TrapReceiver	네트워크 장치로부터 트랩을 수신하여 이벤트로 변환하고, 이들 이벤트를 지속적인 메시지 큐에 저장한다.

그림 4.11의 UML 시퀀스 다이어그램은 이번 이터레이션에서 도입된 TrapReceiver가 UC-2(결함 탐지)를 지원하기 위해 배포 다이어그램에 나타난 다른 요소와 메시지를 교환하는 방법을 보여준다. UC-2는 QA-3(가용성)과 QA-1(성능)과 관련된다.

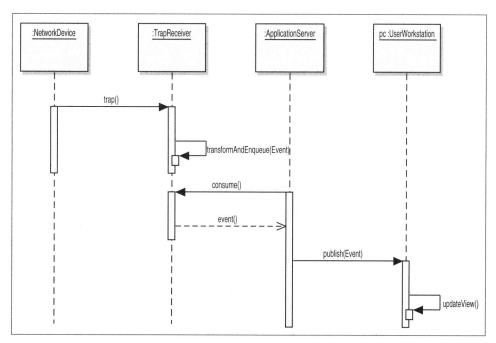

그림 4.11 UC-2를 지원하기 위해 물리적인 노드 사이에 교환되는 메시지를 보여주는 시퀀스 다이어그램(용례: UML)

이 다이어그램의 목적이 물리적인 노드 사이에서 발생하는 커뮤니케이션을 보여주는 것이기 때문에 메서드의 이름은 예비적이며, 이후 이터레이션에서 정제될 것이다.

7단계: 현재 설계 분석 수행 및 이터레이션 목표와 설계 목표 달성 검토

이번 이터레이션에서 QA-1에 영향을 주는 QA-3을 해결하기 위해 중요한 설계 결정이 이루어졌다. 다음 표는 이터레이션 동안 요인과 이루어진 결정의 상태를 요약한다. 이전 이터레이션에서 완전히 해결된 요인은 표에서 삭제되었다.

해결되지 않음	부분적으로 해결됨	해결됨	이터레이션 동안 이루어진 설계 결정
	QA-1		별도의 복제된 트랩 수신자 노드의 도입은 애플리케이션 서버의 실패의 경우에도 트랩이 100% 처리될 수 있게 한다. 게다가 트랩 수신은 별도의 노드에서 수행되기 때문에 이 접근 방법은 서버 프로세싱 부하를 감소시킴으로써 성능을 지원한다. 특정한 기술이 선택되지 않았기 때문에 이 요인은 "부분적으로 해결됨"으로 표시된다.
	QA-2		아직 결정되지 않음
	QA-3		애플리케이션 서버를 다중화함으로써 시스템의 실패 가능성을 감소시킬 수 있다. 게다가 로드밸런서가 실패한다면 요구된 시간 안에 수동 복제본이 활성화된다. 특정한 기술(메시지 큐)이 선택되지 않았기 때문에 이 요인은 "부분적으로 해결됨"으로 표시된다.
	QA-4		아직 결정되지 않음
	CON-1		애플리케이션 서버와 다중화와 로드밸런서의 사용은 다중 사용자 요청을 지원하는 데 도움이 될 것이다.
	CON-4		아직 결정되지 않음
	CON-5		아직 결정되지 않음
	CON-6		아직 결정되지 않음
	CRN-2		아직 결정되지 않음
	CRN-4		아직 결정되지 않음
CRN-5			이 새로운 아키텍처 관심사, 복제본 상태 관리가 이번 이터레이션에 도입되었다. 이 시점에서는 아직 결정되지 않았다.

4.4 요약

이번 장에서 우리는 ADD를 사용하여 성숙한 도메인의 신규 개발 시스템을 설계하는 예를 제시했다. 우리는 각각 다른 것(일반적인 관심사 해결, 기능 해결, 하나의 핵심 품질 속성 시나리오 해결)에 집중하는 3개 이터레이션을 예시했다.

로드맵을 따른 예는 3.3.1절에서 논의되었다. 첫 번째 이터레이션에서 두 개의 다른 참조 아키텍처가 시스템을 구조화하는데 사용되었다는 것이 흥미롭다. 또한 외부에서 개발된 컴포넌트(이 경우에는 프레임워크)의 선택이 다른 이터레이션에 걸쳐 수행되었다. 마지막으로 새로운 아키텍처 관심사가 설계 과정에서 어떻게 나타나는지를 보여주었다.

이 예는 아키텍처 관심사, 최우선 유스케이스, 그리고 품질 속성 시나리오가 아키텍처 설계의 일부로서 해결되는 방법을 보여준다. 실제 시스템에서는 높은 우선순위를 갖는 다른 시나리오를 해결함으로써 완전한 아키텍처 설계를 생성하기 위해서는 더 많은 이터레이션이 필요하다.

이 예에서 아키텍트가 설계하는 동안에 CASE 도구를 사용한다고 가정하였기 때문에 다이어그램이 UML을 사용하여 생성되었다. 5장에서 제시된 사례 연구에서 보게 되겠지만, 이것은 분명히 필수적인 것은 아니다. 또한 설계 프로세스의 일부로서 생성되는 정보를 사용함으로써 예비적인 뷰 스케치를 생성하는 것이 비교적 간단하다는 점에 주목하기 바란다.

4.5 더 읽을거리

부록 A는 이번 사례 연구에서 사용된 모든 설계 개념의 설명과 참고 문헌을 제공한다.

5장

사례 연구: 빅데이터 시스템

Serge Haziyev와 Olha Hrytsay와 함께

우리는 지금 특수한 도메인(빅데이터^{Big Data} 도메인)의 신규 개발 시스템에서 ADD 3.0을 사용한 확장된 설계 예제를 제시한다. 지금 이 책을 쓰는 시점에서 이 도메인은 아직도 비교적 새롭고 빨리 발전하고 있었다. 따라서 아키텍트는 과거 경험에 의존하여 가이드할 수 없다. 그 대신에 우리가 지금 설명하는 것처럼 정기적인 분석과 전략적인 프로토타이핑으로 설계 프로세스를 완료했다.

5.1 비즈니스 케이스

이 사례 연구는 유명한 컨텐츠와 온라인 서비스를 수백만 웹 사용자에게 제공하는 인터넷 회사가 관련된다. 외부에 정보를 제공하는 것 외에도, 이 회사는 인프라스트럭처로 생성된 방대한 로그 데이터(예: 애플리케이션 및 서버 로그, 시스템 메트릭스)를 수집하고 분석한다. 컴퓨터가 생성한 로그 메시지를 처리하는 이러한 접근 방법을 로그 관리^{log management}(https://en.wikipedia.org/wiki/Log_management)라고 한다.

매우 빠른 인프스트럭처 성장 때문에 회사의 IT 부서는 기존 회사 내부 시스템이 더 이상 요구된 로그 데이터 볼륨과 벨로서티^{velocity}를 처리할 수 없다는 것을 깨달았다. 게다가 제품 관리자와 데이터 과학자를 포함한 다른 회사 이해당사자로부터 새로운 시스템에 대한 요구도 온다. 이들은 단지 로그뿐만 아니라 다양한 데이터 소스로부터 수집될 수 있는 다양한 종류의 데이터를 활용하고 싶어한다.

그림 5.1의 마케텍처marketecture[1] 다이어그램(시스템 구조의 비공식적인 그림)은 세 개의 주요 사용자 그룹을 위한 기능 관점으로부터 바람직한 솔루션을 표현하고 있다.

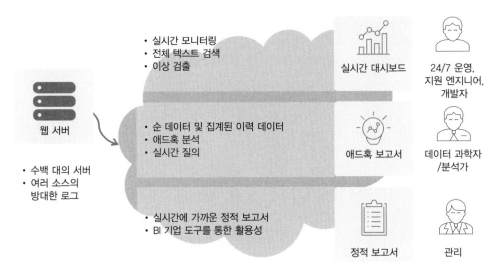

그림 5.1 빅데이터 시스템의 마케텍처 다이어그램

5.2 시스템 요구

요구 도출 활동은 이전에 수행되었다. 수집된 가장 중요한 요구는 여기에 요약되어 있다. 최우선 유스케이스의 집합과 품질 속성 시나리오 집합, 제약사항 집합, 그리고 아키텍처 관심사 집합으로 구성된다.

5.2.1 유스케이스 모델

시스템의 최우선 유스케이스는 다음 표에 설명되어 있다.

---

1 마케팅(marketing)과 아키텍처(architecture)의 합성어다. – 옮긴이

유스케이스	설명
UC-1: 온라인 서비스 모니터링	근무 중인 직원은 문제에 빠르게 반응할 수 있는 실시간 운영 대시보드를 통해 서비스와 IT 인프라스트럭처의 현재 상태(웹 서버 부하, 사용자 활동, 에러 등)를 모니터링할 수 있다.
UC-2: 온라인 서비스 문제 조치	운영, 지원 엔지니어, 개발자는 로그 패턴을 검색하고 로그 메시지를 필터링 함으로써 가장 최근에 수집된 로그를 사용하여 조치하고 근원 분석을 할 수 있다.
UC-3: 관리 보고서 제공	IT와 제품 관리자와 같은 기업 사용자는 기업 BI(비즈니스 인텔리전스) 도구에서 미리 정의된(정적인) 보고서를 통해 이력 정보를 볼 수 있다. 여기에는 시간별 시스템 부하, 제품 사용, 서비스 수준(SLA) 위반, 릴리스 품질과 같은 정보가 포함된다.
UC-4: 데이터 분석 지원	데이터 과학자와 분석가는 특정한 데이터 패턴과 상관관계를 찾는 SQL류 질의를 통해서 애드혹 데이터 분석을 하여 인프라스트럭처 용량 계획과 고객 만족을 증진시킬 수 있다.
UC-5: 이상 검출	운영 팀은 24/7 시간 시스템의 비정상적인 행위에 관해 통지받아야 한다. 이러한 통지 계획을 지원하기 위해 시스템은 실시간 이상 검출과 경보를 구현할 것이다(미래 요구).
UC-6: 보안 보고서 제공	보안 분석가는 목적 및 소스 주소, 시간, 사용자 로그 정보를 포함한 감사 로그 항목을 탐색함으로써 잠재적 보안과 준수 문제를 조사할 수 있는 능력이 제공되어야 한다(미래 요구).

5.2.2 품질 속성 시나리오

가장 적절한 품질 속성(순) 시나리오가 다음 표에 제시되어 있다. 또한 각 시나리오에 대하여 관련된 유스케이스를 식별했다.

ID	품질 속성	시나리오	관련 유스케이스
QA-1	성능	시스템은 약 300 웹 서버로부터 15,000 이벤트/초까지 수집할 것이다.	UC-1, 2, 5
QA-2	성능	시스템은 근무 운영 인력을 위해 실시간 모니터링 대시보드를 1 분 이하의 지연으로 자동적으로 리플레시할 것이다.	UC-1
QA-3	성능	시스템은 최근 2주의 데이터에 대하여 긴급 조치를 위한 실시간 검색 질의를 10초 이내 질의 실행 시간으로 제공할 것이다.	UC-2
QA-4	성능	시스템은 비즈니스 사용자를 위해 분당 집계 정보를 보여주는 실시간에 가까운 정적 보고서를 15분 이내의 지연과 5초 이내의 보고서 로딩으로 제공할 것이다.	UC-3, 6

(이어짐)

ID	품질 속성	시나리오	관련 유스케이스
QA-5	성능	시스템은 순 데이터와 집계된 이력 데이터를 위한 애드혹(즉, 정의되지 않은) SQL 류 질의를 2분 이내 질의 시간으로 제공할 것이다. 1시간 이내에 질의에 대해 결과를 사용할 수 있어야 한다.	UC-4
QA-6	확장성	시스템은 (로그의 전체 텍스트 검색을 통하여) 긴급 조치를 위해 사용할 수 있는 최근 2주 동안 순 데이터를 저장할 것이다.	UC-2
QA-7	확장성	시스템은 최근 60일 동안의 순 데이터를 저장할 것이다(대략 하루 당 1TB의 순데이터, 전체 60TB).	UC-4
QA-8	확장성	시스템은 1년 동안의 분당 집계 데이터(약 40TB)와 10 동안의 시간당 집계 데이터(약 50TB)를 저장할 것이다.	UC-3, 4, 6
QA-9	신장성	시스템은 설정을 변경하는 것 만으로 들어오는 데이터 컬렉션에 방해을 주지 않고 새로운 데이터 소스를 추가하는 것을 지원할 것이다.	UC-1, 2, 5
QA-10	가용성	시스템은 어떤 단일 노드나 컴포넌트가 실패한다고 하더라도 중단 시간없이 계속 운영될 것이다.	모든 유스케이스
QA-11	배포용이성	시스템 배포 절차는 완전히 자동화되며 여러 환경(개발, 테스트, 제품)을 지원할 것이다.	모든 유스케이스

5.2.3 제약사항

시스템과 관련된 제약사항은 다음 표에 있다.

ID	제약사항
CON-1	시스템은 기본적으로 오픈소스 기술(비용 문제로)로 구성될 것이다. 독자적인 기술을 사용하는 가치/비용이 훨씬 더 높은 컴포넌트에 대해서는 독자적인 기술이 사용될 수 있다.
CON-2	시스템은 정적 보고서를 위해 SQL 인터페이스를 갖는 기업 BI 도구(예: MicroStrategy, QlikView, Tableau)를 사용할 것이다.
CON-3	시스템은 두 개의 특정한 배포 환경을 지원할 것이다. 사적 클라우드(VMware vSphere Hypervisor로)와 공용 클라우드(Amazon Web Services). 아키텍처와 기술 결정은 가능한 한 특정한 배포 벤더에 종속되지 않도록 해야 한다.

5.2.4 아키텍처 관심사

고려된 초기 아키텍처 관심사는 다음 표에 있다.

ID	관심사
CRN-1	신규 개발 시스템이기 때문에 초기 전체 구조를 수립함
CRN-2	아파치 빅데이터 에코시스템에 대한 팀의 지식을 활용함

5.3 설계 프로세스

이제 요구를 살펴보았기 때문에, ADD의 첫 번째 이터레이션을 시작할 준비가 되었다. 신규 개발되는 비교적 특수한 도메인의 시스템이다. 따라서 성숙한 도메인의 신규 개발 시스템을 위한 설계 로드맵(3.3.1절에서 논의된 것과 같이)을 따르지만, 빅데이터 도메인에 내재한 기술의 빠른 출현과 발전과 같은 불확실성을 해결한다.

5.3.1 1단계: 입력물 검토

방법론의 첫 번째 단계는 입력물을 검토하는 것이다. 입력물은 다음 표에 요약되어 있다.

카테고리	세부 사항
설계 목적	이것은 비교적 특수한 도메인의 신규 개발 시스템이다. 조직은 짧은 이터레이션을 갖는 애자일 프로세스를 따라서 개발을 수행할 것이다. 따라서 개발자는 실세계의 피드백을 빨리 받을 수 있으며, 계속해서 시스템을 수정할 수 있다. 이와 동시에 아키텍처 설계는 아키텍처 요인을 만족하고 불필요한 재작업을 피할 수 있도록 의식적인 결정이 필요하다.
최우선 기능 요구	5.2.1절에서 제시된 유스케이스로부터 최우선 유스케이스는 다음과 같이 결정되었다. • UC-1 • UC-2 • UC-3 • UC 4

(이어짐)

카테고리	세부 사항
품질 속성 시나리오	다음 표는 고객과 아키텍트가 결정한 최우선 품질 속성 시나리오의 우선순위를 보여준다. (3.3.2절에서 논의된 것처럼) 낮은 우선순위를 갖는 품질 속성 시나리오도 존재하지만 여기에는 표현하지 않았다.

시나리오 ID	고객 중요성	아키텍트에 의한 구현 난이도
QA-1	높음	높음
QA-2	높음	중간
QA-3	중간	중간
QA-4	높음	높음
QA-5	중간	높음
QA-6	중간	중간
QA-7	중간	중간
QA-8	높음	중간
QA-9	높음	중간
QA-10	높음	중간
QA-11	중간	높음

카테고리	세부 사항
제약사항	5.2.3절 참조
아키텍처 관심사	5.2.4절에서 논의한 모든 아키텍처 관심사가 요인으로 포함되었다.

5.3.2 이터레이션 1: 참조 아키텍처와 전체 시스템 구조

이 절에서는 설계 프로세스의 첫 번째 이터레이션에서 ADD의 각 단계에서 수행된 활동의 결과를 제시한다.

2단계: 요인을 선택하여 이터레이션 목표 수립

이것이 신규 개발 시스템의 설계에서 첫 번째 이터레이션이기 때문에, 이터레이션 목표는 전체 초기 시스템 구조 수립를 달성하는 것(CRN-1)이다. 이 이터레이션이 일반적인 아키텍처 관심사에 의해 주도되지만 아키텍트는 시스템의 일반적인 구조에 영향을 미칠 수 있는 모든 요인과 특히 제약사항과 품질 속성을 염두에 두어야 한다.

- CON-1: 적용할 수 있다면 오픈소스 기술을 활용한다.

- CON-2: 정적 보고서를 위해 SQL 인터페이스를 갖는 기업 BI 도구를 사용한다.

- CON-3: 두 배포 환경: 사적 및 공용 클라우드

- QA-1, 2, 3, 4, 5: 성능

- QA-6, 7, 8: 확장성

- QA-9: 신장성

- QA-10: 가용성

- QA-11: 배포용이성

3단계: 정제할 시스템 요소 선택

다시 이것은 신규 개발 시스템이고, 초기 이터레이션이기 때문에, 이 경우에 정제할 요소는 전체 시스템이다.

4단계: 선택된 요인을 충족시키는 설계 개념 선택

이번 이터레이션에서 설계 개념은 데이터 분석 참조 아키텍처의 그룹에서 선택된다(이러한 참조 아키텍처의 목록은 스마트 결정 게임Smart Decisions Game의 설계 개념 카탈로그에서 찾을 수 있다. 자세한 사항은 더 읽을거리 절을 참조한다).

설계 결정과 위치	근거
람다(Lambda) (참조) 아키텍처의 인스턴스로 애플리케이션 구축	람다(Lambda) 아키텍처는 그림 5.2에서 볼 수 있는 것처럼, 데이터 스트림의 프로세싱을 두 개의 스트림으로 분할하는 참조 아키텍처다. "스피드 레이어"는 실시간 데이터에 접근(UC-1, UC-2, UC-5)을 지원하고, "서빙 레이어"는 이력 데이터에 접근(UC-3, UC-4, UC-6)을 지원한다(람다 아키텍처를 만든 사람들은 이들을 "레이어"라고 하였으나, 이 용어의 이전(그리고 표준적인) 사용법과는 조금 다르다. 일반적으로는 모듈의 그룹핑을 레이어라고 한다. 여기에서 레이어는 런타임 컴포넌트의 그룹이다). 배치 레이어는 불변 비 관계형 기법을 기반으로 하지만, 스피드 레이어는 엄격한 실시간 프로세싱 요구를 지원하는 스트리밍 기법을 기반으로 한다.

(이어짐)

설계 결정과 위치	근거
	이 경우에 불변성(immutability)이란 일단 수집되면 데이터가 갱신되거나 삭제될 수 없다는 것을 의미한다. 즉, 추가만 될 수 있을 뿐이다. 모든 데이터가 수집되면 어떤 데이터도 손실될 수 없으며, 기계나 사람의 에러도 감내될 수 있다. 예를 들어, 소프트웨어 엔지니어가 로직을 처리하거나 볼 때 우발적으로 실수를 했고 일단 문제가 해결되었다면 수집된 데이터는 처음부터 뷰를 다시 표현하거나 다시 연산하는 데 사용될 수 있다. 독자의 편의를 위하여 다음과 같은 5단계로 람다 아키텍처의 기본 개념을 설명한다. 1. 다중 데이터 소스에서 수신된 모든 데이터는 데이터 스트림 요소를 통하여 배치 레이어와 스피드 레이어로 가져와 처리된다. 2. 배치 레이어는 마스터 데이터셋 요소에 대응하는 착륙지점(landing zone)으로서 행위를 한다(불변이기 때문에 순 데이터의 집합에 추가만 될 수 있다). 그리고 또한 배치 뷰가 사용할 정보를 미리 연산한다. 3. 서빙 레이어는 낮은 호출 시간으로 질의에 최적화된 미리 연산되고 집계된 뷰를 포함하며, 보통 보고서 솔루션이 요청한다. 4. 스피드 레이어는 배치 처리의 높은 호출 시간으로 인해 서빙 레이어에서 사용할 수 없는 실시간 뷰를 통하여 최근 데이터를 처리하고 접근할 수 있게 한다. 5. 시스템의 모든 데이터는 이력 데이터이든 최근 데이터이든 상관없이 질의하여 사용할 수 있으며, 이것은 중요한 람다 아키텍처 원리를 표현한다. 질의 = 기능(배치 데이터 + 실시간 데이터) 병렬 스트림은 "복잡성 분리(complexity isolation)"을 제공하며, 이것은 각 스트림의 설계 결정과 개발, 실행이 독립적으로 수행되어 결함 감내, 확장성, 변경 용이성이 증가하는 것으로 보이게 된다는 것을 의미한다(표 5.1 참조). 그림 5.3은 이들 대안 사이의 아키텍처 트레이드오프를 보여주며, 4개의 품질 차원의 관점에서 참조 아키텍처 사이의 차이점을 보여준다. 4개 품질 차원은 확장성, 애드혹 분석 지원, 구조화되지 않은 데이터 프로세싱 역량, 실시간 분석 역량이다. 그림 5.3에서 볼 수 있는 바와 같이 람다 아키텍처는 확장성과 애드혹 분석 사이의 최선의 트레이드오프를 제공한다.
시스템의 모든 요소에 결함 감내와 비 단일 실패점 원칙 사용	결함 감내는 대부분의 빅데이터 기술의 표준이 되었으며 람다 아키텍처는 이미 위에서 언급하 바와 같이 강건한 결함 감내 시스템을 구축하기 위한 여러 설계 결정을 포함하고 있다. 그러나 우리는 이후 설계와 배포 결정에서 결함 감내 설정을 제공하고 "비 단일 실패점" 원칙을 고수함으로써 모든 후보 기술이 QA-10 요구를 지원할 것이다.

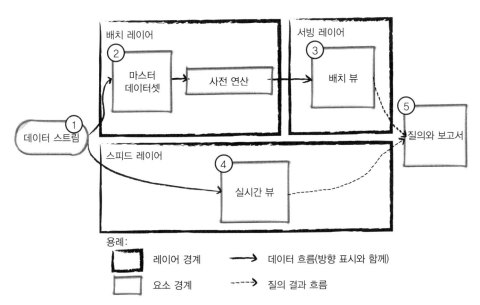

그림 5.2 람다 아키텍처

표 5.1 대안 및 폐기 근거

대안	폐기 근거
전통적인 관계형	이 참조 아키텍처는 전통적인 관계형 모델 원칙과 SQL 기반 DBMS를 기반으로 하여, 복잡한 애드혹 읽기 질의에 아주 효율적이라고 판단된다. 그러나 확장성과 실시간 처리 제한 때문에 가장 적절하지 않은 대안이다.
확장된 관계형	이 참조 아키텍처가 완전히 관계형 모델 원칙과 SQL 기반 DBMS에 기반을 두고 있지만, 대량 병렬 처리(MPP, massive parallel processing)과 인 메모리 기법을 폭넓게 사용하여 확장성과 신장성을 향상시킬 수 있다. 고 비용 및 실시간 처리 제한으로 적절하지 않다.
순수한 비관계형	이 참조 아키텍처는 관계형 모델 원칙에 의존하지 않는다. 보통 NoSQL과 MapReduce와 같은 기법에 의존하며, 반구조적 및 비구조적 데이터 프로세싱에 효과적이다. 이 대안은 비용 경제적이며 확장성이란 관점에서 목표에 가깝지만 애드혹 분석이 제한된다.
데이티 정런자	비 관계형 컴포넌드는 ETL(extract-transform-load) 처리를 수행하여 반구조적/비구조적 데이터를 처리하고 분석을 위해 데이터웨어하우스(관계형 데이터베이스)로 로드한다. 대부분 고비용 및 실시간 처리 능력의 심각한 부족으로 인해 이 솔루션에 적절하지 않다.

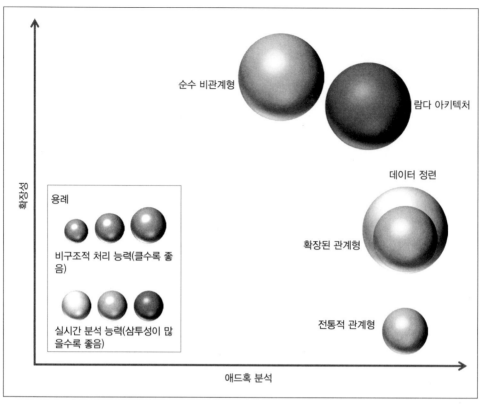

그림 5.3 데이터 분석 참조 아키텍처 사이의 트레이드오프

5단계: 아키텍처 요소 인스턴스화 및 책임 할당과 인터페이스 정의

고려되거나 결정된 인스턴스화 설계 결정은 다음 표에 요약되어 있다.

설계 결정과 위치	근거
질의와 보고서 요소는 요인과 관련된 두 개의 서브 요소에 분할됨	아키텍처의 질의와 보고서 요소는 다음 두 개의 서브 요소로 나뉘어진다. 이들은 다음과 같은 요인과 관련된다. • 기업 BI 도구(UC-3, UC-4, QA-4, QA-5, CON-2) • 대시보드/시각화 도구(UC-1, UC-2, QA-2, QA-3) 이러한 분할은 도메인 지식과 도구의 가용성으로 인한 것이다. 가이드 근거는 적절한 기술을 선택함으로써 유연성을 갖는 것이다. 이들 모든 경우와 제약사항, 품질 속성을 만족시키는 단 하나의 "보편적인" 도구는 없다. 따라서 우리는 관심을 분리하여 좀 더 많은 설계 옵션을 제공하도록 했다. "표준적인" 람다 아키텍처와의 또 다른 차이점은 질의의 결과를 병합할 필요가 없다는 것이다. 우리의 경우에는 배치와 실시간 뷰에 대하여 이들이 독립적으로 실행될 수 있다.

(이어짐)

설계 결정과 위치	근거
사전 연산과 배치 뷰 요소를 애드혹과 정적 뷰와 관련된 서브 요소로 분할함	이들 요소는 각각 두 개의 서브 요소로 분할된다. • 애드혹 뷰 사전 연산 및 애드혹 배치 뷰(UC-4, QA-5) • 정적 뷰 사전 연산 및 정적 배치 뷰(UC-3, QA-4, CON-2) 이렇게 분할한 이유는 이전 경우와 같다. 최적의 패턴과 기술을 선택하는 것이 좀 더 유연성을 제공한다. 이후 설계 이터레이션에서 이들 두 관심사를 동시에 해결할 수 있는 하나의 접근 방법이 있다는 것을 발견한다면 이들 요소를 병합하는 것이 쉬울 수 있다.
마스터 데이터셋과 순 데이터 저장소의 의미론과 이름 변경	이것은 단지 이름 변경 이상이다. 또한 의미론에서의 변경이다. QA-7에 따르면 시스템은 적어도 60일 이상 순 데이터를 저장할 것이다. 따라서 오래된 데이터는 다른 저장 기술을 사용하여 아카이브 되거나 저장(또는 삭제)될 수 있다. 마스터 데이터셋은 여러 책임을 갖는다. 순 데이터 저장소뿐만 아니라 아카이브된 데이터를 포함한다. 이 경우를 단순하게 하기 위해 아카이드된 데이터의 연구는 해결되지 않을 것이다.

이 초기 이터레이션에서 일반적으로 기능과 인터페이스를 정확하게 정의하는 것은 너무 빠르다.

6단계: 뷰 스케치 및 설계 결정 기록

그림 5.4는 설계 결정의 사전 인스턴스화의 결과를 보여준다. 다음 표는 각 요소의 책임을 보여준다.

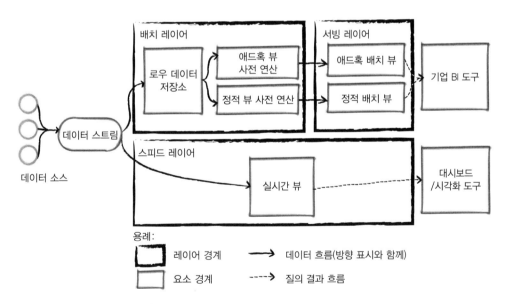

그림 5.4 람다 아키텍처 인스턴스화

요소	책임
데이터 소스	로그와 시스템 메트릭스(예: 아파치 접근 및 에러 로그, 리눅스 sysstat)를 생성하는 웹 서버
데이터 스트림	이 요소는 모든 데이터 소스로부터 실시간으로 데이터를 수집하여 배치 레이어와 스피드 레이어가 처리할 수 있도록 보내준다.
배치 레이어	이 레이어는 순 데이터를 저장하고 배치 뷰를 사전 연산하여 서비스 레이어에 저장되도록 하는 책임을 갖는다.
서빙 레이어	이 레이어는 데이터 저장소 안에 있는 배치 뷰를 노출(랜덤 쓰기 불가, 배치 갱신 및 랜더 읽기 가능)하여 낮은 지연으로 질의될 수 있게 한다.
스피드 레이어	이 레이어는 실시간 뷰의 집합으로 최근 데이터에 접근을 처리하고 제공하며, 배치 처리의 높은 지연으로 인해 서빙 레이어에서는 아직 사용할 수 없다.
순 데이터 저장소	이 요소는 배치 레이어의 일부분으로, 특정한 기간 동안(QA-7) 순 데이터(불변, 갱신 전용)를 저장하는 책임을 갖는다.
애드혹 뷰 사전 연산	이 요소는 배치 레이어의 일부분으로, 애드혹 배치 뷰를 사전 연산하는 책임을 갖는다. 사전 연산은 순 데이터에 대한 배치 오퍼레이션으로 빠른 질의를 제공하기에 적당한 상태로 변환한다.
정적 뷰 사전 연산	이 요소는 배치 레이어의 일부분으로, 정적 배치 뷰를 사전 연산하는 책임을 갖는다. 사전 연산은 순 데이터에 대한 배치 오퍼레이션으로 빠른 질의를 제공하기에 적당한 상태로 변환한다.
애드혹 배치 뷰	이 요소는 서빙 레이어의 일부분으로, 데이터 과학자/분석가가 실행할 수 있는 애드혹 낮은 지연 질의(QA-5)에 최적화된 사전 계산된 집계 데이터를 포함한다.
정적 배치 뷰	이 요소는 서빙 레이어의 일부분으로, 기업 BI 도구에 의해 생성된 미리 정의된 낮은 지연 질의(QA-4)에 최적화된 사전 계산된 집계 데이터를 포함한다.
실시간 뷰	이 요소는 스피드 레이어의 일부분으로, 운영 및 엔지니어 직원이 실행할 수 있는 애드혹 낮은 지연 검색 질의(QA-3)에 최적화된 인덱스된 로그를 포함한다.
기업 BI 도구	비즈니스 인텔리전스 도구는 여러 부서에서 사용될 수 있도록 라이센스를 받는다. 이 도구는 SQL 인터페이스(ODBC나 JDBC와 같은)를 지원하며, 이 시스템을 포함하여 여러 데이터 소스에 연결될 수 있다. (UC-3, UC-4, CON-2)
대시보드/시각화 도구	운영 팀은 이 실시간 운영 대시보드를 사용하여 온라인 서비스를 모니터링하고, 로그에 있는 중요한 메시지를 검색하며, 잠재적인 이슈에 빨리 반응할 수 있다(UC-1, UC-2).

7단계: 현재 설계 분석 수행 및 이터레이션 목표와 설계 목표 달성 검토

이번 이터레이션에서의 결정은 전체 시스템 구조에 영향을 미치는 중요한 초기 고려 사항을 해결한다. 여러분은 "빈 페이지"로부터 시작할 필요가 없다. 이미 선택한 참조 아키텍처가 증명된 초기 분할과 데이터 흐름을 제공하여 설계 시간과 노력을 상당히 절약시켜주기 때문이다. 이후에는 선택된 후보 기술에 대하여 설계 결정을 할 필요가 있으며, 유스케이스와 품질 속성에 대한 세부 사항이 제공될 것이다.

다음 표는 3.8.2절에서 설명한 칸반 보드를 사용한 설계 과정 요약이다.

해결되지 않음	부분적으로 해결됨	해결됨	이터레이션 동안 이루어진 설계 결정
	UC-1		람다 아키텍처를 사용하여 실시간 데이터에 접근할 수 있게 함. 어떤 대시보드 기술을 사용할지에 대한 세부적인 사항은 아직 결정되지 않음.
	UC-2		람다 아키텍처를 사용하여 실시간 데이터에 접근할 수 있게 함. 어떤 검색 기술을 사용할지에 대한 세부적인 사항은 아직 결정되지 않음.
	UC-3		람다 아키텍처를 사용하여 이력 데이터에 접근할 수 있게 함. 어떤 저장소 및 질의 기술을 사용할지에 대한 세부적인 사항은 아직 결정되지 않음.
	UC-4		람다 아키텍처를 사용하여 이력 데이터에 접근할 수 있게 함. 어떤 저장소 및 질의 기술을 사용할지에 대한 세부적인 사항은 아직 결정되지 않음.
	UC-5		이 유스케이스는 최우선이 아니기 때문에 이번 이터레이션에서 생략함. 그러나 람다 아키텍처가 이것을 지원하며, 이후 이터레이션에서 이것을 해결할 것임.
	UC-6		이 유스케이스는 최우선이 아니기 때문에 이번 이터레이션에서 생략함. 그러나 아키텍처적인 관점에서는 UC-3과 유사함.
	QA-1		데이터 스트림 요소에 대한 잠재적인 데이터 소스가 식별됨. 데이터 스트림 요소에 사용할 세부적인 기술은 아직 결정되지 않음.
	QA-3		실시간 뷰 요소가 식별됨. 어떤 저장소 및 질의 기술을 사용할지에 대한 세부적인 사항은 아직 결정되지 않음.
	QA-4		정적 배치 뷰 요소가 식별되고 책임이 수립됨. 어떤 저장소 기술을 사용할지에 대한 세부적인 사항은 아직 결정되지 않음.
	QA-5		애드혹 배치 뷰 요소가 식별되고 책임이 수립됨. 어떤 저장소 및 질의 기술을 사용할지에 대한 세부적인 사항은 아직 결정되지 않음.
	QA-6		실시간 뷰 요소의 책임이 수립됨. 어떤 저장소 및 질의 기술을 사용할지에 대한 세부적인 사항은 아직 결정되지 않음.
	QA-7		순 데이터 저장소 요소가 식별되고 책임이 수립됨. 어떤 저장소 기술을 사용할지에 대한 세부적인 사항은 아직 결정되지 않음.
	QA-8		애드혹 및 정적 배치 뷰 요소가 식별되고 책임이 수립됨. 어떤 저장소 기술을 사용할지에 대한 세부적인 사항은 아직 결정되지 않음.

(이어짐)

해결되지 않음	부분적으로 해결됨	해결됨	이터레이션 동안 이루어진 설계 결정
	QA-10		결함 감내 설정과 비 단일 실패점을 제공함으로써 QA-10을 지원하는 시스템 요소를 구현하는데 사용할 모든 기술이 결정됨.
	CON-2		기업 BI 도구 요소가 식별됨. 이 제약사항을 어떻게 충족시킬 지에 대한 세부적인 사항은 아직 결정되지 않음.
	CRN-1		시스템의 전체 논리적인 구조가 식별되었지만, 물리적인 구조는 정의될 필요가 있음.
CRN-2			아직 결정되지 않음

5.3.3 이터레이션 2: 기술 선택

이 절에서는 설계 프로세스의 두 번째 이터레이션에서 ADD의 각 단계에 수행되는 활동의 결과를 제시한다.

보통 기술의 선택은 시스템 아키텍처에 영향을 미친다. 따라서 아키텍처 설계에서 가장 빠른 단계에서 기술을 선택할 필요가 있다. 기술을 선택하는 것은 기술 패밀리의 식별과 선택으로 시작하며, 이후에 특정한 기술로 인스턴스화된다. 기술 패밀리로 시작하는 것은 특정한 기술을 교환할 수 있도록 함으로써 벤더에 묶이는 기술 종속성의 적절한 수준을 유지할 수 있게 된다(그리고 그 결과로서 향후에 더 좋은 것으로 기술을 변경하는데 위험도 덜하고 비용도 적게 들게 된다).

이번 이터레이션에서는 빅데이터 신규 개발 시스템을 설계할 때 최적의 빌딩 블록을 선택할 수 있도록 도와주는 기술 트리를 보여줄 것이다.

2단계: 요인을 선택하여 이터레이션 목표 수립

이번 이터레이션의 목표는 특히 CON-1(적용할 수 있다면 오픈소스 기술을 활용한다)을 염두에 두고, 5.2절에 정의된 시스템 요구를 지원하는 기술을 선택함으로써 CRN-2(아파치 빅데이터 에코시스템에 대한 팀의 지식을 활용함)를 해결하는 것이다.

3단계: 정제할 시스템 요소 선택

이전 이터레이션에서 선택된 참조 아키텍처(람다 아키텍처)는 기술 패밀리와 이와 관련된 특정한 기술을 촉진시키는 요소로 분할된다. 이들 요소에는 데이터 스트림, 순 데이터 저장소, 애드혹 및 정적 뷰 사전 연산, 애드혹 및 정적 배치 뷰, 실시간 뷰, 대시보드/시각화 도구가 포함된다.

4단계: 선택된 요인을 충족시키는 설계 개념 선택

이번 이터레이션에 사용된 설계 개념은 외부에서 개발된 컴포넌트다. 초기에 기술 패밀리가 선택되고 정제될 요소와 연관된다. 기술 패밀리는 공통적인 기능 목적(2.5.5절 참조)을 갖는 기술의 그룹으로 표현된다. 패밀리 이름은 이들의 기능을 나타내며, 일부 특정한 기술이 동시에 여러 패밀리에 속할 수도 있지만, 그렇게 분류하는 것은 궁극적으로 이성적인 설계 결정을 할 수 있게 함으로써 궁극적으로 더 적은 재작업과 더 나은 변경을 위한 준비에 성과를 올릴 수 있다. 소프트웨어 산업의 역사를 보면 기술 구현이 출현하고 이들 패밀리가 표현하는 패턴과 원칙보다 훨씬 더 빨리 사라진다는 것을 알 수 있다.

그림 5.5는 패밀리 그룹과 기술 패밀리(일반 텍스트), 그리고 빅데이터 도메인에서의 이들과 관련된 특정한 기술(기울임체 텍스트)을 보여준다. 이들 기술에 관한 좀 더 상세한 것은 스마트 결정 게임Smart Descision Game의 설계 개념 카탈로그에서 발견할 수 있다(더 읽을거리를 참조하라).

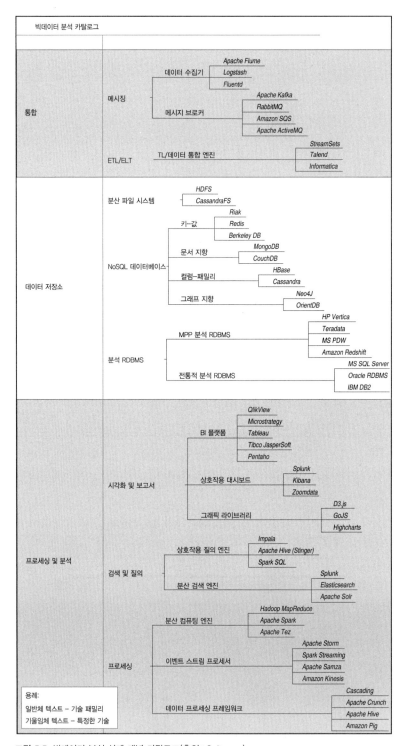

그림 5.5 빅데이터 분석 설계 개념 카탈로그(출처: Softserve)

BI 플랫폼 패밀리 그룹과 관련된 기술은 이 설계 활동에서 더 이상 고려되지 않는다. 기업 BI 도구는 대상 시스템 외부에 있기 때문이다.

설계 결정과 위치	근거와 가정
데이터 스트림 요소에 대한 데이터 컬렉터 패밀리 선택	데이터 컬렉터(data Collector)는 향후 사용될 로그 데이터를 수집하고, 집계하고 전송하는 기술 패밀리(와 아키텍처 패턴)이다. 보통 데이터 컬렉터 구현은 유명한 이벤트 시작점과 목적지로 통합하기 위한 독창적인 플러그인을 제공한다. 목적지는 순 데이터 저장소와 실시가 뷰 요소로, 또한 이번 이터레이션에서 해결될 것이다. {표}
순 데이터 저장소 요소를 위한 분산 파일 시스템 패밀리 선택	람다 아키텍처 원칙에 따르면 순 데이터 저장소 요소는 불변이어야 한다. 따라서 새로운 데이터는 기존 데이터를 수정하지 말아야 하며, 데이터셋에 추가되어야만 한다. 순 데이터를 배치 뷰로 변형하기 위해 배치 오퍼레이션에서 데이터를 읽을 것이다. 이러한 목적으로 우리는 자신있게 분산 파일 시스템을 선택할 수 있다. {표}

설계 결정과 위치 열의 첫 번째 칸(데이터 스트림 요소에 대한 데이터 컬렉터 패밀리 선택) 안의 표:

대안	폐기 근거
ETL 엔진	ETL 엔진의 주 목적은 이벤트 당 오퍼레이션보다는 배치 변형을 수행하는 것이다. 이것은 실시간 성능과 확장성 기준(QA-1, QA-2)는 달성하기 아주 어려울 것이다(설사 결국에는 달성할 수 있다고 하더라도).
분산 메시지 브로커	이 기술 패밀리는 데이터 스트림 요소에만 사용할 수 있지만, 확장성(QA-9)을 잘 지원하지는 못한다. 따라서 데이터 컬렉터의 보완으로 적당하다. 예를 들어 이것은 Flavka – Apache Flume(데이터 컬렉터)와 Apaceh Kafka(분산 메시지 브로커의 결합이다)를 사용하여 달성될 수 있다.

설계 결정과 위치 열의 두 번째 칸(순 데이터 저장소 요소를 위한 분산 파일 시스템 패밀리 선택) 안의 표:

대안	폐기 근거
NoSQL 데이터베이스	NoSQL 데이터베이스(특히 컬럼 패밀리와 문서 중심적)가 로그와 같은 순 데이터를 저장하는 데 사용될 수 있지만, 리소스 소비(캐싱 메커니즘 때문에 대부분의 메모리가 소비됨)와 유지보수(스키마 설정 및 변경의 필요성 때문에)에서 불필요한 오버헤드를 야기시킬 것이다.
분석용 DBMS	분석 능력을 포함한 모든 관계형 데이터베이스는 테이블과 로우를 형성하는 관계형 모델을 기반으로 한다. 이것은 복잡한 질의를 실행하는데는 아주 좋지만, 이 옵션은 순 형식으로 반구조적인 로그를 저장하는데는 적당하지 않다.

(이어짐)

설계 결정과 위치	근거와 가정
정적 및 애드혹 배치 뷰 요소로 상호작용 질의 엔진 패밀리 선택	이전 이터레이션에서 설명한 바와 같이, 배치 뷰 요소는 두 개 요소 즉, 정적 및 애드혹 배치 뷰로 정제되어 두 개의 유스케이스 즉, 정적 보고서 생성(UC-3,6)과 애드혹 질의 지원(UC-4)을 지원한다. 주 설계 결정은 정적 및 애드혹 배치 뷰 둘 다 같은 기술 패밀리(즉, 상호작용 질의 엔진)를 사용하는 것이다. 만약 충분히 빠른 기술을 선택한다면 두 요소에 사용될 수 있다. 단일 기술 패밀리를 사용하는 이점은 우리가 보고서와 질의 데이터에 별도의 저장소 기술을 가질 필요가 없다는 것이다.

대안	폐기 근거
NoSQL 데이터베이스	정적 배치 뷰 요소는 보고서 시스템(기업 BI 도구)에서 질의하고 표시하는데 준비된 형식으로 데이터를 저장함으로써 구체화된 뷰 패턴으로 구현될 수 있다. NoSQL 데이터베이스 패밀리는 좋은 확장성을 제공하기 때문에 보통 이러한 목적으로 사용되며, 오픈소스이기 QA-8(약 90TB의 집계된 데이터)과 CON-1(오픈소스 라이센스)을 만족한다. 그러나 NoSQL 데이터베이스는 분석 목적으로 설계된 것이 아니기 때문에 애드혹 질의를 위한 데이터 웨어하우스에 적당한 선택이 아니다. 이런 목적으로 사용할 수 있지만 애애플리케이션은 상당한 성능 문제를 야기시킬 것이다. 따라서 이 대안은 정적 배치 뷰에는 사용할 수 있지만, 애드혹 배치 뷰에는 비효율적이기 때문에 폐기되었다.
분석용 DBMS	애드혹 질의는 SQL 류 인터페이스가 지원하는 어떤 질의일 수도 있다. 질의는 "사람이 원하는" 시간 안에(QA-5) 결과를 반환해야 한다. 서술된 시나리오는 정확하게 데이터 웨어하우스가 사용하는 방식이다. 이 패턴은 보통 Kimball이나 Inmon 설계 접근 방법을 따르는 분석 RDBMS 기술로 구현된다. 동시에 약 90 TB의 집계된 데이터를 갖는다는 확장성 요구를 만족시키는데 비용이 많이 든다. MPP 분석 데이터베이스에서 테라바이트 당 비용은 같은 양의 NoSQL 데이터베이스나 분산 파일 시스템(Hadoop과 같은)보다 상당히 (30배 이상) 높다. 이 대안은 정적 및 애드혹 배치 뷰에 둘 다 사용할 수 있다고 하더라도 이들 패밀리와 관련된 기술이 (오픈소스인) Hadoop 기반 대안과 비교하면 비용이 많이 들기 때문에 폐기되었다.

설계 결정과 위치	근거와 가정
뷰 사전 연산 요소에 데이터 프로세싱 프레임워크 사용	순 데이터 저장소와 배치 뷰에 분산 파일 시스템 패밀리를 선택했기 때문에 다음 단계는 순 데이터 저장소를 배치 뷰에서 사용되는 형식으로 데이터를 변환하는 솔루션을 선택하는 것이다. 데이터 프로세싱 프레임워크를 선택한 이유는 이 기술 패밀리가 데이터 프로세싱 파이프라인이 더 빠른 개발과 너 나은 유지보수성을 지원하는 추상화를 사용하여 생성될 수 있게 하기 때문이다.

대안	폐기 근거
분산 컴퓨팅 엔진	대부분의 분산 컴퓨팅 엔진 기술은 배치 데이터 프로세싱에 적합하게 설계되었지만, 낮은 수준의 실질적인 지식(예: MapReduce 쓰기 작업을 위한)이 필요하다.
이벤트 스트림 프로세서	이것은 실시간 스트리밍 프로세싱에 적합하게 설계되었다. 배치 오퍼레이션에는 비효율적이다.

(이어짐)

설계 결정과 위치	근거와 가정
실시간 뷰 요소에 분산 검색 엔진 선택	실시간 뷰 요소는 최근 로그에 대한 전체 텍스트 검색과 운영 대시보드에 실시가 모니터링 데이터 제공하는 책임(UC-1, UC-2)을 갖는다. 분산 검색 엔진은 이러한 목적으로만 사용할 수 있는 기술 패밀리다.

대안	폐기 근거
NoSQL 데이터베이스	일부 NoSQL 데이터베이스는 키워드 검색이나 텍스트 검색을 제공하지만, 검색 엔진 만큼 강력하거나 빠르지 않다. 검색 엔진은 또한 어간 추출(stemming)과 지리적 위치추적(geolocation)과 같은 텍스트 프로세싱 기능을 제공한다.
분석 RDBMS	일부 데이터베이스는 전체 텍스트 검색 기능(예: MS SQL Server)을 제공한다. 그러나 확장성이나 유지보수, 비용 관점에서는 바람직하지 못하다.
분산 파일 시스템과 상호작용 질의 엔진	이 접근 방법은 배치 이력 데이터에 적당하다. 그러나 저장과 프로세싱의 지연은 실시간 데이터보다 훨씬 높을 것이다.

설계 결정과 위치	근거와 가정
Puppet 스크립트로 시스템 배포 자동화	Puppet 스크립트는 사적 클라우드(예: VMWare)와 공용 클라우드(예: AWS) 배포에 모두 사용할 수 있다. 이것은 CON-3을 만족시킨다. Puppet은 배포 프로세스를 자동화할뿐만 아니라, 시스템 설정을 관리하기도 한다. Puppet 커뮤니티에서 작성된 여러 유명한 오픈소스 기술의 배포를 자동화하는 미리 정의된 스트립트 라이브러리가 있다.

5단계: 아키텍처 요소 인스턴스화 및 책임 할당과 인터페이스 정의

이번 이터레이션에서 앞에서 선택된 기술 패밀리로 특정한 기술을 연관시킴으로써 인스턴스화가 수행되었다. 고려되고 결정된 인스턴스화 설계 결정은 다음 표에 요약되어 있다.

설계 결정과 위치	근거
데이터 스트림 요소의 데이터 컬렉터 패밀리에서 Apache Flume 사용	최우선 후보 기술로서 Apache Flume를 선택할 것이다. 이 기술은 QA-9(시스템은 설정을 변경하는 것 만으로 새로운 데이터 소스를 추가하는 것)를 지원하는 데 필요한 설정 기능을 제공한다.

대안	폐기 근거
Logstash 또는 Fluentd	Logstash와 Fluentd가 아주 유명한 기술(아마도 Flume만큼 유명함)이고 요구를 만족시키겠지만, 우리는 하나만 선택해야 한다. Flume를 선택한 이유는 세개의 주요 Hadoop 배포 벤더에서 지원하기 때문이다.

(이어짐)

설계 결정과 위치	근거
순 데이터 저장소 요소의 분산 파일 시스템 패밀리에서 HDFS 사용	이 기술에 대해서 우리는 자신있게 HDFS를 선택한다. 이 유형의 대량 데이터 집합의 사용 사나리오를 정확하게 지원하도록 설계되었다. (QA-7, 대략 60TB 의 순데이터 저장) 또한 텍스트 파일과 SequenceFile, RCFile, ORCFile, Avro, Parquet와 같은 HDFS 안에 저장할 수 있는 몇 개의 Hadoop 파일 형식이 있다. 파일 형식은 세 번째 이터레이션에서 해결될 것이다.

대안	폐기 근거
CassandraFS	이 기술은 NoSQL 데이터베이스(Cassandra)의 의존적이다. 반면에 우리는 분산 파일 시스템만 선택했다.

설계 결정과 위치	근거
정적 및 애드혹 배치 뷰 요소의 상호작용 질의 엔진에서 Impala 사용	우리는 최우선 후보 기술로 Impala를 선택했다. 경쟁력 있는 성능(그래도 분석 RDBMS 플랫폼보다는 빠르지 않음)과 기업 BI 도구와 연결을 위한 ODBC 인터페이스를 제공하기 때문이다. 성능 이슈의 가능성도 염두에 두었지만, 이 기술이 QA-4(5초 이내 보고서 로드)와 QA-5(2분이내 애드혹 질의 실행)를 충족시키는지 확인하기 위해 다음 이터레이션에서 개념 증명(PoC)을 계획하고 있다.

대안	폐기 근거
Apache Hive(Stinger)	Stinger 덕분에 Hive의 성능이 향상되었지만, Impala나 Spark SQL과 같은 다른 대안에 비교하면 아직도 질의 속도는 느리다.
Spark SQL	Spark는 빅데이터 분석에서 아주 뜨고 있는 기술이지만, BI 도구의 SQL 어댑터로서 사용하는 경우에는 spark SQL이 아직 최적화가 되지 않았다. 단점은 많은 메모리가 필요하다는 것과 캐싱되지 않은 데이터를 질의하는 데 많은 시간이 걸린다는 것이다. 이와는 대조적으로 Impala는 이러한 정확한 시나리오에 맞도록 설계되었으며 최적화되어 있다.

설계 결정과 위치	근거
실시간 뷰 요소의 분산 검색 엔진 패밀리에서 Elasticsearch 사용.	대시보드/시각화 도구 요소의 상호작용 대시보드 패밀리에서 Kibana 사용 최우선 후보 기술로서 Elasticsearch가 Kibana라는 상호작용 대시보드인 시각화 도구를 제공하므로 선택했다. Kibana가 역할 기반 보안이 없는 비교적 단순한 대시보드(적어도 이 솔루션을 설계하는 순간에)지만 UC-1, 2 유스케이스와 QA-2(1분 이하의 지연으로 자동 리플레시)를 만족시킨다. Elasticsearch도 도메인 특정한 언어(Query DSL)을 제공하여 Kibana가 타임 시리즈를 질의, 필터, 시각화하는 것을 지원한다.

대안	폐기 근거
Splunk	Splunk도 인덱싱과 시각화 기능을 제공한다. (Elasticsearch와 Kibana보다 더 많은 기능을 제공함) 그러나 CON-1 때문에 오픈소스 솔루션을 선호한다.

(이어짐)

설계 결정과 위치	근거	
뷰 사전 연산 요소의 데이터 프로세싱 프레임워크에서 Hive 선택	우리는 Hive를 최우선 기술 후보로 선택했다. QA-4(15분 이내 지연)을 충족시키는지 확인하기 위해 이후 이터레이션에서 개념 증명 프로토 타입을 생성할 필요가 있다. Hive는 Impala(이 이터레이션에서 이미 선택함)와 같은 SQL류 언어를 제공한다. 따라서 데이터 변형 스크립트를 작성할 때 데이터 웨어하우스 설계자의 기술을 활용할 수 있다.	
	대안	**폐기 근거**
	Cascading 또는 Apache Pig	우리는 Cascading와 Apache Pig가 적임이 아니라고 판단했다. 그래서 기존 개발 팀의 SQL 기술을 활용함으로써 개발 시간을 최소화할 수 있다.

요소 사이의 교환되는 데이터는 이후 이터레이션에서 좀 더 정확하게 정의될 것이다. 이 데이터의 형식은 요소 사이의 "인터페이스"를 구성한다.

6단계: 뷰 스케치 및 설계 결정 기록

그림 5.6은 인스턴스화 결정의 결과의 예를 보여준다. 다이어그램에 있는 요소의 책임은 이터레이션 1의 6단계에서 논의되었다. 다음 표는 이들 요소에 선택된 기술 패밀리와 특정한 후보 기술을 요약하여 보여준다.

요소	기술 패밀리	후보 기술
데이터 스트림	데이터 컬렉터	Apache Flume
순 데이터 저장소	분산 파일 시스템	HDFS
애드혹 뷰 사전 연산	데이터 프로세싱 프레임워크	Apache Hive
정적 뷰 사전 연산	데이터 프로세싱 프레임워크	Apache Hive
애드혹 배치 뷰	상호작용 질의 엔진	Impala
정적 배치 뷰	상호작용 질의 엔진	Impala
실시간 뷰	분산 검색 엔진	Elasticsearch
대시보드/시각화 도구	상호작용 대시보드	Kibana

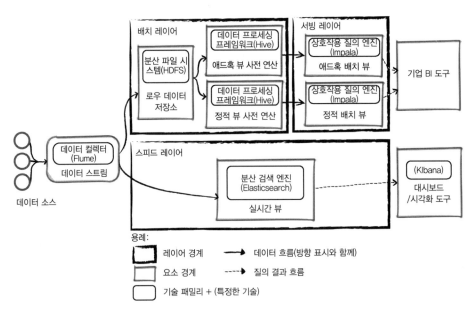

그림 5.6 이터레이션 2 인스턴스화 설계 결정

다음 표는 선택된 기술을 기반으로 한 요소 사이의 관계를 설명한다.

소스 요소	대상 요소	관계 설명
데이터 소스(logs)	데이터 스트림(Flume)	다음 이터레이션에서 정의됨
데이터 스트림(Flume)	순 데이터 저장소(HDFS)	Flume HDFS 싱크를 통한 네트워크 커뮤니케이션(푸시)
순 데이터 저장소(HDFS)	뷰 사전 연산(Apache Hive)	Hive를 통한 캡슐화된 로컬 및 네트워크 커뮤니케이션
뷰 사전 연산(Apache Hive)	배치 뷰(Impala)	Hive를 통한 캡슐화된 로컬 및 네트워크 커뮤니케이션
배치 뷰(Impala)	기업 BI 도구	ODBC API를 통한 네트워크 커뮤니케이션(풀)
데이터 스트림(Flume)	실시간 뷰(Elasticsearch)	Flume Elasticsearch 싱크를 통한 네트워크 커뮤니케이션(푸시)
실시간 뷰(Elasticsearch)	대시보드/시각화 도구(Kibana)	Elasticsearch API를 통한 네트워크 커뮤니케이션(풀)

7단계: 현재 설계 분석 수행 및 이터레이션 목표와 설계 목표 달성 검토

다음 칸반 표는 이터레이션 동안에 이루어진 설계 과정과 결정을 요약한다. 이전 이터레이션에서 완전히 해결된 요인은 표에서 삭제되었다.

해결되지 않음	부분적으로 해결됨	해결됨	이터레이션 동안 이루어진 설계 결정
	UC-1		실시간 모니터링 정보를 표시하기 위해 분산 검색 엔진(Elasticsearch)과 상호작용 대시보드(Kibana)를 사용함. 현안: 인덱스 모델링과 UI 목업 생성.
	UC-2		최근 로그 데이터에 대한 전체 텍스트 검색에 분산 검색 엔진(Elasticsearch)을 사용함. 현안: 인덱스 모델링과 개념 증명.
	UC-3 UC-4		배치 뷰 요소에 상호작용 질의 엔진(Impala)을 사용함. 현안: 데이터 모델링과 일반 보고서
	UC-6		이 유스케이스는 아키텍처 관점에서는 UC-3과 유사하지만 최우선이 아니기 때문에 이번 이터레이션에서 생략되었음.
	QA-1		데이터 스트림 요소로 데이터 컬렉터(Apache Flume)를 사용함. 현안: 설정, 개념 증명, 성능 테스트
	QA-2 QA-3		분산 검색 엔진(Elasticsearch)와 상호작용 대시보드(Kibana)를 사용함. 현안: 개념 증명과 성능 테스트
	QA-4		정적 배치 뷰 요소에 상호작용 질의 엔진(Impala)를 사용함. 현안: 데이터 모델링, 개념 증명, 성능 테스트
	QA-5		애드혹 배치 뷰 요소에 상호작용 질의 엔진(Impala)를 사용함. 현안: 데이터 모델링, 개념 증명, 성능 테스트
	QA-6		실시간 뷰 요소에 분산 검색 엔진(Elasticsearch)를 사용함. 현안: 용량 계획 수행
	QA-7		순 데이터 저장소 요소에 분산 파일 시스템(HDFS)를 사용함. 현안: 파일 형식 선택과 용량 계획 수행
	QA-8		배치 뷰의 저장소로 분산 파일 시스템(HDFS)를 사용함. 현안: 파일 형식 선택과 용량 계획 수행
	QA-9		데이터 스트림 요소에 데이터 컬렉터(Apache Flume)를 사용함. 현안: 설정과 개념 증명

(이어짐)

해결되지 않음	부분적으로 해결됨	해결됨	이터레이션 동안 이루어진 설계 결정
	QA-10		모든 시스템 요소의 결함 감내 사용 현안: 스트레스 테스트
		QA-11	다른 환경에 배포 프로세스를 자동화하기 위해 Puppet 스크립트를 사용함
		CON-1	선택된 모든 기술은 오픈소스임
		CON-2	ODBC 인터페이스를 갖는 상호작용 질의 엔진(Impala)을 사용함.
		CON-3	선택된 모든 기술은 Puppet 스크립트를 사용하여 사적 클라우드(VMWare)와 공개 클라우드(AWS) 환경에 모두 배포될 수 있음
	CRN-1		아직 결정되지 않음
		CRN-2	Apache Big Data 에코시스템의 기술이 서택되고, 참조 아키텍처의 다른 요소와 연관됨

5.3.4 이터레이션 3: 데이터 스트림 요소 정제

이번 절에서는 설계 프로세스의 세 번째 이터레이션에서 ADD의 각 단계에 수행되는 활동의 결과를 제시한다.

이번 이터레이션에서 이루어진 일부 설계 결정은 순수하게 개념적인 방식으로 해결될 수 없기 때문에 개념 증명 프로토 타입을 생성할 것을 요구한다. 빅데이터 분야가 이제 시작되었고, 기술이 빨리 발전하기 때문에 핵심 요소의 개념 증명은 기술 위험(예, 비호환성, 느린 성능, 불만족스런 신뢰성, 요구된 피처의 한계)을 완화하는 데 필요하고, 설계와 개발 프로세스 초기에 대안으로 전환할 수 있는 선택을 할 수 있어 나중에 재작업을 피할 수 있게 함으로써 전체 시간과 예산을 절약할 수 있게 한다.

2단계: 요인을 선택하여 이터레이션 목표 수립

이번 이터레이션의 목표는 데이터 컬렉터 요소에 사용되는 기술로 Apache Flume을 선택하는 데 관련된 여러 가지 관심사를 해결하는 것이다. Apache Flume은 그림 5.7과 같은 정보 다이어그램으로 표현되는 참조 구조reference structure(데이터 플로우 모델data-flow model)를 제공한다.

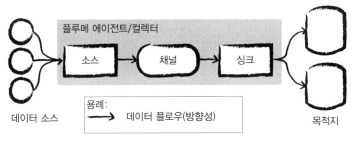

그림 5.7 Apache Flume 데이터 플로우 참조 구조

Flume 구조에는 다음 요소가 포함된다.

- **소스**source: 웹 서버와 같이 외부 데이터 소스가 전달하는 이벤트를 소비한다.
- **채널**channel: 소스가 수신하는 이벤트를 저장한다.
- **싱크**sink: 채널에서 이벤트를 제거하고 외부 레파지토리(즉, 목적지)에 넣는다.

Apache Flume은 해결해야 할 여러 가지 특정한 아키텍처 관심사를 제기한다.

- 외부 소스의 데이터를 가져오는 메커니즘 선택
- 소스 요소의 특정한 입력 형식 선택
- 이벤트를 저장하는 파일 데이터 형식 선택
- 채널에 이벤트를 흘러가게 하는 메커니즘 선택
- 데이터 소스 요소의 배포 토폴로지 수립

이들 특정한 아키텍처 관심사를 해결하면 다음 품질 속성을 충족하는 데 기여한다.

- QA-1(성능)
- QA-7(확장성)
- QA-9(신장성)
- QA-10(가용성)

3단계: 정제할 시스템 요소 선택

이번 이터레이션에서는 Flume의 구조에 있는 요소에 중점을 둔다.

4단계: 선택된 요인을 충족시키는 설계 개념 선택

이번 이터레이션에서 대부분의 결정은 인스턴스화에 관한 것이다. 이들이 우선적으로 Flume에 의해 수립된 요소를 설정하는 것과 관련되기 때문이다. 단 하나의 선택 설계 결정은 가용성과 성능 품질 속성을 만족시키는 전술을 선택하는 것과 관련된다.

설계 결정과 위치	근거와 가정
에이전트/컬렉터 설정에 Flume 사용	에이전트는 웹 서버와 같이 위치하고, 컬렉터는 데이터 스트림 요소 안에서 실행함 Flume 인스턴스는 에이전트(데이터 소스 안에 같이 위치함) 또는, 컬렉터(여러 에이전트의 데이터 스트림을 결합하여 목적지에 씀)로서 두 가지 모드로 실행할 수 있다. 이들 두 가지 모드에서 Flume은 다른 설정에 사용될 수 있다. 결정은 에이전트와 컬렉터 설정에 둘 다 Flume를 사용하는 것이다. 에이전트는 데이터 소스와 같이 위치하고, 컬렉터는 데이터 스트림 요소 안에서 실행한다. **대안** / **폐기 근거** Flume 에이전트는 각 웹 서버 상에 있으며 싱크(컬렉터 없음)에 직접 이벤트를 씀 / 싱크(HDFS와 Elasticsearch)에 300이상 동시 연결 시 과도한 트래픽이 발생함. HDFS 안에 이 분산 파일 시스템의 최적에 못미치는 여러(웹 서버당) 파일을 생성함 (여러 웹 서버에서 데이터를 집계하는 더 큰 파일을 갖지 않음) Flume 컬렉터는 웹 서버로부터 직접(에이전트 없음) 이벤트를 받아서 싱크에 씀 / 장애 조치 모드를 지원하지 않음. 컬렉터 노드가 실패하면 연결된 웹 서버는 수신자를 잃게 됨
로드밸런싱, 장애 조치 티어를 갖는 설정을 사용함으로써 "여러 연산 복사본 유지" 전술을 도입함	가능한 토폴로지 대안으로부터 선택된 것은 로드밸런싱, 당애주치 티어를 갖는 토폴로지로, 성능(QA-1, 15,000 이베트/초)과 가용성(QA-10, 단일 실패점 없음) 품질 속성 시나리오를 기반으로 한다. **대안** / **폐기 근거** 컬렉터를 복제하지 않음 / 성능과 가용성을 감소시킴

5단계: 아키텍처 요소 인스턴스화 및 책임 할당과 인터페이스 정의

이번 이터레이션에서 결정된 인스턴스화 설계 결정은 다음 표에 요약되어 있다.

설계 결정과 위치	근거와 가정
Apach HTTP Server의 액세스 및 에러 로그를 입력 형식으로 사용함	시스템 요구는 웹 서버 부하, 사용자 활동, 에러와 같은 로그의 수집과 분석을 포함한다. 실제로 실제로 수 십(또는 수 백) 개의 데이터 소스 유형이 있을 수 있다. 개념 증명 개발에는 한 유형의 데이터 소스 시스템 즉, Apache HTTP Server("웹 서버")만 고려된다. 수집되는 데이터는 액세스 로그를 통해 추적될 수 있는 사용자 활동과 에러 로그를 통한 시스템 에러다. 웹 서버 액세스 로그는 서버가 처리하는 모든 요청을 기록한다. 로그 항목은 다음과 같다. 143.21.52.246(- [19/Jun/2014:12:15:17 +0000] "GET /test. html HTTP/1.1" 200 341 "-" "Mozilla/5.0 (X11; Linux x86_64; rv:6.0a1) Gecko/20110421 Firefox/6.0a1" 위의 예는 다음과 같은 데이터 필드로 구성된다. 클라이언트 IP 주소, 클라이언트 신원, 사용자 ID, 시간, 요청 메서드, 요청 URL, 요청 프로토콜, 응답 코드, 응답 크기, 참조자, 사용자 에이전트. 웹 서버 에러 로그는 진단 정보를 보내고 사용자 요청을 처리할 때 부딪치는 에러를 기록한다. 예: [19/Jun/2014:14:23:15 +0000] [error] [client 50.83.180.156] Directory index forbidden by rule: /home/httpd/. 이 예는 다음과 같은 데이터 필드로 구성된다. 시간, 심각성 수준, 클라이언트 IP 주소, 메시지. 이후 데이터 모델링 및 기술 설정은 이들 두 유형의 로그와 서술된 필드를 기반으로 할 것이다.
로그 파일은 Fluem 에이전트의 소스 요소에 있는 IP 포트를 통해 흘러감	Apache Flume는 syslog를 사용하는 것과 같이 IP 포트를 통해 로그 데이터가 흘러가도록 설정된다.

대안	폐기 근거
로그 파일에서 읽음(예: UNIX tail -F access_log 명령을 실행함)	Flume 사용자 지침에 따르면 이 선택은 단순해 보이지만 이벤트 전달을 보장하지 않음(이벤트를 잃어버릴 수 있음)

설계 결정과 위치	근거와 가정
에이전트와 커렉터에 사용할 이벤트 채널 방법을 식별함. 프로토타이핑을 통해 최종 결정.	소스 요소에서 수집된 이벤트는 채널 요소에 들어간다. 현재 Flume는 채널을 설정할 수 있는 세 가지 옵션을 제공한다. • 메모리 채널: 인 메모리 큐로 더 빠르지만, Flume 프로세스가 죽을 때 메모리 큐에 이벤트가 남아있다면 복구될 수 없음 • 파일 채널: 로컬 파일 시스템에 지속화되고 백업됨 • Apache Kafka: Kafka가 분산 고가용성 채널로 사용되는 접근 방법 이들 옵션 중에서 선택하는 것은 "고전적인" 성능 대 가용성(또는 내구성 (durability)라고 하는 것) 트레이드오프다. 우리는 명확한 내구성 시나리오를 갖지 않지만, 향후 시스템 확장(UC-6, 보안 보고서)과 함께 이 요구는 좀 더 중요하다고 생각했다. 이것은 요구 문서에는 나타나지 않지만, 그럼에도 불구하고 아키텍트는 이것을 처리해야만 한다는 점에서 아키텍처 관심사의 예다. 이러한 옵션과 성능 결과에 관한 공개적으로 사용할 수 있는 정보가 없기 때문에, 프로토타이핑을 수행하여 그 결과에 따라 결정해야 하는 좋은 후보가 된다. 프로토타이핑과 성능 측정에 관한 또 다른 근거는 요구된 하드웨어 리소스를 계산할 필요성이다. 이 결과로 새로운 관심사가 식별되고 백로그에 추가되었다. * CRN-3: 핵심 시스템 요소에 대한 데이터 모델링과 개념 증명 프로토 타입 개발

(이어짐)

설계 결정과 위치	근거와 가정
HDFS 싱크에 순 데이터를 저장하기 위한 특정한 파일 형식으로 Avro를 선택함	Hadoop을 기반으로 하는 솔루션을 설계할 때 해야 할 하나의 결정은 최적화 파일 형식을 선택하는 것이다. Hadoop은 저장된 데이터와 사용 시나리오에 따라 다른 기능과 압축 및 성능 결과를 제공하는 다양한 형식을 지원한다. 이 경우에 주 시나리오는 성능(QA-1 15,00 이벤트/초), 확장성(QA-7, 약 60 TB의 순 데이터), 신장성(QA-9, 새로운 데이터 소스 추가)과 같은 품질 속성과 관련된다. 이들 요구를 파일 형식 특징으로 번역할 때 성능(얼마나 빨리 데이터 스트림으로 데이터가 푸시될 수 있는가)과 압축 요인(더 적은 저장 공간), 스키마 변경용이성(새로운 로그 형식을 추가하거나 기존 것을 변경할 때)에 의해 영향을 받는다. 우리가 Avro를 선택한 것은 풍부한 데이터 구조를 지원하며, 좋은 압축 수준 (Snappy 압축 코덱을 함께 사용)을 제공하며, 스키마 변경(스키마로 데이터가 저장되는 자기 서술 형식 사용) 을 수용할 수 있는 정도로 충분히 유연하기 때문이다.

대안	폐기 근거
텍스트 파일(일반 텍스트, CSV, XML, JSON)	이진 파일 형식(즉, Avro)에 비해 압축률이 나쁨. 또한 텍스트 파일은 HDFS 블록의 크기보다 더 큰 파일을 저장할 때 필요한 블록 압축을 지원하지 않음
SequenceFile	유연한 스키마 변경을 지원하지 않음. 이진 키/값 상으로 구성되며, 데이터와 메타데이터를 함께 저장할 수 없음
RCFile	Hadoop 컬럼 파일 형식은 스키마 변경을 지원하지 않으며, 비 컬럼 형식에 비해 쓰기에 더 많은 CPU와 메모리를 요구함
ORCFile	최적화 RCFile은 더 나은 압축과 더 빠른 질의를 제공하지만, 스키마 변경에서는 RFFile과 같은 단점을 가지며 쓰기 성능을 희생시킴
Parquet	Parquet은 스키마 변경을 부분적으로 지원하는 컬럼 파일 형식이지만, 비 컬럼 파일 형식에 비하면 아직도 쓰기 연산이 느림

6단계: 뷰 스케치 및 설계 결정 기록

그림 5.8은 인스턴스화 결정의 결과를 보여준다.

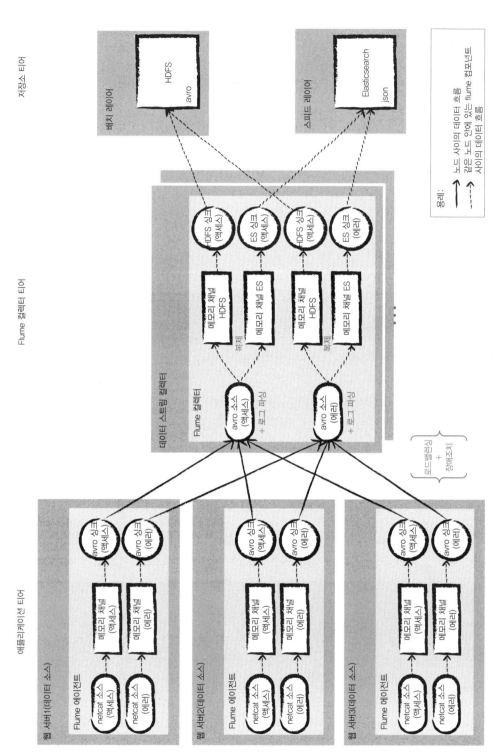

그림 5.8 이터레이션 3 인스턴스화 설계 결정

요소	책임
Flume 에이전트	웹 서버가 생성한 로그 이벤트를 소비하고, 텍스트 로그 항목을 구별된 필드로 쪼개며, 파싱된 이벤트 레코드를 컬렉터로 전달한다.
Flume 컬렉터	로드밸런싱 장애 감내 방식으로 여러 에이전트로부터 온 이벤트 기록을 수집하여, 이후 지속성과 프로세싱을 위해 목적지(HDFS와 Elasticsearch)에 전달한다.

7단계: 현재 설계 분석 수행 및 이터레이션 목표와 설계 목표 달성 검토

다음 칸반 표는 이터레이션 동안에 이루어진 설계 과정과 결정을 요약한다. 이전 이터레이션에서 완전히 해결된 요인은 표에서 삭제되었다.

해결되지 않음	부분적으로 해결됨	해결됨	이터레이션 동안 이루어진 설계 결정
	UC-1 UC-2 UC-3 UC-4		데이터 스트림 요소의 정제 이들 유스케이스에 참여하는 다른 요소는 아직 결정되지 않음
		QA-1	Flume 로드밸런싱, 장애조치 티어를 갖는 설정이 선택됨
		QA-9	순 데이터 저장에 Fluem와 Avro 형식 사용
	QA-10		Flume 로드밸런싱, 장애조치 티어를 갖는 설정이 선택됨 이 유스케이스에 참여하는 다른 요소는 아직 결정되지 않음
	CRN-1		Flume 컬렉터와 저장소의 티어가 식별됨
CRN-3			이번 이터레이션에서 도입된 새로운 아키텍처 관심사. 핵심 시스템 요소에 대한 데이터 모델링과 개념 증명 프로토 타입 개발 지금 시점에서는 아직 결정되지 않음

5.3.5 이터레이션 4: 서빙 레이어 정제

이제는 설계 프로세스의 네 번째 이터레이션에서 ADD의 각 단계에 수행되는 활동의 결과를 제시한다.

우리는 정제할 대상으로 서빙 레이어(배치 레이어가 아니라)를 선택했다. 요구를 충족시키지 못할 위험이 이 레이어가 더 크기 때문이다. 이 레이어는 UC-3과 UC-4 유스케이스, 그리고 성능과 확장성이 중요한 요인인 여러 품질 속성 시나리오와 직접 관련이 있다.

이전 이터레이션에서처럼 설계 활동은 프로토 타입 생성을 포함한다. 또한 이 이터레이션에서는 UI 프로토 타입이 생성된다. 적어도 두 가지 이유가 있다.

- 사용자로부터 초기에 피드백을 받아 요구를 갱신할 수 있다.
- 데이터 시각화 시나리오는 보통 데이터 모델링에 영향을 미친다.

2단계: 요인을 선택하여 이터레이션 목표 수립

이 이터레이션의 목표는 새로 식별된 핵심 시스템 요소에 대한 데이터 모델링과 개념 증명 프로토 타입 개발(CRN-3)을 해결하여, 이력 데이터 분석과 시각화에 관련된 최우선 유스케이스와 시스템 요구를 충족시키는 것이다. 관련된 유스케이스는 다음과 같다.

- UC-3
- UC-4

이들 유스케이스와 관련된 품질 속성 시나리오는 다음과 같다.

- QA-4(성능)
- QA-5(성능)
- QA-7(확장성)
- QA-8(확장성)

3단계: 정제할 시스템 요소 선택

이번 이터레이션에서 정제할 요소는 이력 데이터를 지원하는 서빙 레이어의 애드혹 및 정적 배치 뷰 요소다. 이들 두 유형의 요소는 같은 기술Impala을 사용하기 때문에, 이번 이터레이션에서 이루어진 결정은 이들 두 유형의 요소에 영향을 준다.

4단계: 선택된 요인을 충족시키는 설계 개념 선택

이전 이터레이션에서처럼, 여기에서의 설계 활동은 요소와 관련된 기술의 설정을 포함한다. 이런 이유로 어떤 새로운 설계 개념이 선택되지 않았으며, 모든 결정은 인스턴스화 카테고리에 속한다.

5단계: 아키텍처 요소 인스턴스화 및 책임 할당과 인터페이스 정의

이번 이터레이션에서 설계 개념은 선택된 기술을 사용하는 선진 사례를 기반으로 인스턴스화된다.

설계 결정과 위치	근거와 가정
배치 뷰의 Impala 파일 형식으로 Parquet을 선택함	배치 뷰의 파일 형식을 선택하는 의사 결정 과정은 이전 이터레이션에서 순 데이터 저장소의 형식을 선택한 것과 유사하다. 그러나 데이터 사용 시나리오는 조금 다르다. 이전의 경우에는 빠른 쓰기와 효율적인 데이터 저장, 데이터 형식의 확장이었다. 이번 경우에는 빠른 질의(QA-4, 5초 이내 보고서 로드; QA-5, 2분 이내 애드 혹 질의 실행)에 중점을 둔다. 그러나 확장성(QA-8, 약 90 TB 집계 데이터)과 확장성(QA-9, 새로운 데이터 소스 추가) 요인은 아직도 적절하다. 모든 활용할 수 있는 대안 중에서 Parquet 파일 형식이 이들 요구를 충족할 수 있는 가장 가망성이 있는 옵션으로 보인다. Parquet에서 컬럼 구조는 컴퓨터 클러스터에 있는 관계형 테이블을 표현하며, 빠른 질의 프로세싱을 위해 설계되었다. 그리고 이것은 애드혹 데이터 탐색과 정적 보고서에 중요하다. 이와 함께 Parquet는 두 번째 이터레이션에서 상호작용 질의 엔진의 최우선 기술로서 선택한 Impala에 최적화되어 있다. 마지막으로 좋은 압축률을 제공하며, 구조 끝에 새로운 컬럼을 추가함으로써 어느 정도 스키마 확장을 허용한다.

대안	폐기 근거
텍스트 파일(일반 텍스트, CSV, XML, JSON)	특히 개별적인 컬럼을 질의할 때 읽기 속도가 느림. 또한 텍스트 파일은 HDFS 블록의 크기보다 더 큰 파일을 저장할 때 필요한 블록 압축을 지원하지 않는다.
SequenceFile	특히 개별적인 컬럼을 질의할 때 읽기 속도가 느림
RCFile	Hadoop에 채택된 첫 번째 컬럼 파일 형식. 스키마 변경을 지원하지 않음
ORCFile	RCFile보다 더 나은 압축과 더 빠른 질의를 제공하지만, 스키마 변경에서는 RFFile과 같은 단점을 가짐 Parquet과 비교하면 압축률은 좋지만 질의 성능이 떨어짐 다른 중요한 한계는 Impala에서 지원하지 않는 것임
Avro	Avro가 가장 좋은 Hadoop 용 다목적 저장소 형식으로 간주되지만, 질의 성능이 RCFile, ORCFile, Parquet과 같은 컬럼 형식과 비교하면 현저히 떨어짐

(이어짐)

설계 결정과 위치	근거와 가정
배치 뷰의 데이터 모델로 star 스키마를 사용함	이전 이터레이션에서 정적 보고서(UC-3, 6)과 애드혹 질의(UC-4)에 영향을 주는 배치 뷰 컴포넌트의 단일 기술로서 Impala를 선택했다. star 스키마 기법은 두 가지 이유로 선택되었다. • Impala는 분석 질의 용으로 설계되어 star 스키마 데이터 모델링을 자연스럽게 지원함 • BI 도구와 결합된 애드혹 질의는 질의 복잡성을 단순화하기 위해 데이터가 잘 모델링되어야 더 빠른 질의 성능을 가져옴 우리의 경우에서 star 스키마는 작은 차원(로우의 개수 관점에서) 테이블을 갖도록 하여 큰 테이블 사이의 조인을 피할 수 있도록 설계되었다. 일반적으로 큰 테이블 사이의 조인은 대량의 시스템 리소스를 소비하며 질의 실행 성능에 영향을 미친다. 작은 차원 테이블은 인 메모리에 적합하며, 조인이 좀 더 효율적으로 수행될 수 있다.

대안	폐기 근거
플랫 테이블	플랫 테이블(flat table)은 일반적으로 여러 측정 및 차원 속성을 포함하는 광범위하게 비정규화된 테이블의 형식으로 표현됨 플랫 테이블은 대량의 데이터를 질의할 때 성능 문제를 심각하게 야기시킴

6단계: 뷰 스케치 및 설계 결정 기록

그림 5.9는 Impala와 Parquet를 사용하여 구현된 star 스키마 데이터 모델을 보여준다.

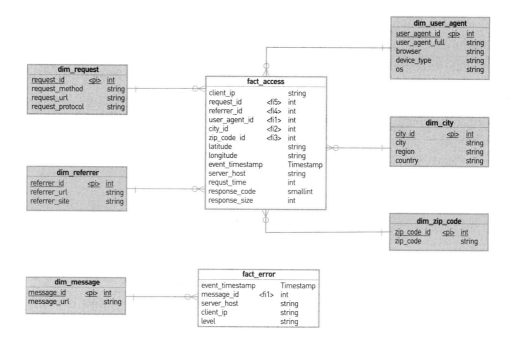

그림 5.9 Impala와 Parquet으로 구현된 star 스키마

그림 5.10의 화면은 기업 BI 도구를 통한 가능한 뷰를 보여주기 위해 Tableau로 구현된 예제 정적 보고서를 보여준다. 보고서는 Parquet에 저장된 테스트 데이터를 사용하여 생성되었으며, ODBC 인터페이스를 통하여 Impala에 의해 제공된다.

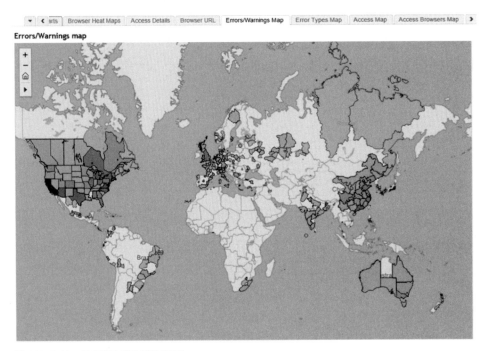

그림 5.10 Tableau로 구현된 예제 정적 보고서

7단계: 현재 설계 분석 수행 및 이터레이션 목표와 설계 목표 달성 검토

다음 칸반 표는 이터레이션 동안에 이루어진 설계 과정과 결정을 요약한다. 이전 이터레이션에서 완전히 해결된 요인은 표에서 삭제되었다.

해결되지 않음	부분적으로 해결됨	해결됨	이터레이션 동안 이루어진 설계 결정
	UC-3 UC-4		유스케이스에서 사용된 서빙 레이어 정제. 이들 유스케이스에 참여하는 다른 요소는 아직 결정되지 않음

(이어짐)

해결되지 않음	부분적으로 해결됨	해결됨	이터레이션 동안 이루어진 설계 결정
	QA-4 QA-5 QA-8		Parquet과 star 스키마 사용 성능 테스트가 필요하며, 따라서 새로운 관심 사가 도입됨 * CRN-4: 성능 테스트 개발
	CRN-1		아직 결정되지 않음
	CRN-3		서빙 레이어의 요소에 대하여 데이터 모델링과 개념 증명 프로토 타입이 개발되었지만, 같은 활 동이 스피드 레이어의 요소에도 완료되어야 함

5.4 요약

이번 장에서 우리는 ADD 3.0을 사용하는 비교적 특수한 도메인인 빅데이터 도메인에서 확장된 예를 제시했다. 이 예에서 볼 수 있는 것처럼, 아키텍처 설계는 품질 속성을 만족시킬수 있는 많은 상세한 결정이 필요할 수 있다.

또한 이 예는 많은 결정이 다른 패턴과 기술의 지식에 의존한다는 것을 보여준다. 도메인이 특수할수록 기존의 정보(예: 설계 개념 카탈로그, 패턴 및 참조 아키텍처 서적)를 활용하지 못할 가능성이 많다. 이런 경우에는 여러분 자신의 판단과 경험에 의존하거나 실험을 하고 프로토 타입을 구축해야 한다. 어떤 식으로든 결정을 해야만 한다.

또한 이번 ADD는 4장에서 제시된 예와는 다르다. 4장에서는 인터페이스 명세를 도출하는 수단으로서 시퀀스 다이어그램을 구축하는 데 비교적 적은 시간과 노력을 소비했다. 그러나 이번 장에서 제시된 예는 그다지 많지 않은 컴포넌트를 갖는 비교적 간단한 데이터 플로우 아키텍처에 의존하기 때문에 컴포넌트 사이의 관계를 이해하기 위해 시퀀스 다이어그램이 필요하지 않았다. 이터레이션 3의 5단계(5.3.4절의 네 번째 항목)에서 예로 든 것처럼, 요소 사이의 "계약"은 교환되는 정보로 결정된다.

5.5 더 읽을거리

데이터 웨어하우스의 설계에 대해서는 많은 연구가 진행되었다. 두 가지 좋은 접근 방법이 킴벨[R. Kimball]과 로스[M. Ross]의 『The Data Warehouse Toolkit, 3rd ed』(Wiley, 2013)과 아이몬[W. Inmon]의 『Building the Data Warehouse, 4th ed』(Wiley, 2005)에 있다.

람다 아키텍처는 말즈[N. Marz]와 워렌[J. Warren]의 『Big Data: Principles and Best Practices of Scalable Realtime Data Systems』(Manning, 2015)에서 처음 제시되었다.

확장성을 엔지니어링하는 방법에 대한 좋은 논의는 애봇[M. Abbott]과 피셔[M. Fisher]의 『The Art of Scalability: Scalable Web Architecture, Processes, and Organizations for the Modern Enterprise』(Addison-Wesley, 2010)에서 찾을 수 있다.

사들레이드[P. Sadalage]와 파울러[M. Fowler]의 『NoSQL Distilled: A Brief Guide to the Emerging World of Polyglot Persistence』(Addison-Wesley, 2009)에서 찾을 수 있다.

아키텍처 설계 프로세스의 부분으로서 프로토타이핑을 하는 방법과 시기는 첸[H-M Chen]과 카즈만[R. Kazman], 해지유[S. Haziyev]의 "Strategic Prototyping for Developing Big Data Systems", IEEE Software, March/April 2016에서 찾을 수 있다.

이 설계 연구에서 사용된 여러 참조 아키텍처와 기술을 포함하는 설계 개념 카탈로그는 스마트 결정 게임[Smart Decisions Game]의 일부로서, 샤밴트[H. Cervante]와 해지유[S. Haziyev], 리세이[O. Hrytsay], 카즈만[R. Kazman]의 "Smart Decisions Game", http://smartdecisionsgame.com에서 찾을 수 있다.

6장

사례 연구: 뱅킹 시스템

4장과 5장에서는 모두 신규 개발의 경우였다. 사실 이러한 유형의 개발은 비교적 드물다. 대부분의 경우에 아키텍트로서 여러분은 처음부터 생성하는 것보다는 기존 시스템을 발전시키는 작업에 참여하게 될 것이다. 이번 장에서는 성숙한 도메인에서 기존 시스템(3.3.3절에서 논의함)을 위한 ADD 3.0을 사용하는 예를 제시한다. 먼저 비즈니스 컨텍스트를 제시하고, 프로젝트의 기존 아키텍처 문서를 검토한다. 그 다음에는 시스템을 발전시키기 위해 ADD 이터레이션 동냥에 수행된 활동의 단계별 요약이 온다. 이것은 실제 시스템이지만 액터의 신원을 보호하기 위해 일부 세부 사항을 변경했다.

6.1 비즈니스 케이스

2010년에 한 라틴 아메리카 나라의 정부는 은행 잔고 증명서를 디지털 서명할 수 있도록 하기 위해 은행 기구를 필요로 하는 법률을 제정했다. 이 법률을 준수하기 위해 "ACME 은행"은 소프트웨어 시스템을 개발하기로 했다. 이 시스템의 이름은 "BankStat"이고, 주요 목적은 디지털 서명된 은행 잔고 증명서를 생성하는 것이다.

그림 6.1은 BankStat 시스템의 작동 방법을 보여주는 컨텍스트 다이어그램이다. 핵심에서 시스템은 배치 프로세스를 실행하여, 데이터 소스(외부 데이터베이스)로부터 은행 잔고 증명

서 정보를 가져와서 일련의 유효 확인 과정을 거쳐 은행 잔고 증명서를 생성하고 외부 공급자의 디지털 서명을 준비한다. 예금 은행 잔고가 공급자에게 전송되면, 공급자는 서명된 은행 잔고 증명서를 반환한다. 이 은행 잔고 증명서는 고객에게 전송하는 것을 포함하는 이후 작업을 위해 BankStat에 저장된다. 이 배치 프로세스는 한달에 한 번씩 자동적으로 트리거되며, 실행 동안에 약 200만 건의 은행 잔고 증명서가 처리된다.

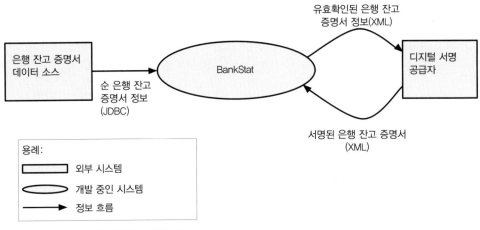

그림 6.1 BankStat 시스템 컨텍스트 다이어그램

이 시스템의 최우선 품질 속성은 다음과 같다.

- **신뢰성**: 정상적인 운영 조건에서 배치 프로세스는 100% 완전하게 실행된다.
- **성능**: 정상적인 운영 조건에서 배치 프로세스가 시작되면 한 시간 안에 200만 은행 잔고 증명서를 읽고 처리하고 서명 공급자에게 전송된다.
- **가용성**: 정상적인 처리 동안에 데이터 소스로부터 정보를 읽거나 디지털 서명 정보를 전송할 때 실패가 발생할 수 있다. 그러면 관리자에게 통지가 전송되고, 관리자는 수작업으로 프로세스를 다시 시작한다. 프로세스가 다시 시작될 때 이미 처리되지 않은 정보만 처리된다.

정부에서 부여한 시간 제약 때문에 시스템의 핵심 배치 프로세스만 개발하여 실무에 배포했다. 그러나 이 초기 릴리스는 은행 잔고 증명서 처리 상태를 모니터링하고 부정확한 잔고 증명서의 재처리를 요청하며, 보고서를 생성하는 데 필요한 인터페이스를 제공하지 않았다. 첫 번째 릴리스에서 콘솔에서만 수작업으로 프로세스를 시작하고 종료할 수 있었다. 시스템의 두 번째 릴리스에서는 ACME 은행은 이들 단점을 더 잘 해결하도록 BankStat 시스템의 확장을 요청했다.

다음 절에서는 시스템의 두 번째 릴리스의 요인을 제시한다.

6.1.1 유스케이스 모델

그림 6.2는 BankStat의 두 번째 릴리스의 유스케이스 모델을 제시한다.

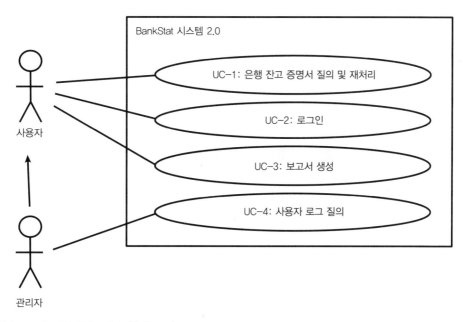

그림 6.2 BankStat 시스템 유스케이스(용례: UML)

이들 유스케이스는 다음 표에 좀 더 자세하게 설명한다.

유스케이스	설명
UC-1: 은행 잔고 증명서 질의 및 재처리	사용자는 수작업으로 여러 은행 잔고 증명서의 재처리를 요청한다. 사용자는 재처리되어야 하는 은행 잔고 증명서를 질의하고 선택하는 기준을 명시한다. 예를 들어, 사용자는 은행 잔고 증명성의 기간과 상태(예: 처리됨, 서명됨, 서명되지 않음)를 선택한다.
UC-2: 로그인	사용자는 시스템에 로그인한다.
UC-3: 보고서 생성	사용자는 프로세스에 관련된 보고서를 생성한다.
UC-4: 사용자 로그 질의	관리자는 사용자 로그를 질의하여 특정한 사용자나 사용자 그룹의 활동을 표시한다. 정보는 운영 날짜나 유형과 같은 기준을 사용하여 필터링될 수 있다.

6.1.2 품질 속성 시나리오

다음 표는 이 시스템 확장에서 고려하는 새로운 품질 속성 시나리오를 제시한다.

ID	품질 속성	시나리오	관련된 유스케이스
QA-1	보안	사용자는 언제든 시스템에 오퍼레이션을 수행하며, 100%의 사용자 오퍼레이션이 오퍼레이션 로그에 기록된다.	UC-4

6.1.3 제약사항

다음 표는 이 시스템 확장에서 고려하는 제약사항을 제시한다.

ID	제약사항
CON-1	사용자 계정과 권한은 은행 내 다양한 애플리케이션에서 사용하는 기존 사용자 디렉터리 서버가 처리한다.
CON-2	데이터 소스와의 커뮤니케이션은 JDBC를 사용하여 실행되어야 한다.
CON-3	전자 서명 공급자와의 커뮤니케이션은 웹 서비스를 사용하여 수행된다. 이들 웹 서비스는 정부에서 수립한 명세를 준수하는 XML 형식으로 정보를 받고 반환한다.
CON-4	시스템은 은행의 인트라넷에서만 접근할 수 있지만 웹 서버에서 접근할 수 있어야 한다.

6.1.4 아키텍처 관심사

다음 표는 이 시스템 확장에서 초기에 고려하는 관심사를 제시한다.

ID	관심사
CRN-1	시스템은 개발 팀의 전문 기술을 활용할 수 있도록 자바와 자바 관련 기술을 사용하여 프로그래밍할 것이다.
CRN-2	새로운 기술의 도입은 가능한 한, 기존 배치 처리 핵심을 수정하는 것을 피해야만 한다.

6.2 기존 아키텍처 문서

이번 절에서는 아키텍처에서 변경할 적절한 정보를 제공하는 시스템의 뷰의 단순화된 버전을 제시한다.

6.2.1 모듈 뷰

그림 6.3의 패키지 다이어그램은 시스템 레이어와 이 레이어가 포함하는 모듈을 보여준다.

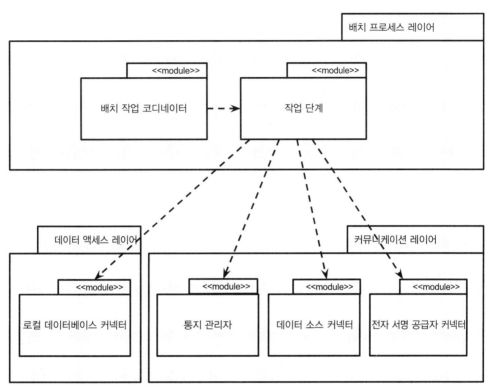

그림 6.3 BankStat 시스템의 기존 모듈과 레이어(용례: UML)

다음 표는 다이어그램에 있는 요소의 책임을 서술한다.

요소	책임
배치 프로세스 레이어	이 레이어는 배치 프로세스를 수행하는 모듈을 포함한다. 이들 컴포넌트는 Spring Batch 프레임워크를 사용하여 개발되었다.
데이터 액세스 레이어	이 레이어는 로컬 데이터베이스로부터 데이터를 저장하고 가져오는 모듈을 포함하며, 배치 프로세스 레이어에 있는 모듈에서 사용한다.
커뮤니케이션 레이어	이 레이어는 외부 전자 서명 공급자와 은행 잔고 증명서 데이터 소스와의 커뮤니케이션을 지원하는 모듈을 포함한다.
배치 작업 코디네이터	이 모듈은 배치 프로세스의 실행을 조율하며, 이와 함께 프로세스를 런칭하며 이와 관련된 다른 단계를 호출하는 책임을 갖는다.

(이어짐)

요소	책임
작업 단계	이 모듈은 배치 작업의 일부인 "단계"를 포함한다. 이들 단계는 데이터 소스에서 가져온 정보를 확인하고 은행 잔고 증명서를 생성하는 것과 같은 활동을 수행한다. 이들 단계는 보통 데이터를 읽고, 처리하고, 쓴다. 데이터는 로컬 데이터베이스에서 읽고 쓴다.
로컬 데이터베이스 커넥터	이 모듈은 작업 단계가 배치 프로세스를 수행하는 동안에 정보를 교환하기 위해 사용하는 로컬 데이터베이스에 접근하는 책임을 갖는다. 우리는 이 데이터베이스를 외부 데이터 소스와 구별하기 위해 "로컬"이라고 부른다. 이 데이터베이스는 설사 다른 노드에 배치된다고 하더라도 애플리케이션 내부에서만 지역적으로 사용된다(다음 절 참조).
통지 관리자	이 모듈은 외부 시스템과의 커뮤니케이션 실패와 같은 이슈의 경우에 로그를 관리하고 통지를 보낸다.
데이터 소스 커넥터	이 모듈은 순 은행 잔고 증명서 정보를 제공하는 외부 데이터베이스와 연결하는 책임을 갖는다.
전자 서명 공급자 커넥터	이 모듈은 은행 잔고 증명서의 전자 서명을 수행하는 외부 시스템에 접근하는 책임을 갖는다.

6.2.2 할당 뷰

그림 6.4의 배포 다이어그램은 노드와 이들의 관계로 구성되는 할당 뷰를 제시한다.

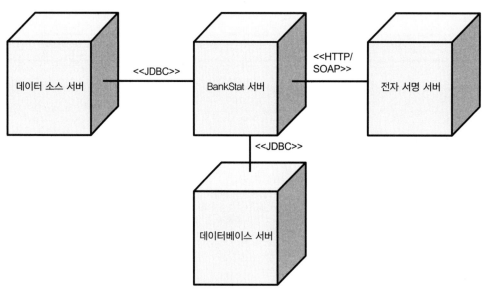

그림 6.4 BankStat 시스템의 기존 배포 다이어그램(용례: UML)

178

다음 표는 다이어그램에 있는 요소의 책임을 서술한다.

요소	책임
데이터 소스 서버	이 서버는 은행 잔고 증명서를 발행하는 데 사용하는 순 데이터를 포함하는 데이터 베이스를 호스팅한다.
BankStat 서버	이 서비스는 데이터 소스 서버로부터 정보를 가져와 정보를 확인하고 서명을 위해 전자 서명 서버에 정보를 보내는 책임을 갖는 메인 배치 프로세스를 호스팅한다.
데이터베이스 서버	이 서버는 배치 프로세스를 수행하는데 사용되는 상태와 정보를 저장하기 위해 BankStat 서버의 배치 프로세스에서 지역적으로 사용되는 데이터베이스를 호스팅한다.
전자 서명 서버	이 서버는 외부 엔터티로 제공되며, 은행 잔고 증명서를 가져와 전자 서명하고 반환하는 책임을 갖는다. 서버는 XML 정보를 받고 생성하는 웹 서비스를 노출한다.

6.3 설계 프로세스

이제 우리는 ADD의 설계 프로세스(3.2절에서 논의된 것처럼) 단계를 설명한다. 이것이 기존 시스템에 커다란 변화를 주지는 않지만, 아키텍트는 설계 활동이 하나의 ADD 이터레이션만 수행될 것으로 기대한다.

6.3.1 ADD 1단계: 입력물 검토

ADD 방법론의 첫 번째 단계는 입력물을 검토하는 것이다. 입력물은 다음 표에 요약되어 있다.

카테고리	세부 사항
설계 목적	이것은 성숙한 도메인의 기존 시스템이다. 목적은 다음 시스템 릴리스를 설계하는 것이다.
최우선 기능 요구	이 릴리스의 최우선 유스케이스는 UC-1이다.
품질 속성 시나리오	이 시스템 확장은 단지 몇 개의 품질 속성 시나리오만 포함하기 때문에, 이들을 모두 최우선 품질 속성 시나리오로 간주한다.
제약사항	6.1.3절을 참조한다.
아키텍처 관심사	6.1.4절을 참조한다.
기존 아키텍처 설계	기존 시스템 개발이기 때문에 추가적인 입력으로 기존 아키텍처 설계가 있으며, 이전 절에서 설명했다.

6.3.2 이터레이션1: 새로운 요인 지원

이번 절에서는 이 예에서 수행된 단일 이터레이션의 ADD 각 단계에서 수행되는 활동의 결과를 제시한다.

2단계: 요인을 선택하여 이터레이션 목표 수립

제한된 수의 요인만 해결되면 되기 때문에 아키텍트는 단일 이터레이션으로 충분하다고 결정했다. 이 이터레이션의 목표는 6.1절에 있는 모든 새로운 요인을 지원하기 위해 기존 설계를 변경하는 것이다.

3단계: 정제할 시스템 요소 선택

정제할 요소는 BankStat의 메인 모듈과 시스템이 배포되는 노드(BankStat 서버)다. 이들 모듈을 정제하는 것과 함께 애플리케이션 호스팅될 물리적인 노드도 정제할 후보다.

4단계: 선택된 요인을 충족시키는 설계 개념 선택

다음 표는 설계 개념의 선택과 관련되어 이루어진 설계 결정을 요약한다.

설계 결정과 위치	근거
웹 애플리케이션 참조 아키텍처를 사용함	시스템에 도입되고 있는 유스케이스는 웹 브라우저(CON-4)를 통한 상호작용을 요구한다. 풍부한 사용자 상호작용에 대한 요구가 없기 때문에 웹 애플리케이션 아키텍처가 선택되었다(A.1.1절 참조). 폐기된 대안: • 리치 인터넷 애플리케이션(A.1.3절 참조): 추가적인 개발 노력이 필요하고, 풍부한 사용자 인터페이스에 대한 요구가 없음
권한과 인증을 관리하기 위해 Spring Security 프레임워크를 선택함	보안은 복잡한 주제이며, 이것을 지원하기 위해 애드혹 코드를 작성하는 것은 어렵고 에러를 발생시키기 쉽다. 이 애플리케이션에서 필요한 것은 권한과 인증 및 활동 로그를 관리하는 것이다. 이들 모든 피처는 Spring Security 프레임워크에서 사용할 수 있으며, 기존 사용자 디렉터리 서버(CON-1)와 통합하기 쉽고, Java와 관련된다.(CRN-1) 폐기된 대안: • 애드혹 코드: 개발하기 어렵고, 에러가 많으며, 상당한 시간이 소요됨. • 다른 프레임워크: 첫 번째 솔루션 릴리스가 이미 Spring 기술을 사용하여 개발되었음. 따라서 Spring 플랫폼의 다른 기술을 사용하는 것이 합리적이며, 기존 프레임워크와도 쉽게 통합될 수 있음

(이어짐)

설계 결정과 위치	근거
은행 잔고 증명서 상태에 관한 정보를 가져오기 위해 공유 데이터베이스 통합 패턴을 사용함	시스템의 상호작용 부분은 은행 잔고 증명서 처리 상태를 표시하기 위해 배치 프로세스에서 지역적으로 사용하는 데이터베이스를 질의해야 한다. 시스템의 배치와 상호작용 부분은 같은 데이터베이스에 포함되어 있는 데이터를 공유하는 두 개의 다른 애플리케이션(또는 서브 시스템)으로 볼 수 있다. 공유 데이터베이스 통합(Shared Database Integration) 패턴은 이들 시스템 사이의 상호작용을 지원하는 이러한 컨텍스트에서 사용될 수 있다. 이 접근 방법은 기존 시스템의 부분을 변경하지 않는다(CRN-2). 폐기된 대안: • API를 통한 정보 획득은 기존 모듈을 수정해야 하며, 성능에 부정적인 영향을 미칠 수 있음
3 티어 배포 모델을 사용한 배포	애플리케이션의 웹 부분은 별도의 서버에 배포될 것이다. 따라서 이 애플리케이션 부분의 배포는 3 티어 배포 모델(A.2.2 참조)의 인스턴스로 볼 수 있다. 이 접근 방법의 이점은 배치 프로세스를 호스팅하는 서버가 상호작용 요청을 처리할 필요가 없을 것이며, 따라서 성능에 방해를 주지 않을 것이다. 폐기된 대안: • 배치 프로세스가 호스팅되는 같은 서버에 애플리케이션을 호스팅함. 이것은 어느 정도 서버 비용을 절약해주지만, 배피 프로세스든 상호작용 기능이든 성능을 제한할 수 있음

5단계: 아키텍처 요소 인스턴스화 및 책임 할당과 인터페이스 정의

고려되고 결정된 설계 결정 인스턴스화는 다음 표에 요약되어 있다.

설계 결정과 위치	근거
별도의 서버에 웹 애플리케이션 호스팅	이 선택은 배치 서버의 성능 감소를 피하며 보안을 증가시킨다(QA-1).
외부 사용자 디렉터리 서버를 사용하여 Spring Security를 구성함	이것은 CON-1을 해결함

이들 인스턴스와 결정의 결과는 다음 단계에서 기록된다.

6단계: 뷰 스케치 및 설계 결정 기록

그림 6.5의 배포 다이어그램은 애플리케이션을 호스팅하는 새로운 서버와 외부 사용자 디렉터리 서버를 기존 노드와의 연결과 함께 보여준다.

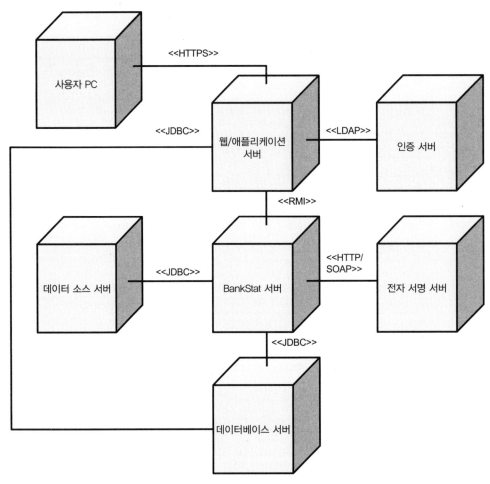

그림 6.5 정제된 배포 다이어그램(용례: UML)

새로 도입된 요소의 책임은 다음 표에 서술되어 있다.

요소	책임
웹/애플리케이션 서버	애플리케이션의 상호작용 부분을 호스팅한다.
인증 서버	은행의 여러 애플리케이션에 사용자와 인증을 관리하는 기존 서버(CON-1)

그림 6.6의 패키지 다이어그램은 참조 아키텍처가 인스턴스화되는 방법을 보여주며, 최우선 유스케이스(UC-1)를 지원하기 위해 도입된 모듈을 식별한다. 또한 새로 도입된 요소가 이전 시스템 릴리스의 기존 레이어와 모듈과 통합되는 방법을 보여준다.

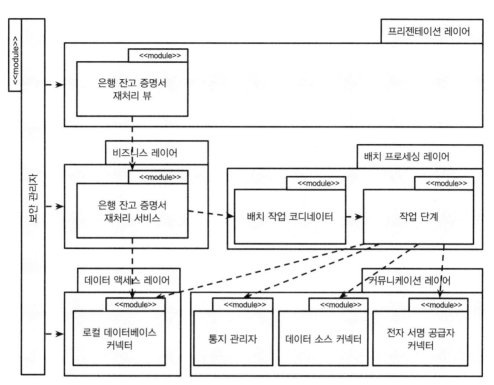

그림 6.6 유스케이스 UC-1을 지원하기 위해 도입된 모듈(용례: UML)

새로 도입된 요소의 책임은 다음 표에 서술되어 있다.

요소	책임
은행 잔고 증명서 재처리 뷰	이 모듈은 처리된 은행 잔고 증명서의 상태를 사용자가 질의할 수 있도록 하는 뷰를 표시한다. 또한 증명서에서 재처리돼야 할 필요가 잇는 것을 선택할 수 있게 한다.
은행 잔고 증명서 재처리 서비스	이 모듈은 뷰로부터의 요청을 관리하며, 은행 잔고 증명서 정보를 요청하고, 재처리할 필요가 있는 은행 잔고 증명서를 표시하며, 배치 작업의 재시작을 트리거하는 것을 포함한다.
보안 관리자	이 모듈은 Spring Security를 사용하여 구현되며, 인증과 권한, 그리고 활동 로그(QA-1)를 처리한다. 또한, 기존 사용자 디렉터리 서버와 통합된다 (CON-1).

그림 6.7의 시퀀스 다이어그램은 UC-1이 어떻게 수행되는지를 보여준다. 사용자는 은행 잔고 증명서 상태를 표시할 것을 요청한다. 이 정보는 로컬 데이터베이스 커넥터에 의해 로컬 데이터베이스에서 가져온다. 일단 표시되면 사용자는 재처리할 은행 잔고 증명서를 선택한다. 이들 은행 잔고 증명서는 재처리될 것으로 표시되고 (플래그를 변경함으로써) 로컬 데이

터베이스에 이 정보가 갱신된다. 마지막으로 배치 작업이 다시 시작된다. 시스템과의 상호작용은 뷰에 있는 Spring Security에 의해 기록된다는 것에 주목한다. 이와 함께 배치 작업 코디네이터의 호출은 비동기적이어서 사용자 인터페이스를 블로킹하는 문제를 피할 수 있다.

시퀀스 다이어그램에서 식별된 상호작용으로부터 상호작용 요소의 인터페이스의 초기 메서드가 식별될 수 있다.

BankStatementReprocessingService

메서드명	설명
BankStatement [] getBSStatus(criteria)	기간이나 상태를 포함한 다양한 기준으로 은행 잔고 증명서의 컬렉션을 가져온다.
boolean reprocess(BankStatement[])	은행 잔고 증명서 컬렉션의 재처리를 요청한다.

7단계: 현재 설계 분석 수행 및 이터레이션 목표와 설계 목표 달성 검토

다음 칸반 표는 다양한 아키텍처 요인과 이들을 해결하기 위해 이터레이션 동안에 이루어진 결정의 상태를 요약한다. 모든 요인이 완전하게 해결되기 때문에 ADD의 단일 이터레이션이 요구되었다.

해결되지 않음	부분적으로 해결됨	해결됨	이터레이션 동안 이루어진 설계 결정
		UC-1	유스케이스를 지원하는 모듈과 이들의 인터페이스가 식별되고 웹 애플리케이션 참조 아키텍처를 기반으로 정의됨.
		QA-1	보안 로그가 Spring Security에 의해 처리됨.
		CON-1	Spring Security는 기존 사용자 디렉터리 서버를 연결하고 이 정보를 사용하여 권한과 인증을 지원함.
		CON-2	데이터 소스를 연결하는 모듈을 변경하지 않음.
		CON-3	전자 서명 공급자를 연결하는 모듈을 변경하지 않음.
		CON-4	사용된 웹 애플리케이션 참조 아키텍처는 명시적으로 웹 브라우저로부터의 접근을 지원함.
		CRN-1	선택된 기술은 Java와 관련됨.
		CRN-2	기존 기능과의 통합은 데이터베이스를 통해 이루어짐(데이터베이스 통합 패턴을 사용함). 기존 기능을 변경할 필요가 없음.

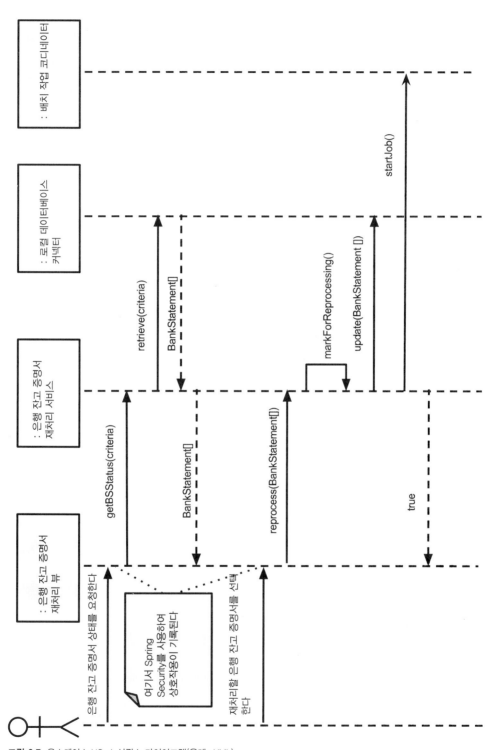

그림 6.7 유스케이스 UC-1 시퀀스 다이어그램(용례: UML)

6.4 요약

이번 장에서 우리는 기존 시스템 컨텍스트에서 ADD를 사용하는 간단한(그러나 실제적인) 예를 제시했다. 이 예에서 볼 수 있는 바와 같이, ADD의 단계는 신규 개발 시스템의 설계 컨텍스트와 정확하게 동일한 방법을 따른다. 중요한 차이점은 설계 프로세스의 입력물 중 하나가 기존 아키텍처라는 것이다. 이것은 아키텍처 문서화의 중요성을 강조한다. 이 정보가 없다면 설계와 결과적인 구현 프로세스를 진행하기 전에 많은 시간을 들여서 코드를 이해하고 역공학을 하여 적절한 아키텍처 모델을 생성해야 했을 것이다.

기존 시스템 컨텍스트에서의 설계는 보통 이 예에서 예시된 것보다 더 광범위한 변경을 포함하게 된다. 이러한 변경은 기존 아키텍처의 리팩토링과 수정이 수행되어야만 설계 활동의 결과로 도입된 새로운 요소와 관계를 지원할 수 있게 된다. 보통 기존 아키텍처를 수정하는 것은 기존 시스템 컨텍스트에서 설계하는 데 있어서 가장 어려운 작업이다. 기존 시스템에서는 시스템의 일부분의 세부적인 지식이 손실될 가능성이 아주 많다. 이 프로세스는 복잡하고 변경의 결과에 대한 불확실성이 존재하기 때문에 코드를 확정하기 전에 제안 설계 변경의 분석을 수행할 것을 추천한다.

6.5 더 읽을거리

공유 데이터베이스 통합 패턴은 호페[G. Hohpe]와 울프[B. Woolf]의 『Enterprise Integration Patterns: Designing, Building and Deploying Messaging Solutions』(Addison Wesley Professional, 2003)에서 논의되었다.

소프트웨어 유지보수와 발전에 관한 깊이 있는 논의는 브룩스[F. Brooks]의 고전적인 책, 『The Mythical Man Month』(Addison-Wesley, 1995)과 레흐만[M. M. Lehman]의 "On Understanding Laws, Evolution, and Conservation in the Large-Program Life Cycle", Journal of Systems and Software, 1:213-221, 2010에서 찾을 수 있다.

7장

다른 설계 방법론

과거 20년이 넘도록 여러 아키텍처 설계 방법론이 제안되고 문서화되었다. 이번 장에서는 가장 잘 알려진 방법론 중 몇 가지를 간단하게 제시하고 ADD와 비교하기로 한다. 아키텍처 설계의 "일반적인 모델"에서 시작하고, 그 다음 다섯개의 다른 방법론을 간단하게 제시한다. 그리고 이들 방법론이 ADD와 어떻게 다른지를 논의하는 것으로 끝난다.

7.1 소프트웨어 아키텍처 설계 일반 모델

Hofmeister와 동료들은 "다섯 가지 산업 접근 방법으로부터 도출된 소프트웨어 아키텍처 설계 일반 모델A General Model of Software Architecture Design Derived from Five Industrial Approaches"이란 논문에서 다섯 가지 산업 소프트웨어 아키텍처 설계 방법론을 비교하고, 이들 공통점에서 일반적인 소프트웨어 아키텍처 설계 접근 방법을 추출했다. 이들의 검토한 다섯 가지 모델은 ADD 2.0과 시멘스 4 뷰Simens 4 Views, RUP의 4+1 뷰4+1 Views, BAPOBusiness Architecture Process and Organization, ASCArchitecture Separation of Concerns다.

그림 7.1과 같이 도출된 일반 모델은 검토한 다섯 가지 모델에 모두 있는 3개의 주요 활동으로 구성된다.

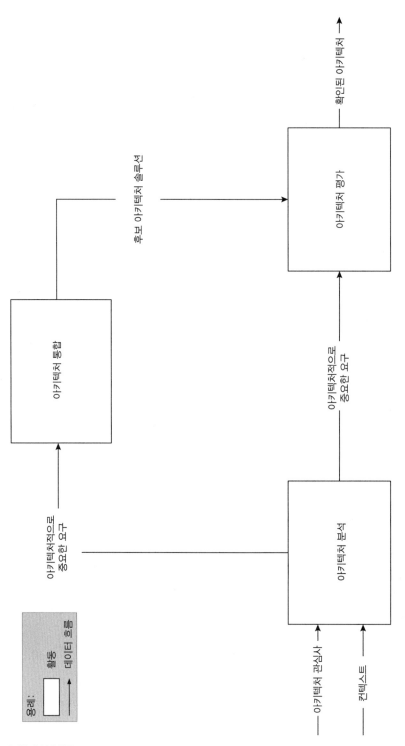

그림 7.1 아키텍처 설계 활동

- **아키텍처 분석**^{architectural analysis}: 이 활동은 요구(관심사라고도 함)와 시스템 컨텍스트가 입력으로 사용되어 아키텍처적으로 중요한 요구^{ASR, architecturally significant requirement}의 집합을 결정한다.

- **아키텍처 통합**^{architectural synthesis}: 이 활동은 아키텍처 설계의 핵심이다. ASR 집합에 대한 아키텍처 솔루션을 제안하여 문제 영역으로부터 솔루션 영역으로 이동한다. 이 활동의 결과는 후보 아키텍처 솔루션^{candidate architectural solution}으로, 부분적인 또는 완전한 아키텍처 설계이며 근거에 관한 정보를 포함한다.

- **아키텍처 평가**^{architectural evaluation}: 이 활동은 아키텍처 결정이 올바른 것인지를 확인한다. ASR에 대하여 후보 아키텍처 솔루션이 측정된다. 여러 아키텍처 솔루션에 여러 가지 평가가 이루어지지만, 궁극적인 결과는 검증된 아키텍처^{validated architecture}다.

호프메이스터^{Hofmeister}와 동료들은 이들 활동이 순차적으로 진행되는 것이 아니라, 한 활동에서 다른 활동으로 이동할 때 작은 "도약^{leap}"으로 진행한다고 부가적으로 설명한다. 진행은 아키텍트가 해결할 필요가 있는 더 작은 필요와 이슈, 문제, 아이디어의 암시적이거나 명시적인 백로그^{backlog}에 의해 주도된다(그림 7.2).

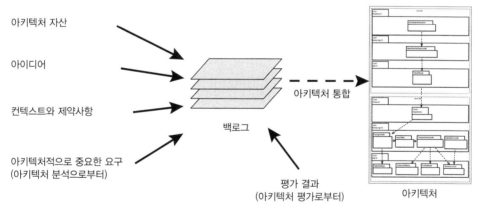

아키텍처 자산

아이디어

컨텍스트와 제약사항

아키텍처적으로 중요한 요구
(아키텍처 분석으로부터)

백로그

아키텍처 통합

평가 결과
(아키텍처 평가로부터)

아키텍처

그림 7.2 아키텍처 백로그

Hofmeister 등이 제시한 일반 모델은 의도적으로 상세하지 않다. ADD를 포함한 다른 설계 프로세스에서 발견된 특정한 기법을 추상화하기 때문이다. 따라서 모델이 ADD를 표현할 수도 있지만, 또한 더 큰 아키텍처 개발 범위를 포함하여 아키텍처 요구 수집과 분석이 QAW와 같은 방법론을 사용하여 수행되고, 논문에서 제시된 것과 같은 방법론을 사용하여 아키텍처 통합이 수행되며, ATAM과 같은 방법론을 사용하여 아키텍처 평가가 수행될 수 있다.

7.2 아키텍처 중심적 설계 방법론

아키텍처 중심적 설계 방법론ACDM, Architecture-Centric Design Method은 아키텍처의 완전한 라이프사이클을 포괄하는 소프트웨어 아키텍처 개발 방법론이다. 이 반복적인 방법론은 그림 7.3과 같이 8단계로 구성된다.

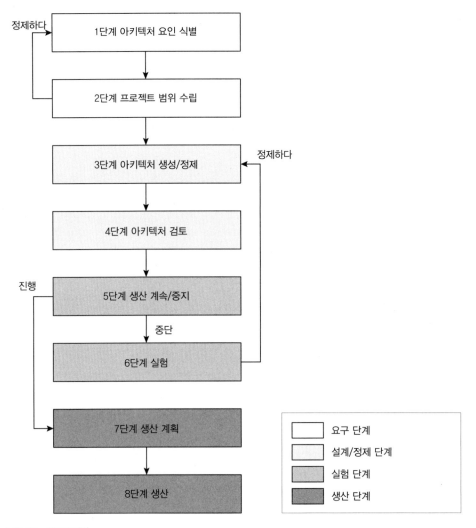

그림 7.3 ACDM 단계

3단계는 설계에 중점을 둔다. 초기 아키텍처 설계가 생성되고 정제된다. 새로운 시스템에는 이 프로세스의 초기 이터레이션은 "관념적인^notional" 또는 초기 아키텍처의 빠른 생성을 촉진한다. 이 이터레이션 다음에는 먼저 시스템의 컨텍스트를 수립하고, 구조를 만들어내기 위해 반복적인 방법으로 분할^decomposition을 수행한다. ACDM에서 분할은 품질 속성 시나리오와 제약사항에 의해 주도되지만, 기능 요소도 고려된다. 이후 이터레이션에서는 아키텍처 검토(4단계)에서 다루지 않은 이슈가 입력으로 사용된다. ACDM은 패턴을 사용하여 분할을 지원하고, 프로세스 동안에 하나 이상의 여러 관점^perspective(정적, 동적)을 사용할 것을 제안한다. 분할이 이루어진 후에는 책임을 요소에 연관시키고 인터페이스가 정의된다.

ACDM은 ADD보다 범위가 크다. 8단계로 전체 아키텍처 개발 라이프라이클(요구, 설계, 평가, 문서화)을 모두 다룬다. ACDM 3단계가 ADD에 해당한다. 그러나 ACDM은 이 중요한 단계를 수행한 방법에 관하여 ADD보다 덜 상세한 가이드를 제공한다. 그러나 ADD와 ACDM을 함께 사용할 수 있다. 그렇게 하려면 단순히 ACDM 3단계에 직접 ADD를 사용하면 된다.

7.3 RUP 아키텍처 활동

RUP^Rational Unified Process는 10년 이상 동안 인기 있는 소프트웨어 개발 프로세스 프레임워크다. 프레임워크는 방대하며, 우리가 검토한 버전(7.0.1)은 두 가지 종류가 있다. 대규모 프로젝트를 위한 것(여기서 논의하는 것)과 작은 프로젝트를 위한 것이다. RUP에서 모든 프로젝트는 반복적으로 개발되며, 4개의 순차적인 단계에 걸쳐 이터레이션이 수행된다.

- **도입**^inception: 이 단계에서 프로젝트를 인식하고 타당성을 평가한다.
- **정제**^elaboration: 이 단계에서 프로젝트를 성공적으로 수행하기 위해 필요한 많은 관점이 처리된다. 이들 관점 중 하나가 아키텍처를 설계하는 것이다.
- **구축**^construction: 이 단계에서 시스템이 반복적으로 구축된다.
- **전이**^transition: 이 단계에서 완료된 시스템이 개발 환경에서 최종 사용자 환경으로 전이된다.

RUP에서 아키텍처가 시스템 생성의 기본적인 관점이며, 다른 단계 특히, 도입과 정제 단계에 걸쳐 있는 활동들이 아키텍처와 관련된다. 도입 단계에서 RUP는 "아키텍처 통합 수행"이란 활동을 정의하며, 이것의 목적은 아키텍처 개념 증명을 구축하고 평가하여 시스템의 타당성을 증명하는 것이다. 이 활동은 시스템 컨텍스트를 정의하고, 아키텍처 분석(실제로는 후보 아키텍처 정의라고 함)을 수행하며, 아키텍처 개념 증명(프로토 타입)을 구축하고, 개념 증명의 가능성을 평가하는 것과 같은 작업을 포함한다.

정제 단계는 소프트웨어 아키텍처와 관련된 두 가지 활동을 포함한다.

- **후보 아키텍처 정의**. 이 활동에서는 소프트웨어 아키텍처의 초기 스케치를 생성한다. 여기에는 아키텍처적으로 중요한 요소를 정의하며, 분석 메커니즘의 집합을 식별하고, 시스템의 초기 레이어와 구조를 정의하며, 현재 이터레이션의 유스케이스 실현use-case realization을 정의하는 것이 포함된다. 핵심 작업은 아키텍처 분석과 유스케이스 분석을 수행하는 것이다. 다른 작업으로는 운영 분석과 보안 패턴 분석을 식별하는 것이 포함된다.

- **아키텍처 정의**. 이 활동은 이터레이션의 아키텍처를 완료하는 것에 집중된다. 여기에서는 분석 요소에서 설계 요소를 식별하고, 분석 메커니즘에서 설계 메터니즘을 식별함으로써 분석 활동으로부터 설계 활동으로 전이하는 것이 포함된다. 이와 함께 설계와 구현 사이의 전이를 촉진하는 구현 모델과 함께, 런타임 및 배포 아키텍처가 서술된다. 이것을 달성하기 위해 RUP는 설계 메커니즘 식별, 설계 요소 식별, 운영 분석 수행, 기존 설계 요소 포함, 구현 모델 구조화 및 런타임 아키텍처 서술, 분산 서술, 아키텍처 검토 등의 작업을 수행할 것을 제안한다.

RUP는 아키텍처 개발에 대한 방대하고 상세한 프로세스를 제공한다. 또한 분석과 설계 , 구현 관점 사이를 명확하게 구분한다. 초기에 아키텍처는 분석 작업에서 개념적인 형식으로 설계된다. 그 다음에 설계와 구현 작업에서 구체화된다. 예를 들어, 초기에 지속성과 같은 분석 메커니즘이 식별될 수 있다. 이것은 DBMS와 같은 설계 메커니즘으로 정제되고, 나중에 특정한 Oracle이나 MySQL 데이터베이스와 같은 구현 메커니즘으로 정제된다.

RUP에서 프로세스는 본질적으로 반복적이다. 도입과 정제 단계에 정의된 아키텍처 활동의 여러 이터레이션이 수행된다. RUP에 정의된 프로세스의 좋은 점은 시스템 컨텍스트를 정의하고 논리적이며 물리적인 방식으로 모두 시스템의 초기 구조를 수립하는 것과 같은 아키텍처 관심사와 관련된 상세한 가이드를 제공한다는 것이다. 또한 RUP에서 아키텍처 프로세스는 유스케이스에 강력하게 집중한다. 품질 속성도 언급되지만("보충 요구"와 같이), 유스케이스 만큼 아키텍처 설계 프로세스를 주도하지는 않는다. 또한 이 프로세스는 실행할 수 있는 아키텍처 프로토 타입의 생성을 명확하게 고려한다.

RUP에서 아키텍처 프로세스가 포괄적이라고 하더라도 설계를 수행하는 구체적인 단계라는 관점에서는 ADD만큼 상세한 것을 제공하지 못한다. 이런 점에서 ADD와 RUP는 보완적인 방법론으로서 볼 수 있으며, ADD는 RUP에 통합될 수 있다(QAW, ATAM, CBAM과 같은 다른 상세한 아키텍처 기반 메서드와 마찬가지로).

7.4 소프트웨어 아키텍팅 프로세스

IBM 아키텍트인 피터 일스[Peter Eeles]와 피터 크립스[Peter Cripps]는 『The Process of Software Architecting』에서 자신들이 아키텍처를 접근하는 방법을 설명한다. 이들의 프로세스는 전체 아키텍처 라이프사이클을 다루며, 소프트웨어 개발 방법론에 독립적이다. 그러나 이 책은 RUP와 함께 사용하는 몇 가지 참조를 제공한다.

일스와 크립스가 설명한 프로세스는 3개의 중요한 활동으로 구성된다. "요구 정의", "논리 아키텍처 생성", "물리 아키텍처 생성"이다. 마지막 두 활동이 아키텍처 설계가 수행되는 곳이다. 저자에 따르면 논리 아키텍처[logical archaitecture]는 "요구에서 솔루션으로 가는 디딤돌(주로 기술-독립적인 방식으로 아키텍처를 고려하는 첫 번째 단계)이다. 반면에 물리 아키텍처[physical architeture]는 좀 더 특정하다(그리고 기술이 고려된다)." 논리 아키텍처와 물리 아키텍처의 생성은 같은 작업(그림 7.4 참조)으로 구성된다. 그러나 당연하지만 물리 아키텍처 생성에서는 물리적인 관점에 집중한다.

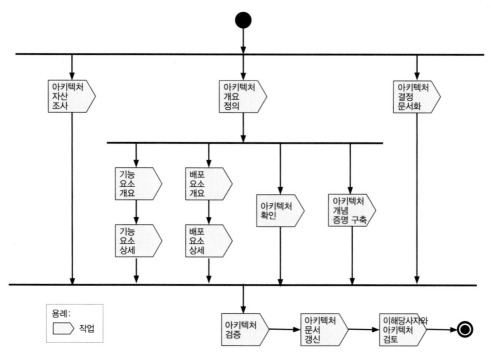

그림 7.4 "논리 아키텍처 생성"과 "물리 아키텍처 생성" 활동 작업

이 프로세스는 다른 유형의 아키텍트, 즉 수석, 애플리케이션, 인프라스트럭처, 데이터 아키텍트의 존재를 인정한다. 또한 "개요" 작업과 "상세" 작업을 구분한다. 개요 작업은 가장 중요한 아키텍처 요소와 관련되며, 수석 아키텍트가 담당한다. 상세 작업은 더 중요한 요소와 관련되며, 작업에 따라서 다른 아키텍트가 담당한다. 예를 들어, 개요 작업에서는 서브 시스템과 컴포넌트를 다루지만, 상세 작업은 이터페이스와 오퍼레이션 시그너처를 다룬다.

또한 Eeles와 Cripps가 설명한 방법론은 두 가지 다른 모델을 강조한다. (1) 기능 모델 functional model은 책임과 관계를 갖는 컴포넌트와 요구된 기능을 전달하기 위한 이들의 협업으로 구성된다. 그리고 (2) 배포 모델deployment model은 노드와 이들 사이의 커뮤니케이션 링크, 그리고 노드에 배포되는 컴포넌트의 설정을 보여준다. 기능 및 품질 속성 요구가 모두 기능 및 배포 모델에 영향을 준다. 우리는 자신들이 시스템 품질을 달성하기 위해 협업하는 동료로서 소프트웨어와 하드웨어를 다루는 "시스템 엔지니어링 철학"을 채택했다.

다음 목록은 설계와 관련된 논리 및 물리 아키텍처 생성 활동에서의 작업 목적을 요약한다. 작업의 최우선 책임을 갖는 역할은 괄호 안에 표시되어 있다. 다른 아키텍트 유형은 보조 역할을 할 수 있다.

- **아키텍처 자산 조사**(수석 아키텍트): 개발 중인 시스템에 적용될 수 있는 재사용할 수 있는 아키텍처 자산을 식별한다.
- **아키텍처 개요 정의**(수석 아키텍트): 기능 및 배포 관점에서 개발 중인 시스템의 주요 요소를 식별하고 서술한다.
- **아키텍처 결정 문서화**(수석 아키텍트): 아키텍처를 형성하는 데 이루어진 주요 결정과 이들 뒤에 있는 근거를 잡아낸다. 이 단계는 옵션 평가와 선호하는 옵션 선택을 포함한다.
- **기능 요소 개요**(애플리케이션 아키텍트): 개발 중인 시스템의 주요 기능 요소(서브 시스템과 컴포넌트)를 식별한다.
- **배포 요소 개요**(인프라스트럭처 아키텍트): 개발 중인 시스템에 배포될 위치와 각 위치 내의 노드를 식별한다.
- **아키텍처 확인**(수석 아키텍트): 아키텍처 작업 산출물이 일관적인지 확인하고, 아키텍처 작업 산출물을 횡단하는 관심사가 일관적으로 해결되었는지를 확인한다.
- **아키텍처 개념 증명 구축**(수석 아키텍트): 아키텍처적으로 중요한 요구를 만족시키는 적어도 하나의 솔루션(개념적일 수 있음)을 통합하고, 아키텍트가 예상한 대로의 솔루션이 존재하는지 여부를 결정한다.
- **기능 요소 상세**(애플리케이션 아키텍트): 상세 설계에 넘겨줄 수 있을 정도로 기능 요소를 정제한다. 여기에는 시퀀스 다이어그램을 사용하여 상세한 방식(즉, 오퍼레이션 시그너처, 사전 및 사후 조건)으로 컴포넌트 인터페이스를 정의하는 것이 포함된다.
- **배포 요소 상세**(인프라스트럭처 아키텍트): 상세 설계에 넘겨줄 수 있을 정도로 배포 요소를 정제한다. 여기에는 컴포넌트를 노드에 할당하는 것과 노드와 위치 사이의 연결을 정의하는 것이 포함된다.

RUP와 유사하게 The Process of Software Architecting은 프레임워크이며, 작업하고 있는 프로젝트의 유형에 따라서 조정될 필요가 있다. 예를 들어, 수립해야 할 논리 아키텍처 양이 다를 수 있다. 실제로 일부 경우에서 설계되는 시스템이 기존 것과 유사하다면 논리 아키텍처를 생성하지 않을 수도 있다. 또한 정제 단계는 논리 아키텍처를 강조하지만, 구축 단계는 물리적인 아키텍처를 강조한다. 마지막으로 논리 및 물리 아키텍처는 순서대로 생성할 필요가 없다. 프로세스는 일부 기술 선택이 초기에 이루어질 수 있다는 것을 인정한다.

The Process of Software Architecting은 포괄적인 프레임워크이며, 이 책에서 다른 작업을 수행하는 방법에 관한 상세한 예제를 제공한다. 논리/물리 아키텍처를 생성하는 것과 관련된 작업은 3.3절에서 논의한 로드맵과 결합된 ADD의 단계와 유사하다. 그러나 The Process of Software Architecting은 특정한 시나리오에 의한 이터레이션을 가이드 하는 것을 덜 강조하며, 실제로 설계 결정을 하는 방법에 대한 가이드를 별로 제공하지 않는다.

7.5 아키텍처와 설계 기법

『Application Architecture Gudie, 2판』에서 마이크로소프트는 아키텍처를 스케칭하는 기겁을 제안한다. 이 기법은 반복적으로 수행되는 5단계로 구성된다(그림 7.5).

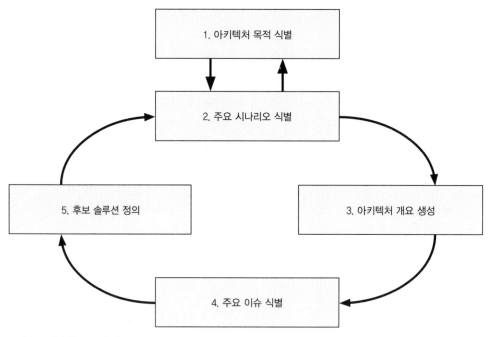

그림 7.5 아키텍츠와 설계 기법의 반복적인 단계

1. 아키텍처 목적 식별: 이들 목표와 제약사항은 설계 프로세스를 형성하며, 범위를 제공하고 언제 완료되는지를 결정하는 것을 도와준다. 예로는 프로토 타입 구축과 기술 탐험, 아키텍처 개발이 포함된다. 또한 이 시점에서 아키텍처의 소비자가 식별되고, 설계 활동에 할당되는 범위와 시간, 리소스가 수립된다.

2. 주요 시나리오 식별: 핵심 시나리오가 이슈와 아키텍처적으로 중요한 유스케이스, 품질 속성과 기능 사이의 교차점, 또는 품질 속성 사이의 트레이드오프를 표현한다.

3. 아키텍처 개요 생성: 이 단계에서는 애플리케이션이 완료될 때의 모습에 관한 개요를 생성한다. 프로세스는 이 단계 끝에 "화이트보드" 아키텍처 생성(즉, 아키텍처의 비공식적인 표현을 생성하는 것)을 제안한다. 이 단계는 다음 활동들로 나뉘어진다.

    (ㄱ) 애플리케이션 유형 결정: 참조 아키텍처를 선택한다

    (ㄴ) 배포 제약사항 식별: 배포 토폴로지를 선택한다

    (ㄷ) 중요한 아키텍처 설계 스타일 식별

    (ㄹ) 적절한 기술 결정: 애플리케이션 유형과 제약사항을 기반으로 함

4. 주요 이슈 식별: 주요 이슈는 품질 속성과 횡단 관심사로 그룹핑된다. 횡단 관심사 crosscutting concern는 모든 레이어와 컴포넌트, 티어에 걸쳐 적용되는 설계의 특징으로, 다음과 같은 예가 포함된다.

    (ㄱ) 인증authentication과 권한authorization

    (ㄴ) 캐싱caching

    (ㄷ) 커뮤니케이션communication

    (ㄹ) 설정 관리configuration management (설정되어야 하는 정보)

    (ㅁ) 예외 관리exception management

    (ㅂ) 로깅logging과 인스트루멘테이션instrumentation

    (ㅅ) 검증validation (입력 데이터)

5. 후보 솔루션 정의: 후보 아키텍처는 애플리케이션 타입과 배포 아키텍처, 아키텍처 스타일, 기술 선택, 품질 속성, 횡단 관심사가 포함된다. 후보 아키텍처가 요구와 이슈를 충족한다면 기준 아키텍처baseline architecture가 되어 이후 이터레이션에서 정제된다.

이들 5개 주요 단계 외에도, 마이크로소프트 팀이 논의한 기법은 아키텍처 검토를 수행하는 것과 설계를 표현하고 의사소통하는 것이다. 이 기법은 특정한 개발 프로세스에 독립적이며, 애자일 프로세스를 사용할 때 이터레이션이 아키텍처와 개발 활동에 결합되어야 한다는 것을 제안하기만 한다.

마이크로소프트 팀이 제시한 기법은 아주 상세하지 않으며, 이 기법에 대한 논의는 마이크로소프트 책의 작은 부분이다. 이 책의 나머지는 웹, 리치 클라이언트, 리치 인터넷, 모바일 애플리케이션을 포함하는 다른 유형의 애플리케이션에 대해 고려되어야 하는 사항의 실용적이며 상세한 정보를 제공한다. 예를 들어 비즈니스 레이어 설계의 특정한 관점을 한 장에 할애하고 있다. 많은 정보가 기술에 구애받지 않지만, 마이크로소프트는 이 프로세스에서 자신의 기술이 사용되는 방법을 보여주는 탁월한 작업을 하고 있다. 이와 함께 일련의 참조 아키텍처를 위해 해결되어야 하는 관심사의 광범위한 논의를 제공한다.

이 기법은 목적 자체는 ADD와 유사하지만, 실제 설계 단계를 수행하는 방법에 관련된 상세한 부분에서는 다르다. ADD가 대안으로서 사용될 수 있지만, 설계 동안에 해결할 필요가 있는 많은 특정한 아키텍처 관심사를 식별하고, 특히 이 책에서 논의된 애플리케이션의 유형 중에 하나를 설계하고자 한다면 제공되는 모든 실제적인 충고를 활용하기 위해 마이크로소프트의 책을 가까이 두는 것이 좋다. 마이크로소프트의 책에 제시된 아이디어는 이 책의 여러 관점을 생성할 때 우리에게 영감을 준다.

7.6 시점과 관점 방법론

시점과 관점[1] 방법론은 닉 로잔스키와 오언 우즈의 『소프트웨어 시스템 아키텍처, 2판』(에이콘, 2015)에서 설명한다. 이 책의 제목에서 강조한 것처럼 두 가지 중요한 개념은 시점viewpoint과 관점perspective으로, 저자들은 다음과 같이 정의한다.

- 시점viewpoint은 하나의 뷰 유형을 구성하기 위한 패턴과 템플릿, 관습의 집합이다. 관심사가 시점에 반영되는 이해당사자와 이 뷰를 구성하기 위한 가이드라인과 원칙, 템플릿 모델을 정의한다. 기능functional, 정보information, 동시성cocurrency, 개발development, 배포deployment, 운영operational 시점이 정의된다.

---

1 시점과 관점을 포함한 이절의 다른 용어는 번역서에서 사용한 용어를 따랐다. 우리 책의 번역과 약간의 상이점이 있지만 이해할 수 있는 정도도. – 옮긴이

- 아키텍처 관점perspective은 시스템의 아키텍처 뷰에 걸쳐 고려되어야 하는 품질 속성의 집합을 시스템이 노출하게 하는 활동과 전술, 가이드라인의 컬렉션이다. 로잔스키와 우즈의 책에서 다루는 최우선 관점은 보안security과 성능performance 및 확장성scalability, 가용성availability 및 복원성resilence, 진화성evolution이다.

관점은 시점과 직교적orgthogonal이다. 특정한 관점이 다른 시점에 걸쳐 적용될 수 있기 때문이다. 예를 들어 보안 관점은 기능, 정보, 운영 시점과 관련된다.

아키텍처는 그림 7.6에 있는 아키텍처 정의 프로세스로 수립된다. 이 프로세스 단계의 개요는 다음과 같다.

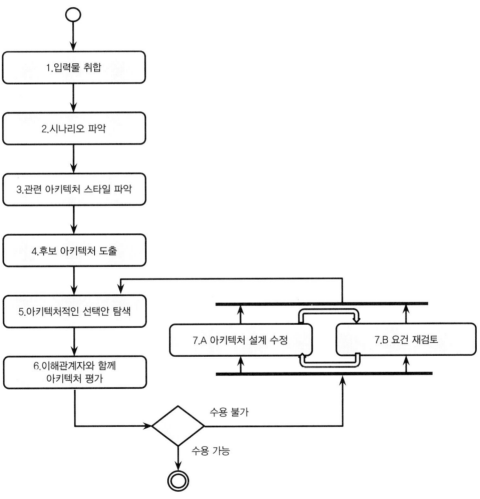

그림 7.6 시점과 관점 방법론 단계

1. 입력물 취합: 기본 입력물을 이해, 검증, 정제하기

2. 시나리오 파악: 시스템에서 가장 중요한 요건을 묘사해주는 시나리오 집합을 파악하기

3. 관련 아키텍처 스타일 파악: 시스템의 전반적인 구조를 잡는 데 있어 기초로 삼을 만한 검증된 아키텍처 스타일을 하나 이상 파악하기

4. 후보 아키텍처 도출: 시스템의 1차적인 아키텍처 관심사항을 반영하고 그 밖의 아키텍처 평가와 정제의 기초 역할을 할 초기 아키텍처를 수립하기

5. 아키텍처적인 선택안 탐색: 시스템에 대한 아키텍처적 가능성을 살펴보고 그중에서 선택해 핵심적인 아키텍처 결정을 내리기

6. 이해관계자와 함께 아키텍처 평가: 핵심 이해관계자와 함께 아키텍처 평가 작업을 진행하고, 문제나 결함이 있으면 발견해내며, 이해관계자로 하여금 아키텍처를 수용토록 하기

7. 이 시점에서 두 단계가 병렬로 수행된다.

    A. 아키텍처 설계 수정: 아키텍처 평가 작업 과정에서 제기된 관심사항을 처리한다.

    B. 요건 재검토: 시스템에 부과된 애초의 요건에 대해 아키텍처 평가라는 입장에 서서 어떤 변화가 있는지 고려한다.

이 방법론은 아키텍처 스타일에서(또는 적어도 기반으로 하여) 획득되는 후보 아키텍처의 생성을 제안한다. 이 후보 아키텍처는 일련의 이터레이션을 통해 평가가 수행된 후에 수용될 수 있을 때까지 더욱 정제된다.

ADD와 비교하면 이 방법론은 4단계와 5단계를 수행하는 방법에 관한 단계별 가이드를 제공하지 않는다. 그러나 이 접근 방법의 하나의 이점은 6개의 시점이 우리 접근 방법의 일반 아키텍처 관심사와 관련될 수 있다는 것이다. 게다가 전술과 관점은 연관되며, 다른 시점에 걸쳐 관점을 정의한다는 아이디어는 가치가 있는 것으로 시나리오 기반 접근 방법의 보완이 될 수 있다. 예를 들어, 요인 목록에서 하나의 보안 시나리오만 있다면 이 특정한 시나리오를 지원하는 하나의 요소만 고려할 수 있다. 그러나 보안 관점을 생각하는 것은 특정한 시나리오에 직접적으로 관련되지는 않지만, 배포나 운영과 같은 다른 관심 영역에 걸쳐 흘러가는 보안에 관련된 설계 결정을 하는 데 유용할 수 있다.

7.7 요약

이 장에서 우리는 몇 개의 설계 방법론을 검토하고 ADD와 비교했다. 여러분이 볼 수 있는 것처럼, 선택할 수 있는 여러 방법론이 있다. 따라서 이들 선택안들 대신에 또는 추가하여 ADD를 왜 사용해야 하는가? 아주 간단하게 말하자면 ADD는 단계가 좀 더 구체적이고 특정하며, 아키텍처 설계 활동을 수행하기 위한 가이드가 된다. 지금까지 이 책을 읽었다면 이제 여러분은 그것을 확신할 수 있을 것이다.

ADD는 특히 설계에 집중하며, 그렇기 때문에 (포부를 가진) 아키텍트에게 좀 더 상세한 가이드를 제공한다. 이것은 ADD의 약점이 아니다. 아키텍처 라이프사이클의 다른 단계에서 많은 다른 방법론이 여러분을 가이드할 수 있다. 예를 들어, 아키텍처 요구를 도출하고 우선순위를 결정하는데 QAW를 사용할 수 있으며, 아키텍처를 분석하는 데 ATAM을, 그리고 아키텍처를 문서화하는데 뷰와 그 너머^{Views and Beyond} 기법을 사용할 수 있다. 이 책의 여러 부분에서 이들 방법론이 ADD와 무리없이 통합될 수 있는 방법을 설명한다.

이 자리에서 ADD 3.0은 이 장에서 설명한 모든 접근 방법에서 빌려오고, 이점을 가져왔으며, 이에 대해 감사드린다.

7.8 더 읽을거리

이번 장에서 논의한 아키텍처 설계 방법론의 출처는 다음과 같다.

- P. Eeles, P. Cripps. The Process of Software Architecting. Addison-Wesley Professional, 2009.

- Hofmeister, P. Kruchten, R. Nord, H. Obbink, A. Ran, P. America. "A General Model of Software Architecture Design Derived from Five Industrial Approaches", Journal of Systems and Software, 80:106-126, 2007.

- Lattanze. Architecting Software Intensive Systems: A Practitioner's Guide. CRC Press, 2009.

- P. Kruchten. The Rational Unified P ocess: An Introduction, 3rd ed., Addison-Wesley, 2003.

- Microsoft, Application Architecture Guide, 2nd ed. Microsoft Press, 2009.
- N. Rozanski, E. Woods. Software Systems Architecture. Addison Wesley, 2005.[2]

8장

설계 프로세스에서의 분석

이 책은 아키텍처 설계에 중점을 두지만, 우리는 항상 설계와 분석은 동전의 양면이라고 믿는다. 설계는 결정하는 과정이고, 분석은 이들 결정을 이해하는 과정이다. 따라서 설계는 평가될 수 있다. 이러한 친밀한 관계를 반영하기 위해 이제 우리는 설계 프로세스 동안에 아키텍처 결정을 왜, 언제, 그리고 어떻게 분석하는가에 관심을 돌리기로 한다. 우리는 다양한 분석 기법을 살펴보고, 이들을 언제 수행할지를 논의하며, 이들 비용과 이점에 대해 살펴보기로 한다.

8.1 분석과 설계

분석analysis은 복잡한 실체를 그것을 이해하는 수단으로서 구성 부분으로 분해하는 과정이다. 분석의 반대편에는 통합synthesis이 있다. 따라서 분석과 설계는 밀접하게 관련된 활동이다. 설계 프로세스 동안에 분석 활동은 여러 관점에서 말할 수 있다.

- 솔루션을 설계하려고 하는 문제를 이해하기 위해 설계 프로세스의 입력물을 연구하는 것: 이것은 3.2.2절에서 논의한 것과 같은 요인에 우선순위를 주는 것을 포함한다. 이러한 분석 유형은 ADD 1단계와 2단계에서 수행된다.

- 가장 적절한 것을 선택할 수 있도록 설계 문제를 해결하기 위해 식별한 대안 설계 개념을 연구하여 것: 이 상황에서 분석은 선택에 대한 구체적인 증거를 제공하게 한다. 이 활동은 ADD의 4단계에서 수행되며 3.2.4절에서 논의했다.

- 설계 프로세스(또는 이터레이션) 동안에 이루어진 결정이 적절하다고 확인하는 것: 이것은 ADD 7단계에서 수행한 분석 유형이다.

아키텍처를 설계할 때 여러분이 한 결정은 품질 속성 응답을 달성하는 데 중요할 뿐만 아니라, 이들 결정이 시스템의 많은 부분에 영향을 미칠 수 있기 때문에 나중에 이것을 수정하는데 관련된 비용이 종종 중요할 수 있다. 이러한 이유로 설계 프로세스 동안에 분석을 수행하여 문제가 식별되고 가능한 한 계량화되고 빨리 수정하는 것이 필요하다. 기억하라. 너무 자신감을 갖고 직관에 의존하는 것이 최선의 아이디어가 아닐 수 있다("'나는 믿어요'로는 충분하지 않다" 참고 박스 참조). 다행히 우리가 지금까지 제시한 추천을 따른다면 여러분 스스로 또는 동료의 도움을 받아서 설계 프로세스를 수행할 때 생성했던 예비 스케치와 뷰를 사용하여 분석을 수행할 수 있어야만 한다.

'나는 믿어요'로는 충분하지 않다

여러분이 아키텍처 설계하는 체계적인 접근 방법을 따르고 잘 정립된 출처에서 설계 개념을 사용한다고 하더라도, 그리고 구조를 표현하는 보기 좋은 다이어그램을 갖고 있다고 하더라도, 여러분이 결정한 것이 실제로 특정한 품질 속성 시나리오를 만족시킬 것이라는 것을 실제로 보장할 수 있는 것은 아무 것도 없다. 어떤 품질 속성은 시스템의 성공에 중요하다. 특히 이들을 결정할 때는 '나는 믿어요'라는 근거가 충분하지 않을 수 있다. 소프트웨어 아키텍트로서 역할을 수행하는 것에 관한 연구에서 대부분의 사람들이 설계 결정을 할 때 "적당한" 접근 방법을 따른다(즉, 필요를 충족시킬 것 같은 첫 번째 결정을 채택한다)고 한다. 보통 이들 모두 자신의 (필연적으로 제한된) 경험을 기반으로 하는 직관성, 즉 자신의 믿음 외에는 이러한 결정을 입증할 만한 아무런 근거가 없다. 따라서 중요한 결정은 자주 불충분한 추론 후에 이루어지며, 이것이 시스템에 리스크를 추가할 수 있다.

시스템에 중요한 요인에 대하여 여러분 스스로, 그리고 여러분의 조직이 분석과 이력에 의존하거나 한 두 개의 피상적인 테스트를 수행하여 요인을 만족시킨다는 것을 확인함으로써 직관성을 신뢰하기보다는 좀 더 상세한 분석을 수행하도록 해야 한다. 다음 선택은 여러분의 분석을 깊이 있게 하여 결정에 대한 근거를 지원할 것이다.

- 분석적 모델(analytic model): 이들 잘 수립된 수학적 모델은 성능이나 가용성과 같은 품질 속성을 연구할 수 있게 한다. 여기에는 Markov와 가용성 통계 모델, 성능에 대한 큐잉 및 실시간 스케줄링 이론이 해당된다. 분석적 모델은(특히 성능을 해결하는 것) 상당히 성숙되어 있지만, 적절하게 사용할 수 있기 위해서는 많은 교육과 훈련이 필요하다.

- 체크리스트(checklist): 체크리스트는 고려되어야 할 일정한 결정이 누락되지 않았다는 것을 체계적인 방법으로 확인할 수 있게 한다. 체크리스트는 공개 도메인에서 특정한 품질 속성에 사용될 수 있다. 예를 들어, OWASP 체크리스트는 웹 애플리케이션의 블랙박스 보안 테스팅을 수행할 때 가이드가 될 수 있다. 또한 여러분의 조직이 개발 중인 애플리케이션 도메인에 특정한 독자적인 체크리스트를 개발할 수도 있다. 우리가 잠시 후에 논의하게 될 전술 기반 설문서는 가장 중요한 품질 속성에 대한 전술의 사용을 기반으로 한 체크리스트의 한 유형이다.

- 사고 실험(thought experiment), 투영 질문(reflective question), 대략 분석(back-of-the-envelope analysis): 사고 실험은 중요한 시나리오에서 잠재적인 문제를 식별해내기 위해 연구하는 소규모 설계자 그룹이 수행하는 비공식적인 분석이다. 예를 들어, ADD 5단계에서 산출한 시퀀스 다이어그램을 사용하여, 동료와 함께 다이어그램에 모델링된 시나리오를 지원하는 객체의 상호작용의 워크스루(walk-through)를 수행한다. 투영 질문(8.5절에서 깊이 있게 논의됨)은 의사 결정 프로세스에 포함된 가정에 의의를 제기하는 질문이다. 대략 분석은 분석적 모델보다는 덜 정확하게 대충 계산을 하지만 빠르게 수행될 수 있다. 이들 계산은 보통 다른 시스템이나 이전 경험과의 유사성을 기반으로 하며, 바람직한 품질 속성 반응에 대한 근사치 산정값을 얻는데 유용하다. 예를 들어, 파이프라인에서 일련의 프로세스의 지연 시간의 합을 구해서 종단 지연 시간을 대충적인 산정값을 도출할 수 있다.

- 프로토 타입(prototype), 시뮬레이션(simulation), 실험(experiment): 특정한 설계 결정이 적절한 지, 또는 다른 것에 대하여 하나의 특정한 기술을 선택해야 하는지를 정확하게 이해하기 위해서는 때로는 설계를 분석하기 위한 순수하게 개념적인 기법은 부적절하다. 이런 상황에서 프로토 타입, 시뮬레이션 또는 실험의 생성은 더 나은 이해를 얻을 수 있는 말할 수 없이 귀중한 선택이 될 수 있다. 예를 들어, 앞에서 설명한 지연 시간의 대략적인 산정에서 여러 프로세스가 같은 리소스를 공유하고 있다(따라서 경쟁한다)는 것을 고려하지 않았을 수도 있다. 따라서 단순히 개별적인 지연 시간을 합한 것으로 정확한 결과를 얻는 것을 기대할 수는 없다. 프로토 타입과 시뮬레이션은 시스템 역학에 대한 더 깊은 이해를 제공하지만, 상당한 노력이 필요하므로 프로젝트 계획 시에 고려되어야만 한다.

항상 그렇듯이, 이들 기법 중 어느 것도 본질적으로 다른 것보다 더 좋은 것은 아니다. 사고 실험과 대략 계산은 비용이 많이 들지 않기 때문에 설계 프로세스 초기에 수행될 수 있다. 그러나 이들의 유효성은 의문의 여지가 있다. 프로토 타입, 시뮬레이션, 실험은 보통 훨씬 더 신뢰성이 높은 결과를 산출하지만, 훨씬 비용이 많이 든다. 어떤 기법을 사용할 것인가의 선택은 컨텍스트와 관련된 리스크, 그리고 품질 속성의 우선순위에 달려 있다.

그렇다고 하더라도, 이들 기법 중 어느 것이라도 적용하는 것이 (나의 설계가 적절하다고) "나는 믿어요'로부터 문서화된 증거와 논증으로 뒷받침되는 접근 방법으로 가는 것을 도와줄 것이다.

8.2 왜 분석하는가?

분석과 설계는 동전의 양면이다. 설계는 결정하는 것(과정)이다. 분석은 이들 결정의 결과(비용, 일정 및 품질이란 관점에서)를 이해하는 것(과정)이다. 어떤 지각있는 아키텍트라도 먼저 그 결정이 함축하고 있는 것을 이해하려고 하지 않는다면 어떤 결정이라도, 또는 최소한 어떤 중대한 결정도 할 수 없을 것이다. 그것이 단기 효과일 수도 있고, 장기적인 결과일 수도 있다. 물론 아키텍트는 대규모 프로젝트를 설계하는 과정에서 수천 개의 결정을 한다. 그리고 이들 모두가 명확하게 중요한 것은 아니다. 게다가 중요한 모든 결정이 품질 속성을 갖고 있는 것도 아니다. 어떤 것은 어떤 벤더를 선택하는가를 다루는 것일 수도 있고, 어떤 코딩 관습을 따르는가, 또는 어떤 프로그래머를 고용 또는 해고해야 하는가, 어떤 IDE를 사용해야 하는가 하는 것일 수도 있다. 이들이 모두 중요한 결정이기는 하지만 품질 속성 결과와는 직접 연결되지 않는다.

물론 이들 결정 중 어떤 것은 품질 속성의 달성에 영향을 미칠 것이다. 아키텍트가 시스템을 레이어나 모듈, 또는 둘 다로 분할할 때 이 결정은 어떤 변경이 코드 베이스를 통하여 어떻게 파문을 일으키는가, 피처를 추가하거나 버그를 고칠 때 누가 누구에게 이야기해야 하나, 개발의 일부분을 배포하거나 아웃소싱하는 것이 얼마나 쉽거나 어려운가, 다른 플랫폼에 소프트웨어를 포팅하는 것이 얼마나 쉬운가 등에 영향을 미칠 것이다. 아키텍트가 분산 리소스 관리 시스템을 선택할 때 어떤 서비스가 마스터이고, 어떤 것이 슬레이브인지를 결정하는 방법, 실패를 탐지하는 방법, 리소스 기아 상태를 탐지하는 방법은 모두 시스템의 가용성에 영향을 미칠 것이다.

그러면 설계 프로세스 동안에 언제 왜 분석을 할까? 먼저, 우리는 할 수 있기 때문에 분석한다. 아키텍처 명세는 단순히 화이트보드 스케치이든, 좀 더 공식적으로 문서화되거나 유통되는 것이든 통찰력을 품질 속성에 쏟아 붓는 분석을 지원하는 첫 번째 산출물이다. 그렇다. 우리는 요구를 분석할 수 있지만, 주로 일관성과 완료성에 대해 분석한다. 이들 요구를 설계 결정으로 야기되는 구조로 번역할 때까지 이들 결정의 실제적인 결과와 비용 및 효과, 이들 사이의 트레이드오프에 관해 별로 이야기하지 않을 것이다.

두 번째로, 그리고 좀 더 정확히 말하자면, 분석이 결정을 알려주고 위험을 관리하는 분별력 있는 방법이기 때문에 분석한다. 어떤 위험도 없는 설계는 없지만, 우리가 떠안은 위험이 이해당사자의 기대치와 허용치에 적합하다는 것을 확인하기를 원한다. 은행 애플리케이션이나 군대 애플리케이션에서 이해당사자는 낮은 수준의 위험을 요구할 것이며, 더 높은 보증 수준에 따라서 기꺼이 지불할 준비가 되어 있어야 한다. 스타트업 회사의 경우에는 시장 적시성이 핵심이며 예산이 빠듯하기 때문에 더 높은 수준의 위험을 받아들일 준비가 되어 있을 것이다. 소프트웨어 엔지니어링에서 모든 중요한 결정과 마찬가지로 대답은 명확하다. 경우에 따라 다르다.

마지막으로 분석은 평가의 핵심이다. 평가는 어떤 것의 가치를 결정하는 과정이다. 회사는 주가를 결정하기 위해 평가된다. 회사의 직원은 급여를 결정하기 위해 매년 평가된다. 각 경우에서 회사나 직원의 속성의 분석 위에서 평가가 구축된다.

8.3 분석 기법

프로젝트마다 위험에 대한 다른 반응을 요구할 것이다. 다행스럽게도 아키텍트로서 우리는 아키텍처를 분석하는 데 사용할 수 있는 광범위하게 다양한 도구가 있다. 조금만 계획한다면 예산과 일정 제약사항을 모두 충족하면서 합리적인 수준의 보증을 제공하는 분석 기법으로 위험에 대처할 수 있다. 여기에서 핵심은 분석이 비용이 많이 들거나 복잡할 필요가 없다는 것이다. 그냥 신중한 질문을 하는 것도 분석의 한 형태이며, 돈이 별로 들지 않는다. 간단한 프로토 타입을 구축하는 것은 조금은 돈이 들지만, 대형 프로젝트에서 이러한 분석 기법은 5장에서 살펴본 바와 같이 위험을 탐색하고 해소시키는 방법으로 추가적인 비용의 가치가 있을 것이다.

이미 광범위하게 사용되고 있는 (비교적 경제적이며, 비교적 의례적이지 않은) 분석 기법의 예로는 설계 검토 및 시나리오 기반 분석, 코드 검토, 짝 프로그래밍, 그리고 스크럼 회고 회의가 있다. 어느 정도 비용은 들지만 많이 사용되는 분석 기법으로는 프로토 타입(쓰고 버리는 것 또는 발전적인 것)과 시뮬레이션이 있다.

비용과 복잡성의 정점에 있다면 시스템의 공식적인 모델을 구축하고, 지연이나 보안성이나 안전성과 같은 속성을 분석할 수 있다. 후보 구현이나 현장 시스템이 있다면 시스템을 시험 가동하고, 실제 사용을 반영하는 시스템의 실행으로부터 이상적으로 데이터를 수집하는 것을 포함하는 실험을 수행할 수 있다.

표 8.1에서 볼 수 있는 바와 같이 일반적으로 소프트웨어 개발 라이프사이클을 따라 진행될 때 이들 기법의 비용은 증가한다. 프로토 타입이나 실험은 체크리스트보다 비용이 많이 들며, 체크리스트는 경험 기반 유추보다 더 비용이 많이 든다. 예상 비용은 분석 결과로 가질 수 있는 신뢰도와 아주 강하게 상관된다. 불행히도 공짜 점심은 없다!

표 8.1 소프트웨어 라이프사이클의 단계별 분석

라이프사이클 단계	분석 형식	비용	신뢰도
요구	경험 기반 유추	낮음	낮음–높음
요구	대략 분석	낮음	낮음–중간
아키텍처	사고 실험/투영 질문	낮음	낮음–중간
아키텍처	체크리스트 기반 분석	낮음	중간
아키텍처	전술 기반 분석	낮음	중간
아키텍처	시나리오 기반 분석	낮음–중간	중간
아키텍처	분석 모델	낮음–중간	중간
아키텍처	시뮬레이션	중간	중간
아키텍처	프로토 타입	중간	중간–높음
구현	실험	중간–높음	중간–높음
현장 시스템	시험 가동	중간–높음	높음

8.4 전술 기반 분석

아키텍처 전술(2.5.4절에서 논의됨)은 지금까지 설계 근원으로서 제시되었다. 그러나 이들 분류의 목적은 품질 속성을 관리하기 위한 아키텍처 설계 기능성의 전체 영역을 다루는 것이기 때문에, 분석에서도 마찬가지로 이들을 사용할 수 있다. 특히 인터뷰나 설문서를 위한 가이드로서 사용할 수도 있다. 이들 인터뷰는 분석가로서 여러분이 어떤 아키텍처 접근 방법을 취할지에 대한 빠른 통찰력을 얻을 수 있도록 도와줄 것이다.

예를 들어, 그림 8.1의 가용성 전술을 생각해보자.

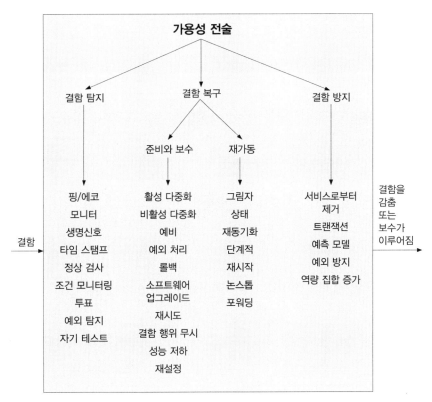

그림 8.1 가용성 전술

이들 각 전술은 고도의 가용성 시스템을 설계하기를 원하는 아키텍트를 위한 설계 선택사항이다. 그러나 이들이 가늠자로서 사용될 때 가용성을 위한 전체 설계 영역의 분류를 표현하며, 따라서 아키텍트가 결정하는 데 통찰력을 얻는 방법이 될 수 있다. 그렇게 하기 위해 우리는 각 전술을 단순히 인터뷰 질문으로 전환했다. 예를 들어, 표 8.2의 전술에 영감으로 받은 가용성 질문의 (부분) 집합을 살펴보자.

표 8.2 전술 기반 가용성 질문 예

전술 그룹	전술 질문	지원 여부(Y/N)	위험	설계 결정과 위치	근거와 가정
결함 탐지	시스템이 핑/에코를 사용하여 컴포넌트나 연결의 실패 또는 네트워크 정체를 탐지하는가?	Y	L	서버는 정기적으로 타임 서버에 핑을 하여 "살아" 있는지 여부를 확인한다.	타임 서버가 생명 신호 접근 방법을 구현하도록 변경할 수 없다.
	시스템의 다른 부분이 생명 상태를 모니터링하는 컴포넌트를 사용하는가?	N	N/A	시스템에 구현되어 있지 않다. 시스템을 모니터링하는 다른 기법을 사용할 것이다. 예를 들어, 메모리나 스비나 프로세스 부하 정보를 운영체제에서 얻을 수 있다.	운영체제가 제공하는 것 이상의 정보가 중요하지 않다고 가정한다.
	시스템은 생명 신호(시스템 모니터와 프로세스 사이의 정기적인 메시지 교환)을 사용하여 컴포넌트나 연결의 실패 또는 네트워크 정체를 탐지하는가?	Y	L	서버가 정기적으로 클라이언트에게 생명 신호를 보낸다.	서버는 클라이언트로부터 들어오는 핑 요청을 처리하지 않는다.
	시스템은 타임 스탬프를 사용하여 분산 시스템에서 부정확한 이벤트 순서를 탐지하는가?	Y	M	서버에서 클라이언트로 본 이벤트는 타임 스탬프를 찾기 때문에, 이들이 수신되는 순서로 처리되어야 만 한다.	클라이언트가 정확한 네트워크 상태의 표현을 표시할 수 있기를 원한다. 여기에는 서버로부터의 모든 통지를 받고 정확한 순서로 이들을 처리하는 것을 포함한다.
	시스템은 투표를 사용하여 복제된 컴포넌트가 같은 결과를 산출하는지 체크하는가? 복제된 컴포넌트는 동일한 복제이거나 기능적 다중화 또는 분석적 다중화일 수 있다.	N	N/A	시스템에 필요하지 않음.	N/A
	시스템은 예외 탐지를 사용하여 정상적인 실행 흐름을 변경하는 시스템의 조건(예를 들어, 시스템 예외, 시스템 예외, 타임, 매개변수 타임아웃)을 탐지하는가?	Y	N	표준 자바 예외 관리가 사용되고, 전체 예외가 로그에 전송된다.	타임아웃은 클라이언트 측에서 요청이 서버에 전송될 때 구현된다. 이 서버의 예외가 타임아웃이 필요한 자바의 예외나 타임아웃 사용이 전부라고 가정한다.

전술 그룹	전술 질문	지원 여부(Y/N)	위험	설계 결정과 위치	근거와 가정
	시스템은 자기 테스트를 수행하여 정확한 작동을 스스로 테스트할 수 있는가?	N	N/A	원래 설계에서 고려되지 않았다.	모니터링과 예외 관리는 정확한 작동을 테스트할 수 있는 충분한 정보를 제공한다고 가정한다.
결함 복구 (준비와 보수)	시스템은 활성 다중화(빠른 예비)를 사용하는가? 활성 다중화가 보호 그룹 (하나 이상의 노드가 "활성화"된 프로세싱 노드의 그룹으로, 보호 그룹 안에 있는 나머지 노드는 다중화 예비가 됨) 안에 있는 입력을 병렬로 동일한 입력을 받아서 처리하고, 예비 노드는 모든 노드와 동기적 상태를 유지하게 한다.	Y	H	활성 다중화는 애플리케이션 서버 메시지 큐에 사용된다.	활성 다중화는 서버 실패로 인해 타임 서버로부터 수집될 필요가 있는 정보를 잃어버릴 가능성을 줄이기 위해 비활성화 접근 방법보다 더 선호된다. 이것은 실제로 QA-3에 수립된 요구를 초과한다. 또한 공통 모드 실패가 없다고 가정한다.
	시스템은 비활성 다중화(준비된 예비)를 사용하는가? 비활성 다중화에서 보호 그룹 안에 있는 단 하나의 활성 멤버만 입력을 처리하는 설정을 가진다. 그들의 임무 중 하나는 예비 멤버에 주기적 상태 갱신을 제공하는 것이다.	N	N/A	활성 다중화가 선호된다.	N/A
	시스템은 롤백을 사용하여 실패가 탐지되자 마자 시스템이 이전의 안정적인 상태("롤백 라인")로 되돌아가게 하는가?	Y	M	트랜잭션 관리는 Spring 프레임워크를 통해 지원된다.	Spring은 시스템에 필요한 트랜잭션 유형의 적절한 지원을 제공한다.

표 8.2의 질문이 인터뷰에서 사용될 때 아키텍트의 의견에 따라서 시스템의 아키텍처가 각 전술을 지원하는지 여부를 기록할 수 있다. 예를 들어 4장에서 제시된 FCAPS 시스템에서 이루어진 설계 결정과 관련하여 표의 질문에 대답할 수 있다. 표에서 보여주는 대답은 예제이기 때문에보다 간결하다. 실세계 애플리케이션에서는 좀 더 자세한 설명이 필요하다. 기존 시스템을 분석한다면 추가적으로 다음과 같은 이슈를 조사할 수 있다.

- 이 전술의 사용(또는 비사용)에 어떤 분명한 위험이 있는지 여부: 전술이 사용된다면 시스템에서 실현된 방법(예: 커스텀 코드 또는 프레임워크, 외부에서 생성된 컴포넌트를 통하여)을 기록할 수 있다. 예를 들어, 애플리케이션 서버와 데이터베이스와 같은 다른 중요한 컴포넌트(4장에서 제시한 사례 연구에서처럼)를 복제함으로써 활성 다중화 전술이 사용되었다는 것에 주목했다.

- 전술을 실현하기 위한 특정한 설계 결정과 코드베이스에서 구현(실현)을 발견할 수 있는 위치: 이 정보는 감사와 아키텍처 재구축 목적에 유용하다. 이전 예제에서 계속하면 애플리케이션 서버의 복제가 얼마나 생성되었는지, 그리고 이들 복제가 어디에 위치하고 있는지(예, 데이터 센터와 같은 랙에, 다른 랙에, 또는 다른 데이터 센터에)를 알 수 있게 된다.

- 이 전술을 실현하기 위한 어떤 근거나 가정. 예를 들어, 우리는 어떤 공통 모드 실패가 없을 것이라고 가정했다. 따라서 복제가 도잉한 하드웨어 상에서 실행되는 동일한 가상 머신이라는 것을 수용할 수 있었다.

이러한 인터뷰 기반 접근 방법은 간단하게 들릴지 모르지만, 실제로는 아주 강력하고 통찰력이 있을 수 있다. 아키텍트로서의 일상적인 활동에서 뒤돌아보고 더 큰 그림을 고려할 시간을 항상 가질 수 있는 것은 아니다. 표 8.2와 같은 인터뷰 질문들은 바로 그것을 할 수 있게 한다. 또한 이러한 접근 방법은 아주 효율적이다. 단일 품질 속성에 대하여 일반적인 인터뷰는 30분에서 90분 정도가 걸린다.

7개의 가장 중요한 시스템 품질 속성(가용성, 상호운영성, 변경용이성, 성능, 보안, 테스트용이성, 사용편의성)의 전술 기반 설문서 집합은 부록 B에서 발견할 수 있다. 이와 함께 새로운 품질 관심사 집합을 해결하기 위해 새로운 설문서를 생성하기 위해 다른 (좀 더 기본적인) 설문서를 결합시키는 방법의 예로서 데브옵스^{DevOps}에 관련된 8번째 설문서를 포함했다.

8.5 투영 질문

전술 기반 인터뷰와 유사하게 여러 연구원들은 설계 프로세스를 증대시키기 위해 투영 질문 reflective question을 묻는 (그리고 대답하는) 실천을 하기를 주장한다 이 프로세스 뒤에 있는 아이디어는 문제를 해결할 때와 반영할 때 실제로 다르게 생각하는 것이다. 이런 이유로 연구원들은 설계 결정을 해야 하는 설계와 우리의 편견을 조사하는 설계에서 별도의 "투영reflection" 활동을 해야 한다고 주장한다.

모든 사람과 마찬가지로 아키텍트도 편견을 갖는다. 예를 들어, 우리는 입증 편견(선입견을 입증하는 방식으로 새로운 정보를 해석하는 경향)을 갖고 있다. 그리고 고정 편견(문제를 조사할 때 우리가 받은 첫 번째 정보에 대한 의존도가 높고, 이 정보를 사용하여 이후 정보를 필터링하고 판단하는 경향)도 갖고 있다. 투영 질문은 이런 편견을 체계적인 방법으로 드러나게 함으로써 우리 가정과 설계를 고안할 수 있도록 이끌어줄 수 있다.

투영 질문에 관한 연구에서 Razavian 등은 컨텍스트 및 요구(컨텍스트와 요구가 적절하고, 완벽하고, 정확하게 식별되었는가?)와 설계 문제(적절하고 완전하게 설명되었는가?), 설계 솔루션(요구에 적합한가?), 그리고 설계 결정(원칙을 기반으로 하며 적당한가?)에도 반영될 수 있고 그래야만 한다고 제안한다. 그들이 제안한 투영 질문의 예는 다음과 같다.

- 어떤 가정이 이루어졌는가? 가정이 설계 문제에 영향을 미치는가? 가정이 솔루션 선택 사항에 영향을 미치는가? 가정이 결정에 수용될 수 있는가?

- 어떤 이벤트가 발생하게 되는 위험은 무엇인가? 위험이 어떻게 설계 문제를 야기시키는가? 위험이 솔루션의 가능성에 어떻게 영향을 미치는가? 결정의 위험을 수용할 수 있는가? 위험을 완화시키기 위해 무엇을 해야 하는가?

- 컨텍스트에 의해 부여되는 제약사항은 무엇인가? 제약사항이 어떻게 설계 문제를 야기시키는가? 제약사항이 어떻게 솔루션 선택사항을 제한하는가? 결정을 할 때 제약사항이 완화될 수 있는가?

- 이 시스템의 컨텍스트와 요구는 무엇인가? 이 컨텍스트가 의미하는 것은 무엇인가? 설계 문제는 무엇인가? 이 문제가 무엇을 의미하는가? 이 문제에 대하여 어떤 잠재적인 솔루션이 있는가? 이 결정으로 다른 문제가 발생하는가?

- 어떤 컨텍스트가 타협될 수 있는가? 문제가 다르게 형성될 수 있는가? 솔루션 선택사항은 무엇인가? 솔루션 선택사항이 타협될 수 있는가? 각 솔루션의 찬반이 정당하게 처리되었는가? 트레이드오프 후에 최적인 솔루션은 무엇인가?

물론 이들 모든 질문을 사용하지는 않을 것이다. 그리고 모든 결정에 이 기법을 사용하지 않을 수도 있다. 그러나 신중하게 사용된다면 이들 질문은 여러분이 하고자 하는 결정에 신경을 써서 투영할 수 있게 한다.

8.6 시나리오 기반 설계 검토

ATAM과 같은 포괄적인 시나리오 기반 설계 검토는 일반적으로 설계 프로세스 밖에서 수행되어 왔다. ATAM은 포괄적인 아키텍처 평가("ATAM" 참고 박스를 참조)의 예다.

ATAM 검토는 초기에는 "마일스톤milestone" 검토였다. 아키텍트나 다른 핵심 이해당사자가 분석하 아키텍처나 아키텍처 서술이 충분하다고 생각할 때 ATAM 회의가 소집될 수 있었다. 보통 아키텍처 설계가 완료되었지만, 구현이 완료되기 훨씬 이전에 수행되었다. 기존 시스템이 있고, 이해당사자가 그 시스템을 맡거나 발전시키거나 획득하기 전에 아키텍처의 위험을 객관적으로 평가하기를 원할 때 더 자주 수행되었다.

ATAM

아키텍처 트레이드오프 분석 방법론(ATAM, Architecture Tradeoff Analysis Method)은 시나리오 주도적으로 아키텍처를 분석하기 위해 정립된 방법론이다. 품질 속성 요구와 비즈니스 목표 견지에서 아키텍처 결정의 결과를 평가하는 것이 목적이다.

ATAM은 세 개의 그룹이 평가에 참여한다.

- 훈련된 평가팀
- 아키텍처의 "의사결정자"
- 아키텍처 이해당사자 대표

ATAM은 이해당사자가 잠재적으로 문제가 될 수 있는 아키텍처 결정 즉 위험을 발견하는 데 적당한 질문을 할 수 있게 한다. 이들 발견된 위험은 후속 설계와 분석, 프로토타이핑, 구현과 같은 완화 활동에 초점을 맞출 수 있다. 이와 함께 보통 설계 트레이드오프가 식별된다. 따라서 방법론

이름의 일부가 되었다. ATAM의 목적은 정확한 분석을 수행하는 것이 아니다. 일반적으로 이 방법론은 두번의 이틀 짜리 회의에 적용되며, 이러한 (비교적) 짧은 시간 동안에는 특정한 관심사를 깊숙히 파고드는 것이 허용되지 않는다. 그러나 이런 종류의 분석은 ATAM을 따르고 가이드할 수 있는 위험 완화 활동의 일부로서 적절하다.

ATAM은 소프트웨어 개발 라이프사이클에 사용될 수 있다. 예를 들어, 다음과 같은 환경에서 사용할 수 있다.

- 아키텍처를 명세하였지만 코드가 별로 없거나 아주 없을 때
- 잠재적인 아키텍처 대안을 평가하기 위해
- 기존 시스템의 아키텍처를 평가하기 위해

ATAM 평가의 산출물은 다음과 같다.

- 간략한 아키텍처 프리젠테이션: 아키텍처가 1시간 안에 소개된다.
- 조사하는 시스템의 비즈니스 목표의 간결한 표현: ATAM에서 소개된 비즈니스 목표가 몇몇 소집된 참여자에게는 처음 보는 경우가 많으며, 이들은 산출물로 수집된다.
- 시나리오로 표현된 우선순위화된 품질 속성 요구 집합
- 아키텍처 결정을 품질 요구에 매핑: 검토된 각 품질 속성 시나리오에 대하여 그것을 달성하도록 하는 아키텍처 결정이 결정되고 수집된다.
- 식별된 민감한 부분과 트레이드오프 포인트: 이들은 하나 이상의 품질 속성에 현저한 영향을 주는 아키텍처 결정이다.
- 위험 및 비위험 집합: 위험(risk)은 품질 속성 요구로 조명할 때 바람직하지 않은 결과로 이끄는 아키텍처 결정이다. 이와 유사하게 비위험(nonrisk) 요소는 분석에서 안전하다고 판단된 아키텍처 결정이다. 식별된 위험은 아키텍처 위험 완화 계획의 기초를 형성한다.
- 위험 주제 집합: 평가팀은 발견된 모든 위험을 검토해서 아키텍처나 아키텍처 프로세스와 팀에서 구조적인 약점을 나타내는지배적인 주제를 찾는다. 이들 위험 주제(risk theme)들은 아키텍처에서와 아키텍처 프로세스와 팀에서도 체계적인 약점을 식별한다. 이들을 그대로 두면 프로젝트의 비즈니스 목표에 위협이 된다.

ATAM 기반 평가의 보이지 않는 결과도 있다. 이해당사자 측의 뚜렷한 연대감과 아키텍트와 이해당사자 사이의 열린 대화 통로로, 그리고 아키텍처의 모든 참여자 측과 아키텍처의 장단점에 대한 향상된 전반적인 이해를 포함한다. 이들 결과는 측정하기 어렵지만 다른 것들보다 덜 중요하지 않으며, 보통 가장 오래 지속된다.

ATAM 평가는 4단계로 이루어진다. 첫 번째 단계(단계 0)과 마지막 단계(단계3)은 관리적이다. 시작할 때 평가를 준비하고, 종료할 때 결과 보고와 후속 활동을 수행한다. 중간 단계(단계1과 단계2)는 실제 분석이 이루어지는 때다. 단계1과 단계2에서 수행되는 절차는 다음과 같다.

1. ATAM 설명
2. 비즈니스 요인 설명
3. 아키텍처 설명
4. 아키텍처 접근 방법 식별
5. 품질 속성 유틸리티 트리 생성
6. 아키텍처 접근 방법 분석
7. 브레인스토밍과 시나리오 우선순위 결정
8. 아키텍처 접근 방법 분석
9. 결과 발표

1단계에서 작은 내부 이해당사자 그룹(일반적으로 아키텍트, 프로젝트 관리자 그리고 한두 선임 개발자)에서 절차 1에서 6을 수행한다. 2단계에서 대규모 이해당사자 그룹(1단계에서 참여했던 모든 사람 외에 고객 대표자, 최종사용자 대표자, 품질 보증, 운영 등과 같은 외부 이해당사자)을 초대한다. 2단계에서는 절차 1에서 6을 검토하고, 절차 7에서 9를 수행한다.

실제 분석은 절차 6에서 수행된다. 여기에서 우리는 한번에 하나씩 가장 높은 우선순위를 갖는 시나리오를 앞에서 설명한 아키텍처 접근 방법에 매핑하도록 아키텍트에게 요구함으로써 아키텍처 접근 방법을 분석한다. 이 절차 동안에 분석가는 품질 속성의 지식으로 동기 부여된 철저한 질문을 하여, 위험을 발견하고 문서화한다.

일단 아키텍처가 "완료"되면 별도의 구별된 평가 활동을 수행하다는 생각은 오늘날 대부분의 조직이 운영하는 방식과는 잘 맞지 않는다. 오늘날 대부분의 소프트웨어 조직은 애자일 또는 반복적인 개발이라고 하는 형식을 실천하고 있다. 애자일 프로세스에서는 단일한 "아키텍처 단계"라는 구별된 활동이 없다. 그보다는 일련의 스프린트 안에서 아키텍처와 개발이 함께 생성된다. 예를 들어 2장에서 논의한 것처럼, 많은 애자일 사상 리더들은 "규모의 규율화된 민첩성$^{disciplined\ agility\ at\ scale}$" "걸어다니는 골격$^{walking\ skeleton}$", "확장된 애자일 프레임워크$^{scaled\ Agile\ framework}$"와 같은 실천을 장려하며, 이들 모두 비교적 작은 증분 안에서 가장 중요한 위험을 해결함으로써 연속적으로 아키텍처 발전시키려는 생각을 포함한다. 이것은 작은 개념 증명이나 MVP^{minimum viable product}을 개발하거나 전략적 프로토 타입을 수행하는 것이 도움이 될 수 있다.

이러한 관점의 소프트웨어 개발과 잘 연계시키기 위해 ATAM을 기반으로 경량의 시나리오 기반 동료 검토 방법론이 등장했다. 경량 ATAM 평가는 반나절 회의로 수행될 수 있다. 또한 그냥 프로젝트 멤버끼리 내부적으로 수행될 수 있다. 물론 외부 검토가 좀 더 객관성을 제공하며, 더 높은 결과를 산출할 수 있겠지만, 비용이 너무 많이 들고 일정이나 지적 자산^{IP,} intellectual property 제약사항으로 인하여 타당하지 않을 수 있다. 따라서 경량 ATAM은 비용이 많이 들지만 좀 더 객관적이고 포괄적인 ATAM과 어떤 분석을 하지도 않거나 아니면 임시 분석만 하는 것 사이에 적절한 중간을 제공한다.

표 8.3은 프로젝트에 참여하는 멤버에 의해 수행되는 경량 ATAM 평가의 일정 예를 보여준다.

표 8.3 경량 ATAM 평가의 일반적인 일정

절차	시간	설명
1. 비즈니스 요인 설명	0.25 시간	참여자는 시스템과 비즈니스 목표, 그리고 이들 우선순위를 이해하고 있어야 한다. 15분정도 할애하여 이것을 모든 사람에게 확인하는 정도로 설명하며, 특히 새로운 것이 없어야 한다.
2. 아키텍처 설명	0.5 시간	다시 참여자는 시스템을 잘 알고 있으므로 아키텍처에 대한 개요만 설명하며, 한두 개 정도의 시나리오만 이 뷰를 통해서 추적한다.
3. 아키텍처 접근 방법 식별	0.25 시간	특정한 품질 속성 관심에 대한 아키텍처 접근 방법은 아키텍트에 의해 식별된다. 이것은 절차2의 일부로서 수행될 수 있다.
4. 품질 속성 유틸리티 트리 생성	0.5 시간	시나리오는 존재할 것이다. 이들이 있다면 이들을 사용한다. 유틸리티 트리가 이미 있을 수도 있다. 그렇다면 팀은 기존의 트리를 검토하고, 필요하다면 갱신한다.
5. 아키텍처 접근 방법 분석	2시간	이 절차(가장 우선순위가 높은 시나리오를 아키텍처에 매핑하는 작업(는 필요한 만큼 가장 많은 시간을 사용한다. 필요한 만큼 확장하거나 계약될 수 있다.
6. 결과 발표	0.5 시간	평가가 끝나면 팀은 기존 및 신규 위험, 비위험, 민감성 포인트, 트레이드오프를 검토하고 새로운 위험 주제가 제기되는지 여부를 논의한다.
합계	4시간	

이와 같은 반나절 검토는 활동적인 측면에서는 코드 검토나 인스펙션, 워크스루와 같이 개발 프로젝트에서 일반적으로 수행되는 다른 품질 보증 활동과 유사하다. 따라서 경량 ATAM 평가는 스프린트, 특히 아키텍처 결정이 이루어지고 검토되고 변경되는 스프린트 안에서 일정을 잡기 쉽다.

8.7 아키텍처 서술 언어

여러분이 구축하는 애플리케이션이 런타임 성능(지연 시간, 산출량)이나 신뢰성/가용성, 안전성, 또는 보안 영역에서 엄격한 품질 속성을 갖는다면 아키텍처 서술 언어^{ADL, architecture description language}로 아키텍처 구조 형식으로 여러분의 설계 결정을 문서화하는 것을 고려하는 것이 좋다. ADL은 왜 설계 결정을 여기에 포함시켰는지 정확하게 서술하는 형식적이며 자동화된 분석에 알맞다. 일반적으로 ADL은 그래픽 표기법과 (형식적으로 정의된) 텍스트 표기법을 둘 다 사용하여 아키텍처(기본적으로 연산 (런타임) 컴포넌트와 이들 사이의 상호작용)와 속성을 서술한다. UML^{Unified Modeling Language}이 산업 현장에서 가장 광범위하게 사용되는 아키텍처를 문서화하는 표기법이다. 산업 현장에서 ADL을 사용하여 모두 또는 대부분의 아키텍처를 서술하려고 하지는 않는다.

AADL과 같은 일부 ADL은 정확하고 결정할 수 있는 의미론을 갖는 형식 모델을 만들려고 한다. 이러한 통제는 관심있는 속성들, 일반적으로 성능, 가용성, 안전성을 자동적으로 체크할 수 있다는 것을 의미한다. 원칙적으로는 이들 외에도 다른 품질도 수용될 수는 있다. 언어와 관련 도구 스위트를 능숙하게 사용하기 위해서는 학습 곡선이 가파르기는 하지만, 형식화된 ADL을 사용하는 것은 여러 가지 이점을 제공한다. 먼저, ADL은 아키텍처 결정을 문서화할 수 있게 하여 언제, 어디서 아키텍처 이해가 불완전하거나 모호한지를 명확하게 알려준다. 이러한 이점은 다른 형식의 문서화(명확하게 하도록 강요한다)에서도 생기는 것이지만, 특히 ADL에서는 진짜로 그렇다. 이것으로 두 번째 이점이 생긴다. ADL은 보통 한번 단추를 클릭하면 다양한 속성에 대하여 아키텍처 서술을 분석해낼 수 있는 도구 스위트가 함께 제공된다.

그러면 ADL이 학문 밖에서 좀처럼 사용되지 않는걸까? 꺼려하는 몇 가지 이유가 있다. 먼저 일반적인 실천이 아니다. ADL은 (UML 조차도) 일반적으로 컴퓨터 과학 또는 소프트웨어 엔지니어링 커리큘럼에서 잘 가르치지 않으며, 대부분의 유명한 IDE에서도 잘 지원되지 않는다. 두 번째로 ADL은 대규모 사전 노력과 대규모 유지보수 노력이 필요하기 때문에 사용하기 어렵고 사용자 친화적이지 않다고 인식된다. 아마도 이런 점이 가장 중요한 것이다. 아키텍트와 프로그래머는 일반적으로 시스템에 대한 두 번째 병렬 지식 기반을 원하지 않는다. 일부 시스템에서 이것은 올바른 선택일 수 있다. 다른 시스템(일반적으로 엄격하고 타협하지 않는 품질 속성 요구를 갖는 시스템)에 대해서는 별도로 분리되어 분석할 수 있는 설계 표현을 갖는 것이 가장 신중한 행위일 수도 있다. 대조적으로 도시 엔지니어링에서 어떤 프로젝트도 먼저 별도의 분석할 수 있는 문서로 표현하지 않고서는 건축이 승인되지 않는다.

8.8 요약

어느 누구도 코드를 테스트하지 않고서 현장에 투입하는 것을 고려하지 않을 것이다. 그러나 아키텍트와 프로그래머들은 종종 분석되지 않은 아키텍처 결정을 (구현) 한다. 왜 이중적일까? 분명히 코드를 테스팅하는 것이 중요하다면 설계 결정을 "테스팅"하는 것이 더 중요한 위치를 가져야 한다. 보통 이들 결정은 장기적이며 시스템 범위이고 중요한 영향을 미치기 때문이다.

이 장에서 가장 중요한 메시지는 설계와 분석은 실제로 별도의 활동이 아니라는 것이다. 모든 중요한 설계 결정은 분석되어야 한다. 시스템을 설계하고 발전시키는 과정의 일부로서 지속적으로 비교적 방해가 없는 방식으로 이것을 수행하는데 적용할 수 있는 다양한 기법이 있다.

흥미로운 것은 분석하느냐 마느냐가 아니라, 얼마나 언제 분석하느냐. 분석은 좋은 설계를 하는 것 안에 내재되어 있다. 그리고 지속적인 프로세스이어야 한다.

8.9 더 읽을거리

여기에서 사용되는 아키텍처 전술들은 베스[L. Bass]와 클레멘츠[P. Clements], 캐즈만[R. Kazman]의 『Software Architecture in Practice (3rd ed.)』(Addison-Wesley, 2012)[1]에 문서화되어 있다. 가용성 전술은 스코트[J. Scott]와 카즈만[R. Kazman]의 "Realizing and Refining Architectural Tactics: Availability", CMU/ SEI-2009-TR-006, 2009에서 가장 먼저 만들어졌다.

---

1 『소프트웨어 아키텍처 이론과 실제(개정 3판)』(에이콘, 2015)으로 번역되어 있다. – 옮긴이

투영 질문에 대한 아이디어는 라자비안[M. Razavian]과 탕[A. Tang], 카필라[R. Capilla], 라고[P. Lago]의 "In Two Minds: How Reflections Influence Software Architecture Design Thinking", VU University Amsterdam, Tech. Rep. 2015-001, April 2015에서 먼저 소개되었다. 소프트웨어 설계자가 만족하는 것(즉, 최적의 것이 아닌 "충분한 것"을 찾는 것)은 탕[A. Tang]과 반 빌렛[H. van Vliet]의 "Software Designers Satisfice", European Conference on Software Architecture(ECSA 2015), 2015에서 논의되었다.

ATAM은 클레멘츠[P. Clements]와 카즈만[R. Kazman], 클레인[M. Klein]의 『Evaluating Software Architectures: Methods and Case Studies』(Addison-Wesley, 2001)[2]에서 포괄적으로 설명하고 있다. 경량 ATAM은 베스[L. Bass]와 클레멘츠[P. Clements], 카즈만[Kazman]의 『Software Architecture in Practice (3rd ed.)』(Addison-Wesley, 2012)에서 처음 제시되었다. 이와 함께 ATAM 스타일의 동료 검토는 F. Bachmann의 "Give the Stakeholders What They Want: Design Peer Reviews the ATAM Style", Crosstalk, November/December 2011 에 설명되어 있다.

아키첵처 서술 언어는 소프트웨어 아키텍처 자체 만큼이나 오래된 역사를 갖고 있다. 실무에서 가장 많이 사용되는 ADL은 AADL[Architecture Analysis and Design Language]로서, 페일러[P. Feiler]와 글루치[D. Gluch]의 『Model-Based Engineering with AADL: An Introduction to the SAE Architecture Analysis & Design Language』(Addison-Wesley, 2013)에서 설명한다. ADL의 개요와 산업 요구 분석은 마라볼타[J. Malavolta]와 라고[P. Lago], 무치니[H. Muccini], 펠리치원[P. Pelliccione], 탕[A. Tang]의 "What Industry Needs from Architectural Languages: A Survey", IEEE Transactions on Software Engineering, 39(6):869-891, June 2013에서 찾을 수 있다.

---

2 『소프트웨어 아키텍처 평가』(에이콘, 2009)로 번역되어 있다. – 옮긴이

9장

조직에서의 아키텍처 설계 프로세스

1장에서 소프트웨어 아키텍처 라이프사이클 활동들(요구 수집, 아키텍처 설계, 아키텍처 평가와 구현과 같은 것들)을 소개했다. 우리는 이들을 "라이프사이클 활동"이라고 불렀다. 모든 조직이 이들 모두를 수행하는 것은 아니기 때문이다. 또한 수행한다고 하더라도 다른 방식으로 할 수 있으며, 다른 라이프사이클 모델과 조직 컨텍스트 안에 이들을 포함시킬 수도 있다. 이 번장에서는 소프트웨어 개발의 이러한 관점을 좀 더 자세하게 살펴보고, 이들 안에서 아키텍처 설계를 적합하게 하는 방법을 고려해보기로 한다.

9.1 아키텍처 설계와 개발 라이프사이클

대부분의 개발 프로젝트에서 발생하는 주요 단계는 그림 9.1에서와 같이 사전 영업과 개발 및 운영이다.

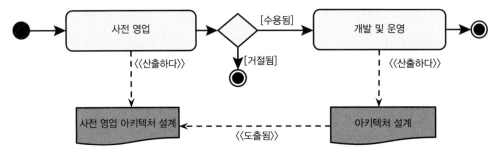

그림 9.1 프로젝트 개발의 두 개의 주요 단계

- 사전 영업 단계 동안에 프로젝트 범위와 비즈니스 케이스가 수립된다. 이 단계를 "사전 영업pre-sales"이라고 부르지만, 조직이 "영업"을 하든 하지 않든 모든 조직에서 발생한다. 이 단계의 흔한 중요한 산출물은 프로젝트의 비용과 기간 산정이다. 이 산정 결과는 프로젝트를 계속할지 여부를 결정하기 위해 고객이 사용한다.

- 개발 및 운영 단계는 산전 영업 제안을 고객이 수용할 때 발생한다. 개발은 애자일이나 RUP, TSP와 같은 여러 방법론을 따라서 수행될 수 있다. 일단 시스템(또는 일부분)이 개발되면 운영으로 들어간다. 데브옵스DevOps와 같은 새로운 접근 방법은 보통 개발과 운영 사이에 존재하는 갭을 줄이는 것을 목적으로 한다.

아키텍처 설계는 이들 두 개의 주요 단계에서 중요한 역할을 수행한다. 이제 이들을 논의해보기로 하자.

9.1.1 사전 영업 아키텍처 설계

많은 유형의 개발 프로젝트, 그러나 특히 커스텀 소프트웨어 개발 프로젝트 컨텍스트에서 일반적으로 조직은 사전 영업 단계 도안에 프로젝트의 시간과 비용의 초기 산정을 제공할 필요가 있다. 자주 사전 영업 활동은 짧은 기간 동안에 수행되어야 하며, 이 프로세스에서 사용할 수 있는 정보도 항상 제한된다. 예를 들어, 일반적으로 상위 수준 요구나 피처(상세한 유스케이스가 아닌)만 이 단계에서 사용할 수 있다.

제한된 정보로 인한 문제는 그림 9.2에서 보여주는 불확실성 원뿔에서처럼 산출된 산정이 항상 많은 불확실성을 갖고 있다는 것이다. 불확실성 원뿔cone of uncertainty은 프로젝트에서 산정을 둘러싼 불확실성을 가르킨다. 일반적으로는 비용과 일정이지만, 위험의 산정도 포함된다. 이들 모든 산정은 프로젝트가 진행되면서 더 나아지고 원뿔은 좁아진다. 프로젝트가 완료될 때 불확실성은 0이 된다. 어떤 개발 방법론에서든 이슈는 어떻게 프로젝트 라이프사이클 초기에 불확실성 원뿔을 좁게 만드느냐 하는 것이다.

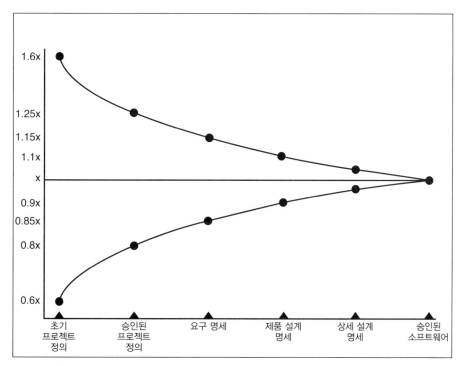

그림 9.2 불확실성 원뿔의 예

불확실성 원뿔을 감소시키기 위해 아키텍처 활동이 사전 영업 단계에서 적용될 수 있다.

- 아키텍처 요인이 사전 영업 단계에서 식별될 수 있다. 이 시점에서 상세한 품질 속성 시나리오를 서술하는 것이 복잡할 수도 있지만, 초기 측정과 제약사항과 함께 대부분의 중요한 품질 속성이 식별되어야 한다.
- ADD를 사용하여 초기 아키텍처 단계를 산출하여 초기 비용 및 일정 산정의 기반으로서 사용될 수 있다.
- 초기 아키텍처 스케치는 고객과 의사소통하는 데 유용하다. 또한 이 초기 설계의 경량 평가를 수행하는 기반으로서도 유용하다.

초기 아키텍처를 생성하는 것은 "표준 컴포넌트" 기법을 사용하여 산정이 수행될 수 있게 한다. 표준 컴포넌트standard component는 일종의 프록시로, 웹 페이지와 비즈니스 규칙, 보고서를 포함한다. 표준 컴포넌트로 산정할 때 회사들은 이전에 개발된 시스템에 구축된 컴포넌트에 대한 예를 들어 측정 및 크기 데이터를 포함하는 이력 데이터베이스를 구축한다. 표준 컴포넌트를 산정하기 위해 해결하려고 하는 문제에 필요하게 될 컴포넌트를 식별하여 이력 데이터(또는 Wideband Delphi와 같은 다른 기법)를 사용하여 이들 컴포넌트의 크기를 산정할 필요가 있다. 그 다음에 전체 크기가 노력으로 변화되고, 이들 산정이 집계되어 프로젝트 수준의 시간과 비용 산정을 산출할 수 있다.

이 기법으로 산정을 생성하는 데 필요한 컴포넌트를 식별하는 것은 ADD의 사용을 통해 짧은 시간 동안에 가능하다. 이러한 접근 방법은 우리가 신규 개발 시스템의 설계에서 추천했던 것과 유사하다.

- 첫 번째 설계 이터레이션의 목표는 애플리케이션의 초기 전체 구조를 수립하는 것에 관련된 관심사를 해결하는 것이어야 한다. 참조 아키텍처를 사용한다면 참조 아키텍처는 산정하는 데 사용될 표준 컴포넌트의 유형을 정의한다. 또한 특히 이력 데이터가 특정한 기술에 묶여 있다면 이 시점에서 프로젝트에서 사용할 가장 적절한 기법이 선택될 수 있다.

- 두 번째 설계 이터레이션의 목표는 산정에 고려되어야 할 필요가 있는 모든 기능을 지원하는 커뮤넌트를 식별하는 것이어야 한다. 신규 개발 시스템의 설계에서 논의했던 것과는 반대로, 산정을 산출하기 위해 설계할 때 단지 최우선 기능 이상을 고려할 필요가 있다. 표준 컴포넌트를 식별하기 위해 범위의 일부인 모든 중요한 기능 요구를 고려하여, 이들을 첫 번째 이터레이션에서 정의한 구조에 매핑해야 할 필요가 있다. 이렇게 함으로써 좀 더 정확한 산정을 할 수 있게 될 것이다.

이 기법은 가장 중요한 기능 요구를 충족시키기 위한 비용과 일정을 산정하는 것을 도와줄 것이다. 그러나 이 시점에서 품질 속성이 고려되지 않을 것이다. 결과적으로 주도적인 품질 속성을 해결하기 위해 설계 결정을 하는 데 집중하는 몇 개의 이터레이션을 수행해야 한다. 사전 영업 프로세스를 수행하는 데 소요되는 시간이 제한된다면 자세하게 설계할 수 없을 것이다. 따라서 여기서 여러분이 내려야 하는 결정은 산정하는 데 중요한 영향을 미치게 될 것이어야 한다. 이러한 예로는 성능과 가용성, 보안과 같은 품질 속성을 해결하기 위한 다중화 하드웨어나 추가적인 표준 컴포넌트를 식별하는 것을 들 수 있다.

이 기법이 사전 영업 프로세스에서 사용될 대 초기 아키텍처 설계(사전 영업 아키텍처 설계 (그림 9.1))가 산출된다. 고객이 프로젝트 제안을 받아들이고 프로젝트가 진행된다면 초기 아키텍처는 계약의 기초로서 사용될 수 있다. 이 아키텍처는 프로젝트의 개발 및 운영 단계 동안에 수행되는 향후 아키텍처 설계 활동에서 시작접으로서 사용되어야 한다. 이 경우에 기존 시스템 설계를 위한 로드맵(3.3.3절 참조)이 사용될 수 있다.

또한 이 초기 아키텍처에 대해 산출된 예비 문서화는 고객에게 제공되는 기술 제안의 일부로서 포함될 수 있다. 마지막으로 이 초기 아키텍처 설계는 되도록 산정이 수행되기 전에 평가될 수 있다. 평가는 8.6절에서 제시된 경량 ATAM과 같은 기법을 사용하여 수행될 수 있다.

9.1.2 설계 및 운영 아키텍처 설계

소프트웨어 시스템의 개발은 여러 가지 방법론을 사용하여 수행될 수 있다. 그러나 아키텍처 설계는 선택된 개발 방법론과는 독립적으로 수행된다. 이러한 이유로 ADD와 같은 설계 방법론이 다른 개발 방법론과 결합되어 사용될 수 있다. 이제 아키텍처 설계와 산업에서 많이 사용되는 몇 가지 개발 방법론 사이의 관계를 논의하기로 한다.

애자일 방법론

소프트웨어 아키텍처와 애자일 사이의 관계는지난 10여년 간 논쟁의 주제였다. 우리가 믿고 있고 많은 연구에서 보여준 것처럼, 아키텍처 실천과 애자일 실천은 실제로 잘 연계되지만, 보편적으로 항상 잘 받아들이는 것 같지는 않다.

원래의 애자일 선언Agile Manifesto에 따르면 애자일 실천은 "프로세스나 도구보다는 개인과 상호작용, 포괄적인 문서보다는 작동하는 소프트웨어, 계약 협상보다는 고객 협업, 그리고 계획에 따르기보다는 변화에 반응하는 것"을 강조한다. 이들 어떤 가치도 본질적으로 아키텍처 실천과 충돌하지 않는다. 그렇다면 이들 두 실천이 어쩐지 서로 맞지 않는다고 하는 믿음이(적어도 일부에서) 제기되는 이유는 무엇일까? 문제의 핵심은 애자일 실천과 아키텍처 실천이 서로 맞지 않는 하나의 원칙이다. 애자일 선언의 원래 창시자들은 선언 뒤에 있는 12가지 원칙을 설명했다. 이들 중 11개가 아키텍처 실천과 완전히 호환되지만, 그중 하나인 "최고의 아키텍처, 요구사항, 설계는 자기 조직적인 팀에서 창발한다"가 아니다. 이 원칙이 소규모와 아마도 중간 크기의 프로젝트에서는 잘 맞을 수 있지만, 대규모 프로젝트 특히, 복잡한 요구와 분산 개발이 이루어지는 프로젝트에서 성공한 경우가 없다고 알고 있다. 문제의 핵심에는 이것이 있다. 즉, 소프트웨어 아키텍처 설계가 "사전up-front" 작업이라는 것이다. 최소한 또는 전혀 사전 분석이나 설계를 하지 않고 코딩함으로써 항상 그냥 프로젝트를 시작할 수 있다. 그림 9.3b에서 보여주는 것과 같이 이것을 창발적 접근 방법emergent approach이라고 한다. 몇 가지 경우(작은 시스템, 쓰고 버리는 프로토 타입, 고객의 요구를 알 수 없는 시스템)에서 이것이 사실상 최적의 선택일 수 있다. 반대편 극단에서 모든 요구를 사전에 수집하여, 이것으로부터 이상적인 아키텍처를 종합한 다음, 구현하고 테스트, 배포하는 것을 시도할 수 있다. 이러한 소위 "커다란 사전 설계Big Design UP Front"(BDUF; 그림 9.3a)는 보통 고전적인 소프트웨어 개발의 폭포수 모델waterfall model과 관련된다. 폭포수 모델은 복잡성과 엄격함으로 인해 과거 10여년 동안 환영받지 못했으며, 비용 초과와 일정 초과, 고객 불만족의 전형적인 사례가 되었다. 아키텍처 설계와 관련하여 BDUF 접근 방법의 단점은 광범위하게 문서화되었지만 테스트되지 않은 적절하지 않은 설계로 끝날 수 있다는 것이다. 이것은 설계 문제가 보통 늦게 발견되어 많은 재작업이 필요하거나 원래의 설계가 무시되어 진짜 아키텍처가 문서화되지 않은 채로 끝나기 때문이다.

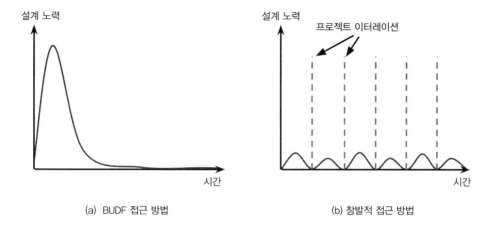

(a) BUDF 접근 방법

(b) 창발적 접근 방법

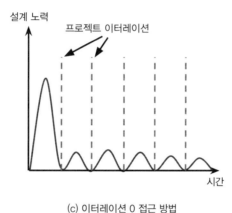

(c) 이터레이션 0 접근 방법

그림 9.3 아키텍처 설계의 3가지 접근 방법

　분명히 이들 극단 어느 것도 대부분의 실세계 프로젝트에서 적합하지 않다. 요구의 일부 (전체는 아니지만)는 사전에 잘 이해되지만, 너무 많이, 너무 빨리 수행하여 어떤 솔루션 안에 묶이게 되어 상당한 비용을 들여서 불가피하게 수정해야 하는 위험이 있다. 따라서 진짜로 재미있는 질문은 이것이다. 요구 분석과 위험 완화, 아키텍처 관점에서 프로젝트가 얼마나 많은 사전 작업을 수행해야 할까? 보헴[Boehm]과 터너[Turner]는 이 질문에 대한 단 하나의 정답이 없다는 것을 주장하는 증거를 제시하였지만, 어떤 프로젝트에서든 "적당한 지점[sweet spot]"을 찾을 수는 있다. 프로젝트 작업의 "적당한" 양은 여러 가지 요인에 의존한다. 가장 지배적인 것은 프로젝트 크기지만, 다른 중요한 요인으로는 요구 복잡성, 요구 불안정성(도메인의 선례성과 관련된), 개발의 분산 정도가 포함될 수 있다.

그렇다면 아키텍트는 애자일의 적당한 양을 어떻게 달성할까? 사전 작업과 재작업으로 이끄는 기술적인 빚 사이의 적당한 균형을 어떻게 찾을까? 작고 간단한 프로젝트에서 아키텍처에 대한 사전 작업을 수행하지 않는 것은 설득력이 있다. 방향을 급격하게 바꾸어 리팩토링하는 것이 쉽고 비교적 비용이 많이 들지 않기 때문이다. 어느 정도 요구를 이해하고 있는 프로젝트에서 몇 개의 ADD 이터레이션을 수행함으로써 시작할 수 있다. 이들 설계 이터레이션은 주요 아키텍처 패턴(필요하다면 참조 아키텍처를 포함하여)과 프레임워크를 선택하는 데 집중한다. 이것을 그림 9.3c의 이터레이션 0 접근 방법이라고 한다. 이것은 프로젝트를 구조화하고 작업 할당과 팀 형성을 정의하며, 가장 중요한 품질 속성을 해결하는 것을 도와줄 것이다. 요구(특히 주도적인 품질 속성 요구라면)가 변경된다면 그 때 애자일 실험을 채택하여 새로운 요구를 해결하기 위해 스파이크를 수행할 수 있다. 스파이크[spike]는 기술적인 질문에 대답을 하거나 정보를 수집하기 위해 생성되는 시간이 정해진 작업이다. 스파이크는 최종적인 산출물을 만들려고 의도하는 것은 아니며, 별도로 개발되어 성공한다면 코드의 주요 부분 안에 병합될 수 있다. 이와 같은 방식으로, 전체 개발 프로세스에 너무 방해가 되지 않고서도 새로 출현하는 요구를 수용하고 관리할 수 있게 된다.

그러나 애자일 아키텍처 실천은 불확실성 원뿔을 좁게 하고 따라서 프로젝트 위험을 감소시킴으로써 어느 정도 복잡성을 길들이는 데 도움이 된다. 참조 아키텍처는 기술 컴포넌트의 패밀리와 이들의 고나계를 정의한다. 통합을 가이드하고 아키텍처 어느 부분에서 추상화가 구축되어야 하는지를 나타냄으로써, (패밀리 안에 있는) 새로운 기술이 기존의 것을 대체할 때 재작업을 줄일 수 있도록 한다. 애자일 스파이크는 프로토 타입이 빨리 구축되어 "빨리 실패"하게 함으로써 주요 개발 분기에 포함되어야 할 궁극적인 기술 선택을 가이드해준다.

RUP

RUP[Rational Unified Process]는 아키텍처를 강조하는 소프트웨어 개발 프로세스 프레임워크다. RUP(7.3.절에서 논의함)에서 개발 프로젝트는 4개의 주요 단계로 구분되며, 순차적으로 수행된다. 이들 단계 안에서는 몇 개의 이터레이션이 수행된다. RUP의 4단계는 다음과 같다.

- **도입**[inception]: 이 첫 번째 단계에서 목표는 이해당사자 사이의 의견 일치를 달성하는 것이다. 이 단계 동안에 프로젝트의 범위와 비즈니스 아키텍처가 정의도니다. 또한 후보 아키텍처가 수립된다. 이 단계는 앞에서 논의한 사전 영업 단계와 동일하다.

- **정제**elaboration: 이 단계에서 목표는 시스템의 아키텍처의 기준선을 형성하고 아키텍처 프로토 타입을 생성하는 것이다.

- **구축**construction: 세 번째 단계에서의 목표는 이전 단계에서 정의된 아키텍처로부터 시스템을 점증적으로 개발하는 것이다.

- **전이**transition: 네 번째 단계에서의 목표는 시스템을 인도할 준비가 되어 있는지를 확인하는 것이다. 시스템은 개발 환경에서 최종 운영 환경으로 전이된다.

정제 단계에서 프로젝트가 끝날 때까지 RUP는 본질적으로 앞에서 설명한 이터레이션 0 접근 방법을 따른다고 생각한다. 또한 RUP는 아키텍처 설계와 관련된 어느 정도의 가이드를 제공하지만, ADD에서 제공하는 것보다는 훨씬 상세하지 않다. 결과적으로 ADD가 RUP를 보충하는 데 사용될 수 있다. ADD 이터레이션이 도입 단계에서 수행되어 9.1.1절에서 설명한 접근 방법을 따름으로써 후보 아키텍처를 수립할 수 있다. 게다가 정제 단계 동안에 초기 아키텍처는 기준선이 될 수 있는 아키텍처가 생성될 때까지 추가적인 설계 이터레이션을 수행하는 시작점으로서 간주된다. 구축 동안에 개발 이터레이션의 일부로서 추가적인 ADD 이터레이션이 수행될 수 있다.

TSP

TSP^{Team Software Process}는 품질과 측정을 강조하는 개발 프로세스다. TSP 소프트웨어 프로젝트는 일련의 개발 사이클로 진행하며, 각 사이클은 론칭^{launch}이라고 하는 계획 프로세스로 시작하여 사후 토론^{postmortem}이라고 하는 끝맺음 프로세스로 끝난다. 각 개발 사이클 안에서 다른 단계에 속하는 활동이 수행될 수 있다. 이들 단계는 요구(REQ), 상위 수준 설계 (HLD), 구현(IMPL), 테스팅(TEST)을 포함한다. TSP의 REQ 단계는 완전한 시스템 요구 명세^{SRS, system requirement specification} 문서를 생성하는 것에 중점을 둔다. HLD 단계의 주요 목표는 제품 구현을 가이드하는 상위 수준 설계를 생성하는 것이다. 이 상위 수준 설계는 시스템을 구성하는 컴포넌트(즉, 모듈)를 정의해야 하며, 이 컴포넌트는 IMPL 단계의 PSP^{Personal Software Process}를 따라서 독립적으로 설계되고 개발해야 한다. 마지막으로 TEST 단계는 통합과 시스템 테스팅을 수행하고 시스템의 인도를 준비하는 것에 집중한다. 특정한 프로젝트의 라이프 사이클 모델(폭포수, 점증적)이 각 개발 사이클에서 수행되는 단계에 의해 정의된다는 점에 주목해야 한다. 반복적인 프로젝트는 일반적으로 단일 개발 사이클에 있는 모든 4단계의 활동을 포함한다.

TSP는 소프트웨어 아키텍처 개발을 완벽하게 고려하지 않는다. 예를 들어, TSP에는 소프트웨어 아키텍트에 관한 어떤 역할도 정의되어 있지 않다. REQ 단계에서 품질 속성을 강조하지도 않는다. 게다가 HLD 단계의 프로세스 스크립트(표 9.1 참조)는 시스템 아키텍처 설계하는 방법에 대한 상세한 가이드를 제공하지 않는다. 그러나 이들 이슈는 ADD와 다른 아키텍처 실천을 TSP에 도입함으로써 해결될 수 있다.

표 9.1 TSP 상위 수준 설계(HDL) 스크립트 절차 요약

절차	활동	요약
1	구조 설계	전체 제품 설계 개념이 생성된다. 여기에는 시스템 아키텍처 컴포넌트와 제품 컴포넌트, 기본 기능 및 인터페이스가 포함된다.
2	개발 전략	개발 전략이 수립된다. 전략에는 컴포넌트 개발 순서와 통합, 재사용, 테스팅 전략이 포함된다.
3	상위 수준 설계 전략	이 절차에서 단일 설계 사이클로 시스템을 설계할지, 여러 사이클로 설계(예: 한번에 하나의 레이어에 집중하는 것)할지를 결정한다.
4	첫 번째 사이클 설계	요구를 검토하고 클래스 정의, 관계, 전이 다이어그램이 생성된다.
5	후속 설계 사이클	이전 사이클에서 드러난 설계 이슈를 평가하고 현재 설계를 검토한다. 추가적인 클래스 정의, 관계, 전이 다이어그램이 생성된다.
6	통합과 시스템 테스트 전략	테스팅 전략이 수립된다.
7	시스템 설계 명세(SDS, System Design Specification)	설계 문서가 생성된다.
8	설계 워크스루	상위 수준 설계의 워크스루가 다른 이해당사자와 함께 수행된다.
9	설계 검토	이 단계의 결과로서 산출된 자료가 검토된다.
10	SDS 기준선	설계 명세가 기준선이 된다.
11	사후 토론	단계의 사후 토론이 수행된다.

ADD는 직접적인 방식으로 TSP 컨텍스트에서 사용될 수 있다. HLD 스크립트 절차 1에서 사전 영업 프로세스에서 논의되었던 것과 유사한 전체 제품 설계 개념을 생성하는 데 ADD를 사용할 수 있다. 게다가 각 개발 사이클에서 하나 이상의 ADD 이터레이션(HDL 스크립트의 절차 4와 5)이 수행될 수 있다. 또한 HLD 단계는 아키텍처 설계와 요소 상호작용 설계(2.2.2절 참조) 사이의 구분을 구려해야 한다. TSP 개발 사이클은 몇 개의 ADD 이터레이션 다음에, 요소와 이들 인터페이스의 식별을 포함하는 요소 상호작용 설계 활동이 포함될 수 있다. 이들 인터페이스는 나중에 개발 단계(IMPL)에서 요소의 상세한 설계와 개발을 수행하는 데 사용된다.

데브옵스

데브옵스^{DevOps}는 애자일 사고방식의 자연스런 부산물이다. 데브옵스는 소프트웨어의 지속적인 인도를 달성하는 것을 도와주는 실천의 집합이다. 이러한 실천은 높은 품질을 보장하면서도 시스템을 변경하고 변경 사항을 정상적인 제품에 통합하는 사이의 시간을 감소시키는 것을 목적으로 한다. 이 용어는 의도적으로 "개발^{development}"과 "운영^{operations}" 사이의 구별을 모호하게 한다. 데브옵스가 본질적으로 아키텍처 실전과 묶이지는 않지만, 만약 아키텍트가 데브옵스를 고려하지 않고 시스템을 설계하고 구축하며 발전시킬 때, 지속적인 구축 통합, 자동화된 테스트 실행, 고가용성, 확장할 수 있는 성능과 같은 중요한 활동이 좀 더 문제가 되고 덜 효율적이게 될 것이다. 데브옵스를 포용함으로써 작은 이터레이션이 지원되고 장려되며, 애자일 스파이크가 생성하고, 배포하며, 테스트하기 쉽게 하여 아키텍트에게 중요한 피드백을 제공하는 환경을 생성한다.

예를 들어 밀접하게 결합된 아키텍처는 지속적인 통합의 장벽이 될 수 있다. 작은 변경 조차도 전체 시스템의 재빌드를 요구함으로써 하루에 할 수 있는 빌드의 수를 제한하기 때문이다. 테스팅을 완전히 자동화하기 위해서는 시스템은 시스템 상태를 기록하고, 재생하며 제어하는 인터페이스와 같은 아키텍처 (시스템 범위의) 테스트 역량을 제공할 필요가 있다. 고가용성을 지원하기 위해 시스템은 자기 모니터링해야 하며, 이것은 자기 테스트^{self-test}, 핑/에코^{ping/echo}, 생명신호^{heartbeat}, 모니터^{monitor}, 빠른 예비^{hot spot}와 같은 아키텍처 역량을 필요로 한다.

대규모 시스템에서 데브옵스는 아키텍처 지원으로만 달성될 수 있다. 어떤 애드혹 또는 수작업 프로세스는 시스템의 성장과 성공이 위험에 처하게 만든다. 데브옵스 접근 방법을 채택하는 것은 아키텍트의 사고방식에 약간의 변화를 요구한다. 시스템을 단지 설계하는 대신에, 이제 전체 배포 파이프라인의 설계를 생각해야 할 필요가 있다. 파이프라인이 변경하기 쉬운가? 이들 변경이 버튼 클릭만으로 배포될 수 있는가? 파이프라인을 확장하기 쉬운가? 테스트하기 쉬운가? 다행스럽게도 이들 모든 질문에 대한 좋은 대답이 있으며, 이들은 분명한 사고방식이나 전략을 요구하지 않는다. ADD는 데브옵스의 목표를 달성하도록 시스템을 설계할 수 있게 하며, 다른 요인에 대한 설계에서와 같은 방식과 정확하게 같은 설계 근원^{design primitives}을 사용한다. 데브옵스가 성공적으로 수행될 수 있도록 하기 위해 고려되어야 할 필요가 있는 다른 관점은 그것이 아키텍처 관심사로서든 품질 속성으로서든 시스템 요인의 일부분으로 포함시킬 수 있다. 또한 시스템에서 변경용이성이나 테스트용이성,

확장성, 고가용성을 달성할 수 있도록 하는 설계 개념은 배포 파이프라인에 적용될 수 있다. Gertrude Stein을 조금 잘못 인용해서 "아키텍처는 아키텍처는 아키텍처다".

9.2 조직 관점

특정한 개발 방법론의 선택과 이 방법론에 ADD와 같은 설계 방법론을 도입하는 것과 함께, 다른 관점의 설계 프로세스가 설계 활동을 촉지시키기 위해 소프트웨어 개발 조직에 의해 지원될 수 있다. 여기에서 이들 관점 중 몇 가지를 간단하게 논의하기로 한다.

9.2.1 개인 또는 팀으로서의 설계

대규모의 복잡한 프로젝트에서 아키텍처 팀이 직접적으로 설계를 수행할 책임을 가져야만 한다. 그러나 작은 프로젝트에서조차도 여러 사람이 설계 프로세스에 참여하는 것이 중요한 이점을 산출하는 것을 발견할 수 있다. 단 한 사람이 아키텍트이고 다른 사람이 관찰자(짝 프로그램의 실천에서처럼)인지, 또는 그룹이 설계 결정에 적극적으로 협업하는지(그렇더라도 여기서도 한 명의 수석 아키텍트가 있어야 한다)를 결정할 수 있다.

이 접근 방법의 다양한 이점이 있다.

- 특히 해결하려는 설계 문제가 이전에 여러분이 해결했던 것과 다르다면, 두 명(또는 그 이상)의 수석 아키텍트가 한 사람보다 더 나을 수 있다.
- 다른 사람은 아키텍처 설계에 유용한 다른 전문 영역을 가질 수 있다. 예를 들어, 구별된 소프트웨어와 인프라스트럭처 아키텍트나, 구별된 다른 도메인 또는 다른 유형의 설계 개념에 전문화된 사람이 있다.
- 설계 결정을 이루어질 때 반영하고 검토하여, 그 결과로서 즉시 수정할 수 있다.
- 경험이 없는 사람이 설계 프로세스에 참여시켜 훌륭한 멘토링 실천을 할 수 있다.

그러나 이 접근 방법에는 분명한 어려움이 있다는 것을 알아야 한다.

위원회에 의한 설계는 합리적인 시간 범위 안에서 의견 일치가 이루어지지 않는다면 복잡해질 수 있다. 의견 일치를 위한 검색은 "분석 정체^{analysis paralysis}"를 야기시킬 수 있다.

- 설계 비용이 증가하고, 많은 경우에 있어서 설계 시간도 함께 증가한다.

- 로직스틱스를 관리하는 것이 복잡할 수 있다. 이 접근 방법은 그룹의 사람들이 정기적으로 모여야 하기 때문이다.

- 개인성과 정치적인 충돌이 일어나서, 분노하거나 감정이 상할 수 있으며, 설계 결정이 가장 길고 크게 소리치는 사람("골목대장 설계^{design by bullying}")에 의해 영향을 받을 수 있다.

9.2.2 조직의 설계 개념 카탈로그 사용

요인을 만족시키기 위해 설계 프로세스에서 설계 개념을 사용한다(2.5절 참조). 일반적으로 요인은 반복된 설계 문제로 볼 수 있다. 애플리케이션을 구조화하는 관심사든, 기능을 할당하거나, 특별한 품질 속성을 만족시키는 관심사이든, 이들 요인은 이전에 다른 시스템에서 해결되었던 것일 가능성이 크다. 게다가 이들 설계 문제를 해결하거나 이 목적을 담당하는 컴포넌트를 개발하기 위한 방법을 문서화하는 시간도 들였다. 3.4절에서 살펴보았던 것처럼, 설계 개념의 선택은 설계 프로세스에서 가장 어려운 것 중 하나다. 이 문제는 해당 정보가 여러 장소에 흩어져 있다는 사실에 의해 악화되었다. 보통 아키텍트는 여러 패턴과 전술 카탈로그를 참조할 필요가 있으며, 고려되고 사용될 수 있는 설계 개념을 찾기 위해 방대한 검색을 할 필요가 있다.

이 문제를 해결하는 한 가지 방법은 설계 개념 카탈로그^{design concept catalog}를 생성하는 것이다. 이들 카탈로그는 특정한 애플리케이션 도메인을 위한 설계 개념의 컬렉션을 묶는다. 이러한 카탈로그는 설계를 수행할 때 설계 개념의 식별과 선택을 촉진시킬 수 있도록 되어 있다. 또한 조직에 걸쳐 있는 설계에서 일관성을 향상시키는 데 유용하다. 예를 들어 산정을 촉진시키며, 학습 곡선을 줄이고, 재사용의 기회로 이끌어갈 수 있기 때문에 가능한 한 설계자가 특정한 카탈로그에 있는 기술을 사용하도록 요청될 수 있다. 또한 카탈로그는 훈련의 목적에도 유용하다.

설계 개념 카탈로그의 예가 부록 A에 있다. 이 카탈로그는 전사적 애플리케이션의 설계를 지향한다. 빅데이터 도메인에서의 유사한 카탈로그가 그림 2.10(2.5.5 절)에 예신된 기술 패밀리와 특정한 기술에서 생성될 수 있다.

이들 카탈로그의 생성은 상당한 노력이 필요하며, 일단 생성되면 새로운 개념과 특히 새로운 기술이 조직에 도입되거나 제거될 때 유지되어야 한다. 그러나 이들 카탈로그가 귀중한 조직 자산이 되기 때문에 이러한 노력은 가치가 있다.

9.3 요약

이번 장에서 우리는 ADD가 여러 조직 관점과 관련되어 어떻게 사용될 수 있는가를 살펴보았다. ADD는 프로젝트의 도입에서 사전 영업 제안이 개발될 때 표준 컴포넌트를 사용하여 산정을 촉진시키기 위해 사용될 수 있다. 프로젝트가 발전할 때 ADD는 현대의 소프트웨어 개발 라이프사이클 방법론과 결합되어 사용될 수 있다. 일반적으로 ADD는 아키텍처 설계를 수행하는 방법에 대한 상세한 가이드를 제공하지 않는 라이프사이클 방법론을 보완한다.

또한, 우리는 설계 팀의 구성, 그리고 설계 개념 카탈로그와 같이 설계 프로세스 동안에 유용한 조직 자산의 개발과 같은 관련된 관심사를 간단하게 검토했다.

9.4 더 읽을거리

조직 구조와 소프트웨어 아키텍처에 대한 영향은 전사적 아키텍처 관리 분야에서 해결되었다. 전사적 아키텍처 프레임워크는 할맨[F. Ahlemann] 외의 Strategic Enterprise Architecture Management: Challenges, Best Practices, and Future Developments, Springer-Verlag Berlin Heidelberg, 2012에서 논의되었다.

아키텍처와 애자일 방법론 사이의 관계에 대해 살펴볼 수 있는 좋은 자료는 이 주제에 관한 2010년 4월 IEEE Software 잡지에서 찾을 수 있다.

아키텍처와 애자일 방법론이 어떻게 서로 보완하고 지원하는가에 관해 볼 수 있는 벨로모[S. Bellomo]와 고튼[I. Gorton], 카즈만[R. Kazman]의 "Insights from 15 Years of ATAM Data: Towards Agile Architecture", IEEE Software, September/October 2015, 그리고 벨로모[S. Bellomo]와 노드[R. Nord, I.Ozkaya]의 "A Study of Enabling Factors for Rapid Fielding: Combined Practices to Balance Speed and Stability", Proceedings of ICSE 2013, 982-991, 2013 와 같은 여러 연구가 있다.

배리 보헴[Barry Boehm]과 리차드 터너[Richard Turner]는 자신들의 책 『Balancing Agility and Discipline: A Guide for the Perplexed』(Boston: Addison-Wesley, 2004)에서 애자일과 "규율"(단지 아키텍처가 아님) 사이의 관계에 관한 주제에 대해 경험적인 시각을 취했다.

애자일 스프린트에서 불확실성을 해결하는 수단으로서 아키텍처적인 "스파이크"를 생성하는 실천은 그라함[T. C. N. Graham]과 카즈만[R. Kazman], 웸슬리[C. Walmsley]의 "Agility and Experimentation: Practical Techniques for Resolving Architectural Tradeoffs", Proceedings of the 29th International Conference on Software Engineering(ICSE 29), (Minneapolis, MN), May 2007에서 논의되었다. 스파이그에 관한 일반적인 논의는 https://www.scrumalliance.org/community/articles/2013/march/spikes-and-the-effort-to-grief-ratio에서 찾을 수 있다.

많은 실천자와 연구자들이 애자일 방법론과 아키텍처 실천이 어떻게 서로 맞추어 갈 수 있는 가에 대하여 깊이 생각했다. 이러한 생각의 좋은 예 중 몇 가지를 다음에서 발견할 수 있다.

- S. Brown. Software Architecture for the Developers. LeanPub, 2013.
- J. Bloomberg. The Agile Architecture Revolution. Wiley CIO, 2013.
- Dean Leffingwell. "Scaled Agile Framework". http://scaledagileframework.com/
- Cockburn. "Walking Skeleton". http://alistair.cockburn.us/Walking+skeleton
- "Manifesto for Agile Software Development". http://agilemanifesto.org/
- Scott Ambler와 Mark Lines. "Scaling Agile Software Development: Disciplined Agility at Scale" http://disciplinedagileconsortium.org/Resources/Documents/ScalingAgileSoftwareDevelopment.pdf

표준 컴포넌트를 사용한 산정을 포함하여 산정 기법의 포괄적인 내용은 맥코넬[S. McConnell]의 『Software Estimation: Demystifying the Black Art』(Microsoft Press, 2006)에 포함되어 있다.

TSP[Team Software Process]의 개요는 험프리[W. Humphrey]의 The Team Software ProcessSM(TSPSM), Technical Report CMU/SEI-2000-TR-023,November 2000. TSP에 관한 상세한 내용은 이 프로세스에 관한 험프리가 쓴 여러 책에서 찾을 수 있다.

ADD 2.0(다른 아키텍처 개발 방법론과 함께)과 RUP의 통합은 카즈만[R. Kazman]과 크루첸[P. Kruchten], 노드[R. Nord], 토마코[J. Tomayko]의 "Integrating Software-Architecture-Centric Methods into the Rational Unified Process", Technical Report CMU/SEI-2004-TR-011, July 2004에서 찾을 수 있다.

베스[L. Bass]와 웨버[I. Weber], 쭈[L. Zhu]의 『DevOps: A Software Architect's Perspective』(Addison-Wesley, 2015)[1]와 같이 데브옵스에 관한 여러 가지 훌륭한 책이 있다. 데브옵스의 아키텍처 전술은 H-M Chen과 R. Kazman, S. Haziyev, V. Kropov, D. Chtchourov의 "Architectural Support for DevOps in a Neo-Metropolis BDaaS Platform", IEEE 34th Symposium on Reliable Distributed Systems Workshop(SRDSW), Montreal, Canada, September 2015에서 설명되어 있다.

아키텍처 지식 표현과 관리의 문제에 대하여 상당히 많은 관심이 쏠리고 있다. 이 분야의 좋은 개요는 크루첸[P. Kruchten]과 라고[P. Lago], 반 빌렛[H. Van Vliet]의 『Quality of Software Architectures』(Springer, 2006)의 "Building Up and Reasoning About Architectural Knowledge"에서 볼 수 있다. 아키텍처 지식 관리에 대한 도구 관점에 대해서는 탕[A. Tang]과 아브게이유[P. Avgeriou], 얀센[A. Jansen], 카필라[R. Capilla], 알리 바바[M. Ali Babar]의 "A Comparative Study of Architecture Knowledge Management Tools", Journal of Systems and Software, 83(3):352-370, 2010을 살펴본다.

---

1 『데브옵스(DevOps) 아키텍트를 위한 첫 번째 데브옵스 지침서』(에이콘, 2016)로 번역되어 있다. – 옮긴이

10장

마무리

이번 장에서 우리는 다시 한 번 설계의 본질을 되짚어보고 설계를 위한 방법론이 왜 필요한 지를 살펴보기로 한다. 결국 이것이 이 책의 주제이기 때문이다! 그리고 여러분이 이 책을 읽으면서 얻은 정보와 기술을 가지고 그 다음에는 어디로 가야 하는지 몇 마디 하고 끝내고 자 한다.

10.1 방법론의 필요성에 대하여

이 장까지 성공적으로 도달했다면 전문적인 소프트웨어 아키텍트가 될 수 있다고 생각할 수 있다. 전문가가 된다는 것은 모든 유형의 컨텍스트 안에서 (적어도) 적절하고 반복적으로 수 행할 수 있는다는 것을 의미한다. 이런 수준의 성능을 달성하려면 방법론이 필요   하다.

   잘못하게 되면 심각한 문제를 가져오는 복잡한 작업을 수행할 때 방법론이 필요하다. 가 령, 비행기 조종사와 외과 의사는 이 세상에서 가장 고도로 훈련된 전문가 집단이다. 그러나 이들은 아직도 자신이 수행하는 모든 중요한 작업에 대하여 체크리스트와 표준화된 절차를 사용한다. 왜 그럴까? 실수로 인해 야기되는 결과가 심각하기 때문이다. 아마도 여러분은 삶 과 죽음을 가르는 결과를 가져오는 시스템의 아키텍처를 설계하지는 않을 것이다. 그렇다고 하더라도 여러분이 설계하는 시스템은 특히 이 시스템이 거대하고 복잡하다면 조직의 건강과 복지에 중요한 결과를 가져올 수도 있다. 쓰고 버리는 프로토 타입이나 사소한 시스템을 설계한다면 아마도 명시적인 아키텍처 설계 단계가 생략될 수도 있다. 여러분이 과거에 반복해서 생성했던 n번째 시스템을을 설계한다면 아마도 아키텍처 설계는 이전 경험을 복사해서 붙여넣기 하는 것에 불과할 수도 있다.

여러분이 만들거나 발전시키기로 담당한 시스템이 중요하거나 생성하는데 위험이 있다면, 여러분 스스로나 여러분의 조직, 그리고 여러분의 전문성으로 소프트웨어 개발 라이프사이클에서 이 가장 중요한 단계에서 여러분이 할 수 있는 최선의 작업을 수행해야 한다. 이러한 목적을 달성하기 위해서는 방법론이 필요하다. 방법론은 균일성, 일관성, 완료성을 보장할 수 있도록 도와준다. 방법론은 올바른 단계를 취하고 올바른 질문을 할 수 있게 한다.

물론 어떤 방법론도 적절한 훈련과 교육을 대체할 수는 없다. 어느 누구도 방법론이나 체크리스트만 가지고 초보 파일럿이 787기를 조정하는 것을 신뢰하지 않을 것이다. 의대 1학년생이 수술대에서 외과용 메스를 휘두르는 것도 신뢰하지 않을 것이다. 그러나 방법론은 고품질 결과를 반복적으로 생산해낼 수 있는 핵심이 된다. 그리고 결국 이것이 우리 모드가 소프트웨어 엔지니어링 전문가로서 바라는 일인 것이다.

프레드 브룩스$^{Fred Brooks}$는 설계 프로세스에 관한 책에서 다음과 같이 말했다.

설계 프로세스의 어떤 체계화도 "그냥 코딩하거나 구축하기 시작하자"에 비교되는 위대한 진전이다. 설계 프로젝트를 계획하는 명확한 단계를 제공한다. 일정을 계획하고 진행을 판단하기 위한 명확하게 정의될 수 있는 마일스톤을 제공한다. 프로젝트 조직 구성을 제안한다. 활동에 대한 단 하나의 어휘를 모든 사람에게 제공함으로써 설계 팀 안에서 의사소통을 도와준다. 놀랍게도 팀과 관리자 사이 및 관리자와 다른 이해당사자 사이의 의사소통을 도와준다. 초보자를 가르칠 수 있도록 준비되어 있다. 처음 설계 작업이 할당된 초보자에게 어디서부터 시작할지를 알려준다.

설계는 너무 중요해서 변경하도록 남겨둘 수 없다. 그리고 "반복적으로 문제라고만 말하는 것"보다 설계 시에 좋은 것을 얻도록 하는 더 나은 방법이 필요하다. 1969년에 노벨상을 수상한 과학자인 하버트 사이먼$^{Herbert Simon}$이 쓴 글처럼, "설계는 모든 전문적인 훈련의 핵심이다. 과학에서 전문가를 구별하는 기본적인 표식이다. 건축과 비즈니스, 교육, 법률, 의학계와 마찬가지로 공학계도 모두 중심에는 설계 프로세스에 관심을 갖는다." 사이먼은 계속해서 대학 교육에서 설계의 상대적인 무시에 의해 전문적인 경쟁의 부재가 야기된다고 말한다. 즐겁게도 이러한 경향은 점차 바뀌어가고 있지만, 거의 50년 후에도 아직도 우려하는 원인이 되고 있다.

이 책에서 우리는 아키텍처 설계를 하기 위한 실무에서 검증된 방법론(ADD 3.0)을 제공했다. 방법론은 초보자에게 가이드를 제공하고, 전문가에게 재확인시켜준다는 점에서 유용하다. ADD 3.0의 단계는 ADD 이전 버전에서 다소 갱신되었다. 그러나 마찬가지로 중요하게 더 폭넓은 아키텍처 라이프사이클에 중점을 두고, 설계 프로세스의 일부 변경이 아키텍트로서 여러분의 삶을 더 좋아지게 하며, 어떻게 더 나은 결과를 제공해줄 수 있는지를 보여주었다. 예를 들어 우리는 입력물의 집합을 확장시켜서 설계 목적과 아키텍처 관심사와 같은 것을 포함하는 것에 관해 생각하게 했다. 이러한 더 넓은 관점은 고객의 요구를 만족시킬뿐만 아니라, 팀과 조직의 비즈니스 필요성까지 연계되는 아키텍처를 생성할 수 있게 한다. 이와 함께 우리는 "설계 개념 카탈로그"(참조 아키텍처, 패턴, 전술, 그리고 프레임워크나 기술 패밀리와 같은 외부에서 개발된 컴포넌트로 구성된 재사용할 수 있는 아키텍처 지식의 집적)로 설계를 가이드하고, 또 그래야 한다는 것을 보여주었다. 이들 개념을 카탈로그화 함으로써 설계는 더 예측할 수 있고 반복할 수 있게 된다. 마지막으로 설계는 아마도 비공식적인 스케치로 문서화되어야 하며, 내려진 결정을 분석하는 일관성 있는 실천이 수반되어야 한다고 했다.

만약 여러분이 스스로를 소프트웨어 엔지니어로 생각한다면 "엔지니어"라고 하는 직함을 진지하게 생각해야 한다. 어떤 물리, 전자, 건축 엔지니어도 좋은 원칙과 컴포넌트에 기반을 두지 않은, 또는 분석되거나 문서화되지 않은 설계에 귀중한 자원을 투입하지 않을 것이다. 일반적인 소프트웨어 엔지니어링, 그리고 특히 소프트웨어 아키텍처는 유사한 목표를 위해 애써야 한다고 생각한다. 우리는 창조성이 탁월한 "예술가"가 아니다. 우리는 엔지니어다. 따라서 예측성과 반복성이 가장 소중한 목표다.

10.2 다음 단계

이제 여기에서 어디로 가야 할까? 이 질문에 대한 4가지 구조적인 대답이 있다. 하나는 아키텍트로서 여러분의 기술과 경험을 개인적으로 연마하는 것이다. 두 번째는 여러분의 동료가 좀 더 의식적으로 아키텍처 설계를 생각하도록 하는 방법을 생각하는 것이다. 세 번째는 여러분이 조직이 아키텍처 설계를 더 명확하게 수행할 수 있도록 하는 것이다. 그리고 네 번째는 여러분의 커뮤니티와 더 큰 소프트웨어 아키텍트 커뮤니티에 공헌하는 것이다.

개인으로서 여러분에게 충고하고 싶은 것은 간단하다. 실천하라. 다른 복잡한 가치 있는 기술처럼, 아키텍트로서 여러분의 기술은 즉각적으로 오지 않을 것이다. 그러나 여러분의 확신은 끊임없이 증가해야 한다. "여러분이 해낼 때까지 그것을 따라하라"는 것이 우리가 줄 수 있는 최선의 충고다. 참조할 수 있는 방법론과 공통적인 설계 개념이 준비되어 있기 때문에 여러분은 "따라하고" 배울 수 있는 확고한 기반을 가진 셈이다.

여러분의 기술을 설천하고 동료를 끌어들이는 것을 도와주기 위해 우리는 아키텍처 게임을 개발했다. "영리한 결정Smart Decision"이라고 하는 이 게임은 http://www.smartdecisionsgame.com에서 찾을 수 있다. 이 게임은 ADD 3.0을 사용한 아키텍처 설계 프로세스를 시뮬레이션하며, 압박감 없이 재미있게 배울 수 있도록 되어 있다. 현재 이 게임은 5장의 확장된 설계 예와 유사한 빅데이터 분석 애플리케이션 도메인에 중점을 두지만, 다른 애플리케이션 도메인에도 쉽게 적용시킬 수 있다.

또한 조직에서 취해야 할 다음 단계도 생각할 필요가 있다. 여러분은 변화의 대리인이 될 수 있다. 여러분의 회사가 아키텍처를 "믿지" 않는다고 하더라도 이 책과 ADD에 있는 많은 아이디어를 실천할 수 있다. 요구에 대한 반응 목표를 주장함으로써 요구를 명확하게 하도록 한다. 일정이 빠듯하더라도 사용된 주요 아키텍처 설계 개념에 의견일치를 끌어내도록 한다. 화이트보드 주변에 모여 동료들과 빠른 비공식적인 설계 검토를 수행하고, 스스로 투영 질문을 한다. 이들 "다음 단계" 어느 것도 벅차거나 시간이 많이 소요되지 않는다. 그리고 우리가 믿기에는(그리고 산업 경험이 보여주는 것처럼) 이들이 스스로 보강될 것이다. 더 좋은 설계는 더 좋은 결과를 가져온다. 그리고 그 결과는 여러분과 여러분의 그룹, 그리고 여러분의 조직이 같은 것을 더 많이 하도록 할 것이다.

마지막으로 여러분의 지역 소프트웨어 엔지니어링 커뮤니티, 그리고 전 세계 소프트웨어 아키텍트 커뮤니티에 공헌할 수 있다. 예를 들어, 지역 소프트웨어 엔지니어링 미팅에서 아키텍처 게임을 수행하고 여러분의 경험을 공유할 수 있다. 실제 프로젝트에서 아키텍트로서 여러분의 성공과 실패 사례를 공유할 수 있다. 예제는 가르치기 가장 효과적인 방식이라고 생각한다. 이 책에서는 3개의 사례 연구를 제공하였지만, 항상 많을수록 더 좋다. 오늘날 웹으로 자기 출판하는 것은 쉽다.

행복한 아키텍팅이 되기를!

10.3   더 읽을거리

이 장에서 길게 인용한 프레드 북스Fred Books의 글은 생각하게 만드는 책인 『The Design of Design: Essays from a Computer Scientist』(Pearson, 2010)에서 가져왔다. 이 장과 이 책, 그리고 일반적인 소프트웨어 아키텍처 분야에서의 많은 아이디어는 하버트 사이먼의 설계 과학에 관한 기념비적인 책 『The Sciences of the Artificia』(MIT Press, 1969)에서 볼 수 있다.

설계 개념 카탈로그

이번 장에서는 4장의 사례 연구에서 제시되었던 것과 같이, 엔터프라이즈 애플리케이션 도메인과 관련된 설계 개념을 묶어 놓은 카탈로그에서 발췌한 것을 제시한다. 패턴 카탈로그와 같이 단지 한 유형의 설계 개념 목록을 제시하는 전통적인 카탈로그와는 반대로, 여기에 제시된 카탈로그는 다양한 관련된 설계 개념을 묶어 놓았다. 이 경우에 카탈로그에는 참조 아키텍처와 배포 패턴, 디자인 패턴, 전술, 외부에서 개발된 컴포넌트(프레임워크)에서 선택된 것들이 포함된다. 또한 이 카탈로그에 포함된 설계 개념은 실무 설계에서 발행하는 것을 반영하여 서로 다른 출처에서 수집되었다. 설계 개념은 아주 간결한 방식으로 제시되며, 좀 더 상세한 내용이 필요한 독자들은 이 장 끝에 제공되는 참조를 사용하여 원래의 출처를 참조하여야 한다.

A.1 참조 아키텍처

참조 아키텍처는 애플리케이션을 구조화하기 위한 청사진을 제공한다(2.5.1절 참조). 이 절에서는 마이크로소프트 애플리케이션 아키텍처 가이드^{Microsoft Application Architecture Guide}에 있는 카탈로그를 기반으로 한다.

A.1.1 웹 애플리케이션

웹 애플리케이션은 보통 웹 브라우저에서 시작하여 HTTP 프로토콜을 사용하여 웹 서버와 커뮤니케이션한다. 많은 애플리케이션이 서버에 있으며, 아키텍처는 일반적으로 프리젠테이션, 비즈니스, 데이터 레이어 등 3개의 레이어로 구성된다. 프리젠테이션 레이어^{presentation layer}는 사용자 상호작용을 관리하는 책임을 갖는 모듈을 포함한다. 비즈니스 레이어^{business layer}는 비즈니스 로직과 관련된 관점을 처리하는 모듈을 포함한다. 데이터 레이어^{data layer}는 지역 또는 원격에 저장된 데이터를 관리하는 모듈을 포함한다. 또한 레이어에 걸쳐 있는 모듈에 공통되는 일정한 기능은 횡단 관심사^{cross-cutting concern}로서 구성된다. 횡단 기능^{cross-cutting functionality}은 보안, 로깅, 예외 관리와 관련된 관점을 포함한다. 그림 A.1은 웹 애플리케이션의 모듈과 관련된 컴포넌트를 보여준다.

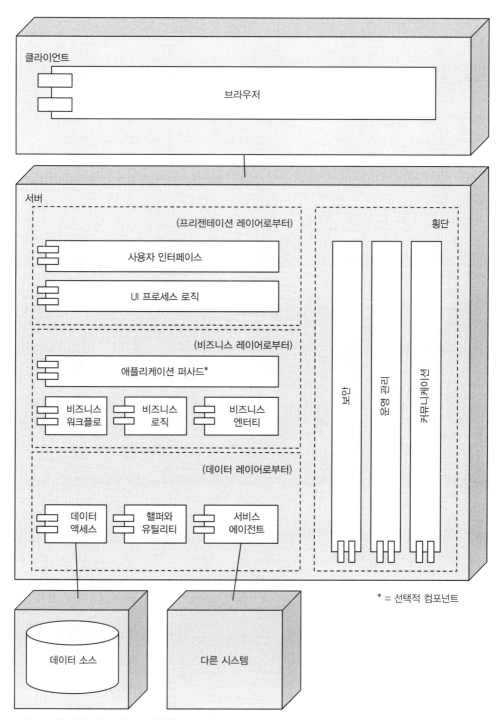

그림 A.1 웹 애플리케이션 참조 아키텍처(용례:UML)

다음 표는 이 참조 아키텍처에 제시된 컴포넌트의 책임을 요약한다.

컴포넌트명	책임
브라우저(browser)	클라이언트 머신 상에 실행되는 웹 브라우저
사용자 인터페이스 (user interface)	이들 컴포넌트는 사용자 상호작용을 방아서 사용자에게 정보를 표시하는 책임을 갖는다. 단추와 텍스트 필드와 같은 UI 요소를 포함한다.
UI 프로세스 로직 (UI process logic)	이들 컴포넌트는 사용자 유스케이스의 제어 흐름을 관리하는 책임을 갖는다. 데이터 유효확인과 비즈니스 로직과의 상호작용 오케스트레이션, 그리고 비즈니스 레이어로부터 오는 데이터를 사용자 인터페이스 컴포넌트에 제공하는 것과 같은 다른 책임도 갖는다.
애플리케이션 퍼사드 (application facade)	이 컴포넌트는 선택적이다. 비즈니스 로직 컴포넌트에 단순화된 인터페이스(퍼사드)를 제공한다.
비즈니스 워크플로 (business workflow)	이들 컴포넌트는 (오래 실행되는) 여러 유스케이스의 실행이 관련된 비즈니스 프로세스를 관리하는 책임을 갖는다.
비즈니스 로직 (business logic)	이들 컴포넌트는 애플리케이션 데이터를 가져와서 처리하고 이 데이터에 비즈니스 규칙을 적용하는 책임을 갖는다.
비즈니스 엔터티 (business entity)	이들 컴포넌트는 비즈니스 도메인의 엔터티와 관련된 비즈니스 로직을 표현한다.
데이터 액세스 (data access)	이들 컴포넌트는지속성 메커니즘을 캡슐화하며, 정보를 가져오고 저장하는 데 사용되는 공통 오퍼레이션을 제공한다.
핼퍼와 유틸리티 (helper and utility)	이들 컴포넌트는 데이터 레이어에 있는 다른 모듈에 공통적인 기능을 포함한다.
서비스 에이전트 (service agent)	이들 컴포넌트는 외부 서비스에 데이터를 전송하는데 사용되는 커뮤니케이션 메커니즘을 추상화한다.
보안(security)	이들 컴포넌트는 권한과 인증과 같은 보안 관점을 처리하는 횡단 기능을 포함한다.
운영 관리 (operation management)	이들 컴포넌트는 예외 관리, 로깅, 인스트루먼트 및 유효 확인과 같은 횡단 기능을 포함한다.
커뮤니케이션 (communication)	이들 컴포넌트는 레이어와 물리적인 티어에 걸쳐 있는 커뮤니케이션 메커니즘을 처리하는 횡단 기능을 포함한다.

다음 경우에 이 유형의 애플리케이션 사용을 고려해야 한다.

- 풍부한 사용자 인터페이스를 요구하지 않는다.

- 클라이언트 머신에 어떤 것을 설치함으로써 애플리케이션을 배포하기를 원하지 않는다.

- 사용자 인터페이스의 호환성이 필요하다.

- 애플리케이션이 인터넷 상에서 접근할 수 있어야 한다.

- 클라이언트 측 리소스의 사용을 최소화하기를 원한다.

A.1.2 리치 클라이언트 애플리케이션

리치 클라이언트 애플리케이션^{Rich Client Application}은 사용자 머신에 설치되고 실행된다. 애플리케이션이 사용자 머신에서 실행되기 때문에 사용자 인터페이스는 고성능, 상호작용 및 풍부한 사용자 인터페이스를 제공할 수 있다. 리치 클라이언트 애플리케이션은 단독, 연결, 간헐적 연결, 또는 단절 모드로 운영될 수 있다. 연결되었을 때 일반적으로 다른 애플리케이션이 제공하는 원격 서비스와 커뮤니케이션한다.

리치 클라이언트 애플리케이션은 웹 애플리케이션과 유사하게 (A.1.1 절 참조) 3개의 주요 레이어나 횡단 그룹핑으로 구조화된다. 리치 클라이언트 애플리케이션은 "가벼울^{thin}" 수도, "무거울^{thick}" 수도 있다. 가벼운 클라이언트 애플리케이션^{thin-client application}은 주로 프리젠테이션 로직으로 구성되어, 사용자 데이터를 획득하여 서버가 처리할 수 있도록 넘겨준다. 무거운 클라이언트 애플리케이션^{thick-client application}은 비즈니스와 데이터 로직을 포함하며, 일반적으로 데이터 저장소 서버에 연결되어 원격으로 지속화할 정보를 교환한다. 그림 A.2는 리치 클라이언트 애플리케이션에 있는 모듈과 관련된 컴포넌트를 보여준다.

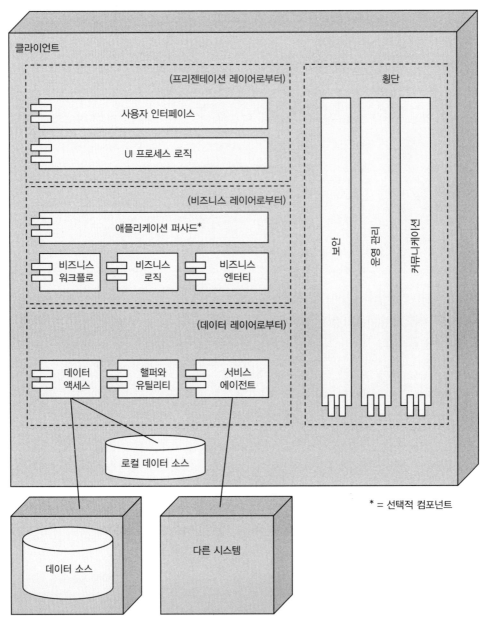

그림 A.2 리치 클라이언트 애플리케이션 참조 아키텍처(용례: UML)

다음 경우에 이 유형의 애플리케이션 사용을 고려해야 한다.

- 사용자 머신에 애플리케이션을 설치하기를 원한다.
- 애플리케이션이 간헐적으로 네트워크 연결성을 지원하거나, 또는 전혀 지원하지 않기를 원한다.

- 애플리케이션이 고도로 상호작용하고 반응하기를 원한다.

- 사용자 머신 리소스(그래픽 카드와 같은)를 활용하기를 원한다.

이들 애플리케이션은 사용자 머신에 배포되기 때문에 호환성이 적고, 배포와 업데이트가 좀 더 복잡하다. 그러나 설치를 수월하게 하는 여러 기술이 있다.

A.1.3 리치 인터넷 애플리케이션

리치 인터넷 애플리케이션^{RIA, Rich Internet Application}은 일반적으로 브라우저 안에서 실행되며 AJAX^{Asynchronous JavaScript and XML}와 같이 브라우저에서 실행되는 코드를 사용하여 개발될 수 있다. 또한 RIA는 실버라이트와 같은 브라우저 플러그인 안에서 실행될 수도 있다. 이들 애플리케이션은 표준 웹 애플리케이션보다 좀 더 복잡하며, 풍부한 사용자 인터페이스와 비즈니스 로직을 지원한다. 그러나 일반적으로 보안 문제로 로컬 리소스에 접근하는 것은 제한된다.

일반적인 RIA는 웹 애플리케이션과 같은 3개의 레이어와 모듈을 사용하여 구조화한다 (A.1.1절 참조). RIA에서 일부 비즈니스 로직은 클라이언트 머신에서 실행될 수도 있으며, 일부 데이터는지역적으로 저장될 수도 있다. 리치 클라이언트 애플리케이션과 같이 RIA는 상대적으로 가벼운 클라이언트에서 아주 무거운 클라이언트까지 범위를 갖는다.

다음 표는 (그림 A.3에서 볼 수 있는) 이 참조 아키텍처의 컴포넌트 중에서 웹 애플리케이션 아키텍처에서 제시되지 않은 컴포넌트의 책임을 요약한다.

컴포넌트명	책임
프리젠테이션 (presentation)	사용자 상호작용을 관리하는 책임을 갖는다(UI 컴포넌트와 UI 프로세스 로직 컴포넌트 둘 다 표현한다).
리치 UI 엔진 (rich UI engine)	플러그인 실행 컨테이너(plug-in execution container) 안에서 사용자 인터페이스 요소를 렌더링하는 책임을 갖는다.
비즈니스 프로세싱 (business processing)	클라이언트 측 비즈니스 로직을 관리하는 책임을 갖는다.
서비스 인터페이스 (service interface)	브라우저에서 실행하는 컴포넌트가 소비하는 서비스를 노출하는 책임을 갖는다.
메시지 타입(message type)	애플리케이션의 클라이언트 부분과 서버 부분 사이에 교환되는 메시지 유형을 관리하는 책임을 갖는다.

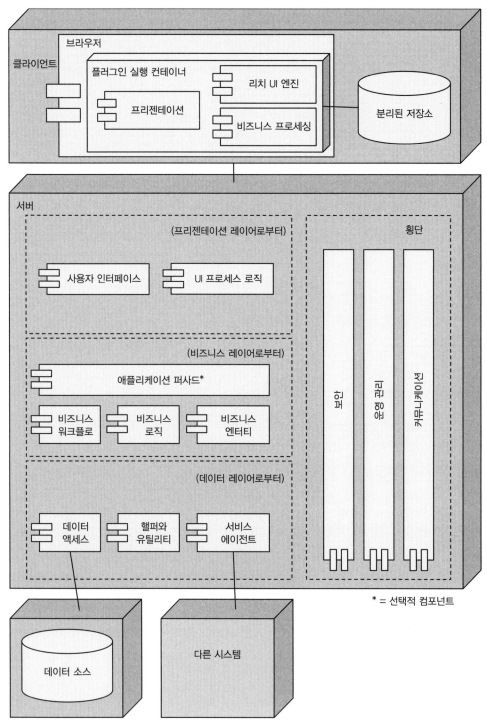

그림 A.3 리치 인터넷 애플리케이션 참조 아키텍처(용례: UML)

다음 경우에 이 유형의 애플리케이션 사용을 고려해야 한다.

- 애플리케이션이 품부한 사용자 인터페이스를 갖지만, 브라우저 안에서 실행되기를 원한다.
- 클라이언트 측에서 일부 프로세싱에 수행되기를 원한다.
- 사용자 머신에서 설치를 수행하지 않고 간단한 방식으로 애플리케이션을 배포하고 업데이트하기를 원한다.

그러나 이 유형의 애플리케이션과 관련된 몇 가지 제약이 있다.

- 애플리케이션이 샌드박스^{sandbox} 안에서 실행되기 때문에 로컬 리소스에 접근이 제한될 수 있다.
- 로딩 시간을 무시할 수 없다.
- 플러그인 실행 환경이 모든 플랫폼에서 작동하지 않을 수 있다.

A.1.4 모바일 애플리케이션

모바일 애플리케이션^{mobile application}은 보통 핸드헬드 디바이스^{handheld device} 상에서 실행되며, 원격에 있는지원 인프라스트럭처와 협업하여 작업한다. 이들 애플리케이션은 웹 애플리케이션과 유사한 모듈과 레이어를 사용하여 구조화되지만(A.1.1 절 참조), 이들 모듈에서 도출된 많은 컴포넌트는 가벼운 클라이언트^{thin-client} 또는 무거운 클라이언트^{thick-client} 접근 방법을 따르는가에 따라서 선택적이 될 수 있다. 그림 A.4에서 볼 수 있는 바와 같이, 최소한 사용자 상호작용의 책임을 갖는 컴포넌트는 일반적으로 존재한다. 지원 인프라스트럭처와의 커뮤니케이션은 보통 신뢰할 수 없으며, 이들 애플리케이션은 일반적으로 어떤 유형이든 로컬 데이터 저장소를 포함하고 지원 인프라스트럭처와 정기적으로 동기화한다.

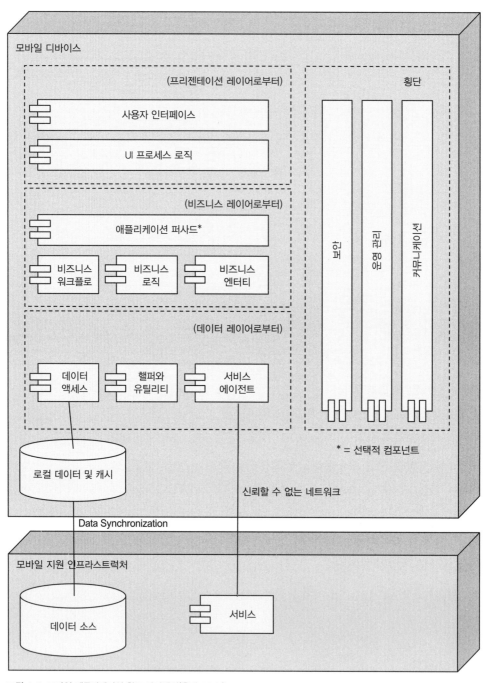

그림 A.4 모바일 애플리케이션 참조 아키텍처(용례: UML)

다음 경우에 이 유형의 애플리케이션 사용을 고려해야 한다.

- 애플리케이션이 핸드헬드 디바이스에서 실행되기를 원한다.
- 네트워크 연결이 신뢰할 수 없고, 따라서 애플리케이션은 오프라인과 간헐적 연결 모드에서 둘 다 실행될 필요가 있다.

그러나 이 유형의 애플리케이션과 관련된 잠재적인 제약이 있다.

- 핸드헬드 디바이스의 리소스가 제한될 수 있다.

A.1.5 서비스 애플리케이션

서비스 애플리케이션^{service application}은 공개 인터페이스(즉, 서비스)를 통해서 기능을 노출하는 사용자가 인터페이스가 없는 애플리케이션이다. 서비스는 원격이나 서비스 애플리케이션이 실행되는 같은 머신에서 서비스 소비자 컴포넌트에 의해 호출될 수 있다. 서비스는 WSDL^{Web Services Description Language}과 같은 서술 언어를 사용하여 정의될 수 있다. 전송 채널 상에 전달되는 XML 기반 메시지 스키마를 사용하여 오퍼레이션이 호출된다. 결과적으로 서비스는 상호운영성^{interoperability}을 촉진시킨다.

다른 유형의 참조 아키텍처와 비슷하게 서비스 애플리케이션은 레이어를 사용하여 구조화된다(그림 A.5). 이들 애플리케이션은 사용자 인터페이스가 없다. 따라서 프리젠테이션 레이어가 필요하지 않다. RIA의 서버 부분과 유사하게 (A.1.3절 참조) 서비스를 노출하고 정보를 교환하는 책임을 갖는 컴포넌트를 포함하는 서비스 레이어로 대체된다.

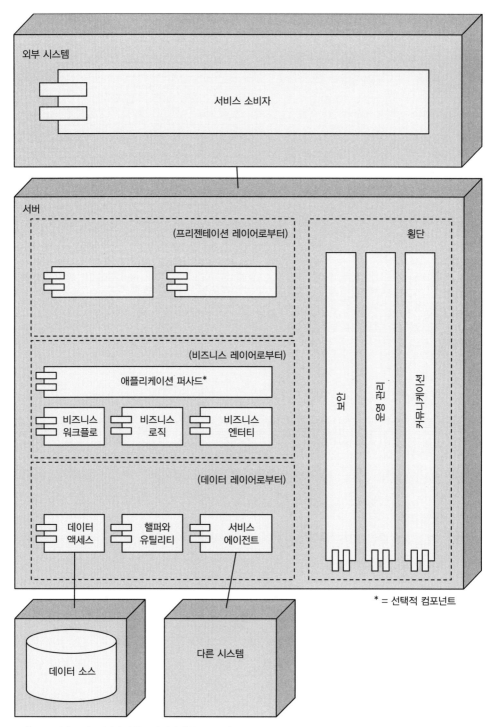

그림 A.5 서비스 애플리케이션 참조 아키텍처(용례: UML)

다음 경우에 이 유형의 애플리케이션 사용을 고려해야 한다.

- 애플리케이션이 사람이 아니라 다른 시스템에서 사용된다. 따라서 사용자 인터페이스를 갖지 않는다.
- 애플리케이션과 클라이언트가 느슨하게 결합되어야 한다.

A.2 배포 패턴

배포 패턴은 물리적인 관점에서 시스템을 구조화하는 방법에 대한 가이드를 제공한다. 소프트웨어 시스템의 배포와 관련된 좋은 결정은 성능과 사용용이성, 가용성, 보안과 같은 중요한 품질 속성을 달성하는데 필수적이다. 이번 절은 마이크로소프트 애플리케이션 아키텍처 가이드^{Microsoft Application Architecture Guide}에 있는 카탈로그의 요약이다.

A.2.1 비분산 배포

비분산 배포^{nodistributed deployment}에서 데이터 저장소 기능을 제외하고 다른 레이어에 있는 모듈의 모든 컴포넌트를 단일 서버에 두게 된다(그림 A.6). 컴포넌트가 지역적으로 커뮤니케이션하기 때문에 네트워크 커뮤니케이션 지연이 없어서 성능이 향상된다. 그러나 성능은 리소스 다툼과 같은 시스템의 다양한 면에 의해서 영향을 미친다. 또한 이 유형의 애플리케이션은 시스템 리소스의 가장 큰 소비자의 최대 사용치를 지원해야 한다. 같은 물리적인 하드웨어를 모든 컴포넌트가 공유해야 하기 때문에 확장성과 유지보수성에 부정적인 영향을 미칠 수 있다.

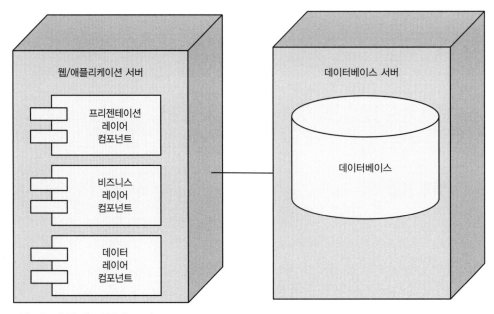

그림 A.6 비분산 배포 예(용례: UML)

A.2.2 분산 배포

분산 배포[distributed deployment]에서 애플리케이션 컴포넌트는 다른 물리적인 티어에 둔다(그림 A.7). 일반적으로 특정한 레이어에 관련된 컴포넌트 다른 티어에 배포된다. 티어는 호스팅하는 컴포넌트의 요구를 최대한 충족시키도록 다르게 설정될 수 있다.

분산 배포는 확장성을 촉진시키지만, 또한 티어를 추가하면 추가적인 비용과 네트워크 지연, 복잡성, 배포 노력이 필요하게 된다. 특정한 티어에 따라서 다른 보안 정책이 적용될 수 있으며, 티어 사이에 방화벽을 둘 수도 있다. 다음 하위 절은 A.1절의 참조 아키텍처와 함께 사용될 수 있는 다양한 분산 배포 대안을 설명한다.

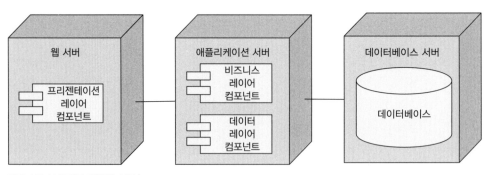

그림 A.7 분산 배포 예(용례: UML)

2티어 배포(클라이언트-서버)

2티어 배포는 분산 배포의 가장 기본적인 레이아웃이다. 보통 그림 A.8과 같이 클라이언트와 서버가 다른 물리적인 티어에 배포된다.

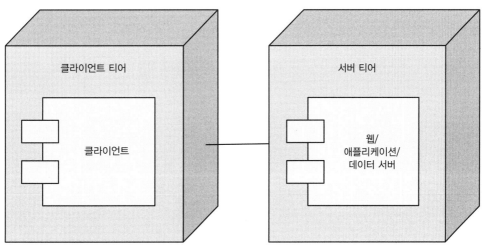

그림 A.8 2티어 배포 패턴(용례: UML)

3티어 배포

3티어 배포에서 애플리케이션은 그림 A.9와 같이 데이터베이스를 호스팅하는 티어와 분리된 티어에 배포된다. 웹 애플리케이션의 가장 일반적인 물리적인 레이아웃이다.

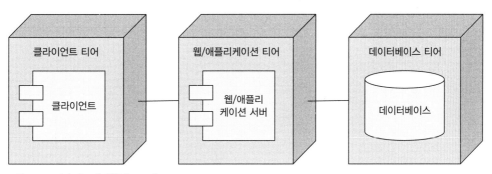

그림 A.9 3티어 배포 패턴(용례: UML)

4티어 배포

4티어 배포에서 그림 A.10과 같이 우베 서버와 애플리케이션 서버가 다른 티어에 배포된다. 이와 같이 분리함으로써 보통 보안성이 강화된다. 웹 서버는 공개적으로 접근할 수 있는 네트워크 안에 있지만, 애플리케이션은 보호된 네트워크 안에 있기 때문이다. 이와 함께 방화벽을 티어 사이에 둘 수 있다.

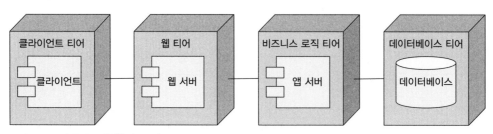

그림 A.10 4티어 배포 패턴(용례: UML)

A.2.3 성능 패턴: 로드밸런싱 클러스터

로드밸런싱 클러스터^{Load-Balanced Cluster} 패턴에서 그림 A.11과 같이 작업 부하를 공유하는 여러 서버에 애플리케이션이 배포된다. 클라이언트 요청을 로드 밸런서가 수신하여, 현재 부하에 따라서 다양한 서버에 이들을 넘겨준다. 다른 애플리케이션 서버가 동시에 여러 요청을 처리할 수 있게 되어 성능이 향상된다.

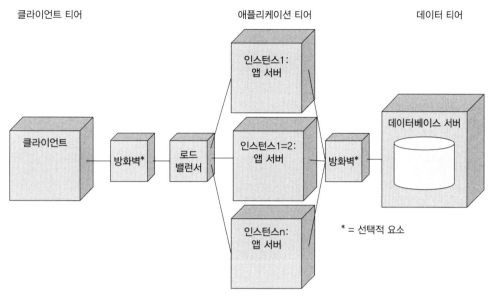

그림 A.11 로드밸런싱 클러스터 배포 패턴(용례: UML)

A.3 아키텍처 설계 패턴

이 절은 4장의 사례 연구에서 사용된 아키텍처 설계 패턴(2.5.2 절 참조)을 포함한다. 여기에 제시된 패턴은 『Pattern-Oriented Software Architecture: A Pattern Language for Distributed Computing, Volume 4』를 기반으로 한다. 괄호 안의 숫자[예: 도메인 모델 (182)]는 패턴이 문서화된 책의 쪽수를 나타낸다.

여기에서 우리는 자가적 패턴 표기법을 사용하고 있으며, 이것은 패턴 커뮤니티에서는 일반적이다. 첫 번째 다이어그램(레이어)에 용례에서 기호를 정의하고 이 절 전체에 이들 기호를 사용한다.

A.3.1 구조 패턴

이들 패턴은 시스템을 구조화하는 데 사용되지만, 참조 아키텍처보다는 덜 상세하다.

이름	레이어(Layers)
문제와 컨텍스트	도메인 모델(182)을 팀에 할당될 수 있는 모듈의 집합으로 변환할 때 여러 관심사 즉, 모듈의 독립적인 개발, 모듈의 독립적인 발전, 모듈 사이의 상호작용을 지원할 필요가 있다.
해결 방안	개발 중인 소프트웨어에 두 개 이상의 레이어를 정의하며, 각 레이어는 구별된 특정한 책임을 갖는다. 레이어링을 좀 더 효과적으로 하기 위해 레이어 사이의 상호작용이 상당히 제한되어야 한다. 아래 그림과 같이 가장 엄격한 레이어링은 단방향 의존성만 허용하고 레이어 브리징을 금한다.
구조	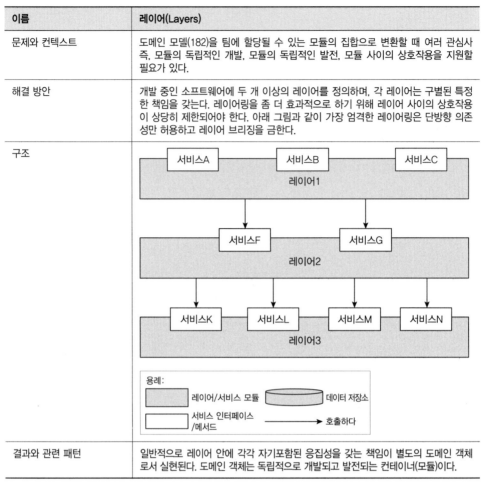
결과와 관련 패턴	일반적으로 레이어 안에 각각 자기포함된 응집성을 갖는 책임이 별도의 도메인 객체로서 실현된다. 도메인 객체는 독립적으로 개발되고 발전되는 컨테이너(모듈)이다.

이름	도메인 객체(Domain Object)
문제와 컨텍스트	레이어(185)로 도메인 모델(182)을 실현할 때 핵심 관심사는 자기포함된 응집성을 갖는 애플리케이션의 책임을 분할한다.
해결 방안	도메인 객체라고 하는 자기포함된 빌딩 블록 안에 구별된 중요한 애플리케이션 기능의 각 부분을 캡슐화한다.
구조	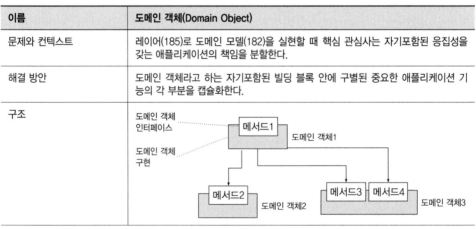

(이어짐)

이름	도메인 객체(Domain Object)
결과와 관련 패턴	애플리케이션의 책임을 도메인 객체로 분할하는 것은 하나 이상의 입자성 기준을 기반으로 한다. 비즈니스 피처나 도메인 개념, 또는 인프라스트럭처 요소를 캡슐화하는 다양한 유형의 도메인 객체가 있을 수 있다. 예를 들어, 수입 관세 계산이나 화폐 변환과 같은 기능일 수도 있고, 은행 계좌나 사용자와 같은 도메인 개념일 수도 있다. 또한 도메인 객체는 다른 도메인 객체를 모을 수 있다. 도메인 객체를 설계할 때 일부 기능을 노출시키는 명시적 인터페이스(281)와 해당 기능을 실현하는 캡슐화된 구현(313)을 구별할 필요가 있다. 인터페이스와 구현의 분리는 모듈화의 핵심이다. 결합성(coupling)(각 도메인 객체가 캡슐화된 구현이 아닌 명시적 인터페이스만 의존하는 것)을 최소화한다. 이것은 다른 도메인 객체와 독립적으로 도메인 객체 구현을 생성하고 발전시킬 수 있게 한다.

A.3.2 인터페이스 분할

이름	명시적 인터페이스(Explicit Interface)
문제와 컨텍스트	레이어(185)와 구성하는 도메인 객체(208)를 설계할 때 중요한 관심사는 컴포넌트(모듈) 인터페이스를 적절하게 생성하는 방법이다. 모듈은 자기포함된 기능 단위(그리고 자기포함된 배포 단위)다. 클라이언트가 자신의 기능을 제공할 때 빌딩 블록으로서 기존 모듈 위에 구축될 수 있다. 모듈의 구현에 직접 접근하는 것은 클라이언트가 모듈의 내부에 의존하게 만들며, 궁극적으로는 결합성을 증가시키고 애플리케이션의 발전 능력을 깍아먹게 한다.
해결 방안	모듈의 명시적 인터페이스를 구현으로부터 분리한다. 명시적 인터페이스를 모듈의 클라이언트에 노출시키지만, 구현은 사적으로 유지한다.
구조	
결과와 관련 패턴	명시적 인터페이스를 통한 클라이언트 호출은 구현으로 전송되지만, 클라이언트 코드는 구현이 아니라 공개 인터페이스에만 의존할 것이다. 따라서 명시적 인터페이스는 컴포넌트의 인터페이스를 구현으로부터 분리할 수 있게 한다. 이러한 분할은 인터페이스가 변경되지 않는 한 컴포넌트를 사용하는 클라이언트가 영향을 받지 않으면서 컴포넌트의 구현이 수정될 수 있다는 것을 의미한다.

이름	프록시(Proxy)
문제와 컨텍스트	명시적 인터페이스(281)을 명세할 때 직접 컴포넌트의 구현에 접근하는 것을 피하기 원한다. 이들 서비스가 변경할 수도, 실행 시간까지 알려지지 않을 수도 있기 때문이다. 대부분의 현대 소프트웨어 시스템은 협력하는 컴포넌트로 구성되며, 이들 중 일부는 여러분이 생성하고, 어떤 것은 여러분이 생성하지 않은 것일 수 있다. 여러분의 컴포넌트는 다른 컴포넌트가 제공하는 서비스에 접근하여 사용할 수 있다. 예를 들어 구현이 원격 서버에 있을 때 컴포넌트의 서비스에 직접 접근하는 것이 비실제적이거나 불가능할 수도 있다.
해결 방안	대리자(surrogate)(프록시라고 하는) 안에 컴포넌트와 상호작용하는 모든 세부 사항을 캡슐화하고, 주제 컴포넌트와 직접 커뮤니케이션하기보다는 프록시를 통해서 클라이언트가 커뮤니케이션하게 한다.
구조	
결과와 관련 패턴	프록시는 클라이언트와 주제 둘 다 컴포넌트에 특정한 기능을 구현하는 것에서 자유롭게 한다. 또한 클라이언트가 실제 주제 컴포넌트와 연결되어 있는지, 프록시와 연결되어 있는지 투명하다. 둘 다 동일한 인터페이스를 노출하기 때문이다. 프록시의 단점은 각 클라이언트 상호작용예 추가된 추가 실행 시간이다(하지만 애플리케이션이 지연에 아주 민감하지 않다면 이러한 추가적인 오버헤드는 중요하지 않을 수 있다).

A.3.3 동시성

이름	반-동기/반-비동기(Half-Sync/Half-Async)
문제와 컨텍스트	동시성 소프트웨어(concurrent software)를 개발할 때 중요한 관심사는 동시성 프로그래밍이 런타임 효율성을 희생하지 않고 비교적 직접적이게 하는 것이다. 일반적으로 동시성 소프트웨어는 서비스 요청의 비동기적 및 동기적 프로세싱을 모두 수행한다. 비동기적인 프로세싱은 낮은 수준의 서비스 요청(이벤트와 같은)을 효율적으로 처리하기 위해 사용하며, 반면에 동기적인 프로세싱은 애플리케이션 서비스의 프로세싱을 단순하게 하기 위해 사용된다. 이들 두 프로그래밍 모델로부터 이점을 얻기 위해서는 두 종류의 프로세싱을 모두 조율하는 것이 필수적이다.
해결 방안	동시성 소프트웨어의 서비스를 두 개의 분리된 스트림 또는 "레이어"(동기적 및 비동기적)로 분할하고, 둘 사이의 커뮤니케이션을 중재하는 큐잉 "레이어"를 추가한다.

(이어짐)

이름	반-동기/반-비동기(Half-Sync/Half-Async)
구조	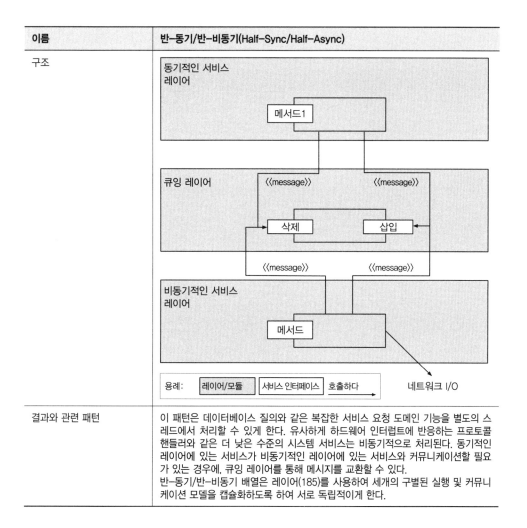
결과와 관련 패턴	이 패턴은 데이터베이스 질의와 같은 복잡한 서비스 요청 도메인 기능을 별도의 스레드에서 처리할 수 있게 한다. 유사하게 하드웨어 인터럽트에 반응하는 프로토콜 핸들러와 같은 더 낮은 수준의 시스템 서비스는 비동기적으로 처리된다. 동기적인 레이어에 있는 서비스가 비동기적인 레이어에 있는 서비스와 커뮤니케이션할 필요가 있는 경우에, 큐잉 레이어를 통해 메시지를 교환할 수 있다. 반-동기/반-비동기 배열은 레이어(185)를 사용하여 세개의 구별된 실행 및 커뮤니케이션 모델을 캡슐화하도록 하여 서로 독립적이게 한다.

A.3.4 데이터베이스 접근

이름	데이터 매퍼(데이터 액세스 객체[DAO])
문제와 컨텍스트	데이터 액세스 레이어(538)를 설계할 때 사용할 특정한 SQL 질의와 같은 지속적인 저장소에 데이터가 표현하는 방법에 관산 세부 사항으로부터 애플리케이션을 격리할 필요가 있다. 객체지향 애플리케이션과 관계형 데이터베이스는 데이터를 표현하는데 다른 추상화를 사용한다. 그러나 많은 애플리케이션은 이들 두 "세계" 사이에 데이터를 전송할 필요가 있다. 객체지향 도메인 모델이 관계형 데이터베이스 스키마를 알지 못하는 것이 바람직하다. 이런 방식으로 한 도메인 모델에 변경이 다른 모델에 파문을 일으키지 않도록 하는 것이 바람직하다.
해결 방안	각 유형의 지속적인 애플리케이션 객체에 대하여 데이터 매퍼를 도입한다. 이 매퍼의 책임은 객체로부터 데이터베이스에 데이터를 전송하고, 반대로도 전송하는 것이다.

(이어짐)

이름	데이터 매퍼(데이터 액세스 객체[DAO])
구조	
결과와 관련 패턴	데이터 매퍼는 객체지향 도메인 모델과 관계형 데이터베이스 사이에 데이터를 이동하는 중개자다. 클라이언트는 데이터 매퍼를 사용하여 데이터베이스에 있는 애플리케이션 데이터를 가져오거나 저장한다. 데이터 매퍼는 필요한 데이터 변형을 수행하고, 두 표현 사이의 일관성을 유지한다. 데이터 매퍼가 사용될 때 인-메모리 객체는 데이터베이스가 존재하는지 조차도 알 필요가 없다. 따라서 SQL 코드가 전혀 필요없으며, 데이터베이스 스키마를 완전히 알지 못해도 상관없다. 이와 함께 관계형 데이터베이스 스키마와 객체지향 도메인 모델은 독립적으로 발전할 수 있다. 이것은 추상화 인터페이스에 의해 생기는 추가적인 이점을 제공한다. 데이터베이스 매퍼를 인-메모리 테스팅을 지원하는 모조 객체로 대체함으로써 단위 테스팅을 쉽게 한다. 데이터 매퍼는 애플리케이션 객체를 더 단순하게 하며 외부 의존성을 줄임으로써 더 쉽게 발전할 수 있게 한다. 그러나 데이터 매퍼 패턴의 두 가지 잠재적인 단점이 있다. (1) 애플리케이션 객체 모델이든 데이터베이스 스키마든 변경되면 데이터 매퍼의 변경이 필요하다. 그리고 (2) 추가적인 간접 수준은 오버헤드를 야기시킨다. 따라서 모든 데이터 액세스에 지연이 발생하며, 이것은 예를 들어 엄격한 실시간 마감을 갖는 시스템에서 문제가 될 수 있다.

A.4 전술

전술은 2.5.4절에서 제시했다. 여기서 우리는 일반적으로 만나게 되는 7개의 품질 속성에 대한 전술의 요약된 카탈로그를 제사한다. 이 카탈로그는 『(개정3판) 소프트웨어 아키텍처 이론과 실제』에서 가져온 것이다.

A.4.1 가용성 전술

그림 A.12는 가용성을 달성하는 전술을 요약한다.

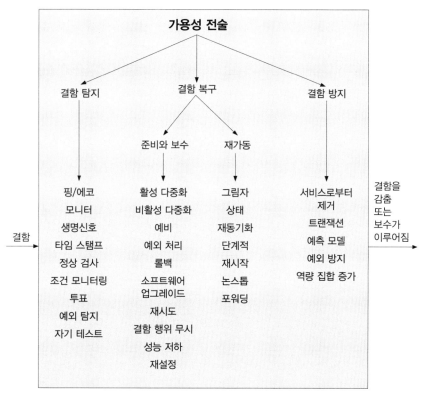

그림 A.12 가용성 전술

결함 탐지

- **핑/에코**ping/echo: 노드 사이에 교환되는 비동기적 요청/응답 메시지 쌍으로, 관련된 네트워크 경로를 통한 도달 가능성과 라운드-트립 지연round-trip delay을 결정하는 데 사용된다.

- **모니터**monitor: 모니터는 다양한 시스템 부분(프로세서, 프로세스, 입출력, 메모리 등)의 건강 상태를 모니터링하기 위해 사용한다. 시스템 모니터는 서비스 거부denial-of-service 공격과 같은 것으로부터의 네트워크나 다른 공유 리소스에 있는 실패나 정체를 탐지할 수 있다.

- **생명신호**heartbeat: 시스템 모니터와 모니터링되는 프로세스 사이의 주기적 메시지 교환이 발생한다.

- **타임 스탬프**^{time stamp}: 주로 분산 메시지 전달 시스템에서 이벤트의 부정확한 순서를 탐지한다.

- **정상 검사**^{sanity checking}: 컴포넌트의 동작 또는 출력의 유효성이나 합리성을 검사한다. 이 전술은 일반적으로 내부 설계 지식이나 시스템의 상태 또는 정보 정밀 조사를 기반으로 한다.

- **조건 모니터링**^{condition monitoring}: 프로세스나 디바이스의 조건을 검사하거나 설계 시에 이루어진 가정을 검증한다.

- **투표**^{voting}: 복제된 컴포넌트가 같은 결과를 산출하는지를 검사한다. 복제^{replication}와 기능적 다중화^{functional redundancy}, 분석적 다중화^{analytic redundancy}와 같은 다양한 형태가 있을 수 있다.

- **예외 탐지**^{exception detection}: 시스템 예외^{system exception}, 파라미터 울타리^{parameter fence}, 파라미터 타이핑^{parameter typing}, 타임아웃^{timeout}과 같은 정상적인 실행 흐름을 변경하는 시스템 조건을 탐지한다.

- **자기 테스트**^{self-test}: 컴포넌트가 정확한 오퍼레이션을 위해 스스로 테스트하는 프로시저를 실행한다.

결함 복구(준비와 보수)

- **활성 다중화**^{active redundancy} 또는 빠른 예비^{hot spare}: 보호 그룹^{protection group} 안에 있는 모든 노드(활성^{active} 또는 예비^{redundant spare})는 병렬로 동일한 입력을 받아서 처리하고, 예비 노드는 활성 노드와 동기적 상태를 유지하게 한다.

- **비활성 다중화**^{passive redundancy} 또는 준비된 예비^{warm spare}: 보호 그룹 안에 있는 단 하나의 활성 멤버만 입력을 처리하는 설정을 가르킨다. 그들의 의무 중 하나는 예비 멤버에 주기적 상태 갱신을 제공하는 것이다.

- **예비**^{spare} 또는 수동 예비^{cold spare}: 보호 그룹 안에 있는 예비 노드는 실패 복구^{fail-over}가 발생할 때까지 작동하지 않는다. 실패 복구 시점에 서비스를 대체하기 전에 예비 노드에서 재시동 프로시저가 시작된다.

- **예외 처리**^{exception handling}: 예외를 보고하거나 다룸으로써 예외를 처리한다. 예외의 원인을 수정하고 재시도함으로써 결함을 잠재적으로 감춘다.

- **롤백**^{rollback}: 이 전술은 실패가 탐지되자 마자 시스템이 이전의 안정적인 상태, 즉 "롤백 라인^{rollback line}"으로 되돌아가게 한다.

- **소프트웨어 업그레이드**^{software upgrade}: 어떤 서비스에도 영향을 미치지 않는^{non-service affecting} 방식으로 실행 코드 이미지에 서비스 중^{in-service} 업그레이드를 수행한다.

- **재시도**^{retry}: 이 전술은 실패를 야기시킨 결함이 일시적이어서 오퍼레이션을 다시 시도하면 성공할 수 있다.

- **결함 행위 무시**^{ignore faulty behavior}: 소스로부터 전달된 메시지가 가짜인 것으로 결정될 때 메시지를 무시한다.

- **성능 저하**^{degradation}: 컴포넌트가 실패할 때 가장 중요한 시스템 기능을 유지하고 덜 중요한 기능은 떨어뜨린다

- **재설정**^{reconfiguration}: 가능한 한 많은 기능을 유지하면서도 동작하고 있는 리소스에 책임을 재할당함으로써 컴포넌트 실패로부터 회복을 시도한다.

결함 복구(재가동)

- **그림자**^{shadow}: 이전에 실패하거나 서비스 중 업그레이드된 컴포넌트를 미리 정해진 시간 동안 "그림자 모드^{shadow mode}"로 동작하게 한 후에 해당 컴포넌트를 활성 역할로 복귀시킨다.

- **상태 재동기화**^{state resynchronization}: 비활성 다중화; 활성 컴포넌트로부터 대기 컴포넌트로 정기적으로 상태 정보를 전송한다. 활성 다중화와도 함께 사용할 수 있다.

- **단계적 재시작**^{escalating restart}: 재시작하는 컴포넌트의 입자성에 변화를 주어 영향을 받는 서비스의 수준을 최소화함으로써 시스템이 결함으로부터 복구되게 한다.

- **논스톱 포워딩**^{NSF, non-stop forwarding}: 기능을 수퍼바이저^{supervisory}와 데이터 플레인^{data plane}, 두 부분으로 분리한다. 만약 수퍼바이저가 실패하면 프로토콜 정보가 복구되고 검증되는 동안 라우터는 알려진 경로를 따라 계속해서 패킷을 포워딩한다.

결함 방지

- **서비스로부터 제거**removal from service: 잠재적인 시스템 실패를 완화시킬 목적으로 시스템 컴포넌트를 일시적으로 서비스 불능 상태로 만든다.

- **트랜잭션**transaction: 상태 갱신을 묶어 분산 컴포넌트 사이에 교환되는 비동기적인 메시지가 원자적atomic, 일관적consistent, 격리된isolated, 영속적durable이 되도록 한다.

- **예측 모델**predictive model: 시스템의 건강 상태를 모니터링하여 시스템이 정상 운영 파라미터 안에서 운영되고 있는지를 확인하며, 향후 결함의 가능성이 예측되는 조건이 탐지될 때 교정하는 행위를 수행한다.

- **예외 방지**exception prevention: 결함을 감추거나 스마트 포인터smart pointer, 추상적인 데이터 타입, 래퍼wrapper를 통해 방지함으로써 시스템 예외가 발생하는 것을 방지한다.

- **역량 집합 증가**increase competence set: 정상적인 작동의 일부로서 더 많은 경우(결함)를 처리하도록 설계한다.

A.4.2 상호운영성 전술

그림 A.13은 상호운영성을 달성하는 전술을 요약한다.

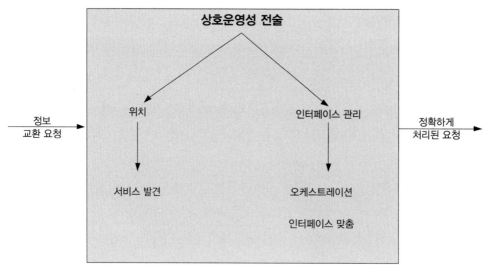

그림 A.13 상호운영성 전술

위치

- **서비스 발견**discover service: 알려진 디렉터리 서비스를 검색하여 서비스의 위치를 찾는다. 이 위치 찾기 프로세스location process에는 여러 가지 수준의 우회 방법indirection이 있다. 즉, 알려진 위치가 다른 위치를 가르키고, 다음에는 서비스를 찾기 위해 이 위치를 검색할 수 있다.

인터페이스 관리

- **오케스트레이션**orchestrate: 통제 메커니즘을 사용하여 서비스의 호출을 조정하고, 관리하며 순서를 정한다. 시스템이 복잡한 작업을 수행하기 위해 복잡한 방식으로 상호작용해야만 할 때 오케스트레이션orchestration이 사용된다.

- **인터페이스 맞춤**tailor interface: 번역translation, 버퍼링buffering 또는 데이터 스무딩data-smoothing과 같이 인터페이스에 기능을 추가하거나 삭제한다.

A.4.3 변경용이성 전술

그림 A.14는 변경용이성을 달성하는 전술을 요약한다.

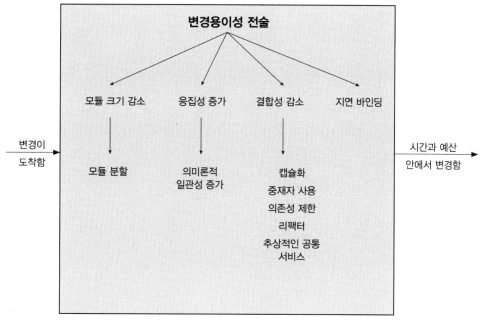

그림 A.14 변경용이성 전술

모듈 크기 감소

- **모듈 분할**split module: 변경되는 모듈이 많은 기능을 포함하고 있다면 변경 비용이 클 것이다. 모듈을 여러 개의 작은 모듈로 정제하여 향후 변경 시 평균 비용을 감소시켜야 한다.

응집성 증가

- **의미론적 일관성 증가**increase semantic coherence: 하나의 모듈에서 책임 A와 B가 같은 목적을 수행하지 않는다면 이들은 서로 다른 모듈에 두어야 한다. 이것은 새로운 모듈을 생성하거나 기존 모듈에 책임을 이동시키는 것을 포함한다.

결합성 감소

- **캡슐화**encapsulate: 캡슐화는 모듈에 명시적 인터페이스를 도입한다. 이 인터페이스는 API와 이와 관련된 "입력 파라미터를 내부 표현으로 구문 변환을 수행한다"와 같은 책임을 포함한다.
- **중개자 사용**use an intermediary: 책임 A와 책임 B 사이의 의존성이 있다면 (예를 들어 A를 수행하기 위해서는 먼저 B를 수행해야 한다면) 중개자를 사용하여 의존성을 끊을 수 있다.
- **의존성 제한**restrict dependencies: 이 전술은 모듈이 상호작용하거나 의존하는 모듈을 제한한다.
- **리팩터**refactor: 리팩토링은 두 개의 모듈이 서로 (적어도 부분적으로) 중복되기 때문에 같은 변경에 의해 모두 영향을 받을 때 사용된다.
- **추상적인 공통 서비스**abstract common service: 두 개의 모듈이 아주 똑같지는 않지만 유사한 서비스를 제공할 때 좀 더 일반적인(추상적인) 형식으로 한번만 서비스를 구현하는 것이 비용 효율적이다.

지연 바인딩

- **지연 바인딩**defer binding: 개발 시간 후에 바인딩 결정을 허용한다.

A.4.4 성능 전술

그림 A.15는 성능을 달성하는 전술을 요약한다.

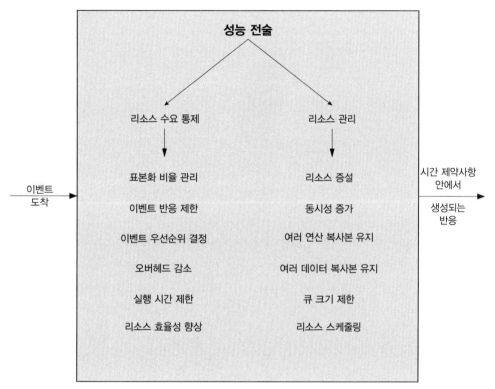

그림 A.15 성능 전술

리소스 수요 통제

- **표본화 비율 관리**^{manage sampling rate}: 환경적인 데이터의 스트림를 획득할 때 표본화 빈도를 줄이는 것이 가능하다면 일반적으로 약간의 충실도^{fidelity} 손실로 수요가 감소될 수 있다.
- **이벤트 반응 제한**^{limit event response}: 설정된 최대 비율까지만 이벤트를 처리하도록 하여 이벤트가 실제로 처리될 때 좀 더 예측할 수 있도록 보장할 수 있다.
- **이벤트 우선순위 결정**^{prioritize events}: 모든 이벤트가 동일하게 중요하지 않다면 우선순위 계획을 수행하여 서비스 제공 중요도에 따라서 이벤트의 등급을 결정한다.

- **오버헤드 감소**^{reduce overhead}: 중개자를 사용(변경용이성에 아주 중요함)하면 이벤트 스트림을 처리할 때 소비되는 리소스가 증가하게 된다. 따라서 이들을 제거하는 것이 지연 시간을 향상시킨다.

- **실행 시간 제한**^{bound execution times}: 이벤트에 반응하기 위해 사용되는 실행 시간을 제한한다.

- **리소스 효율성 향상**^{increase resource efficiency}: 중요한 영역에 사용되는 알고리즘을 향상시켜 처리 시간을 감소시킨다.

리소스 관리

- **리소스 증설**^{increase resources}: 더 빠른 프로세서, 추가 프로세서, 추가 메모리, 더 빠른 네트워크 모두가 처리 시간을 감소시킬 수 있는 잠재력을 갖고 있다.

- **동시성 증가**^{increase concurrency}: 요청을 병렬로 처리할 수 있다면 차단되는 시간이 줄어들 수 있다. 서로 다른 쓰레드에서 다른 이벤트 스트림을 처리하거나, 추가적인 쓰레드를 생성하여 다른 활동을 처리하도록 함으로써 동시성을 도입할 수 있다.

- **여러 연산 복사본 유지**^{maintain multiple copies of computations}: 복제^{replica}의 목적은 하나의 서버에서 모든 연산이 수행된다면 발생할 수 있는 다툼^{contention}을 감소시키는 것이다.

- **여러 데이터 복사본 유지**^{maintain multiple copies of data}: 다른 접근 속도를 갖는 저장소에 데이터 복사본(다른 것의 서브집합도 가능함)을 유지한다.

- **큐 크기 제한**^{bound queue sizes}: 큐에 도착하는 최대 개수와 도착한 것을 처리하는데 사용되는 리소스를 통제한다.

- **리소스 스케줄링**^{schedule resources}: 리소스 다툼이 발생할 때 해당 리소스는 스케줄을 조정한다.

A.4.5 보안 전술

그림 A.16은 보안을 달성하는 전술을 요약한다.

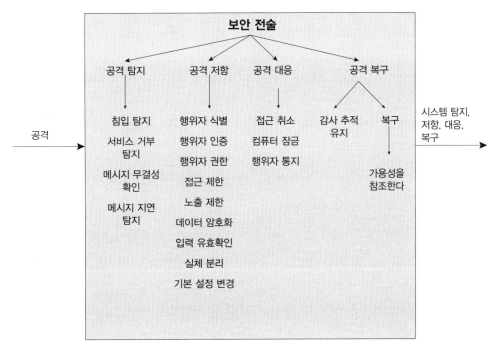

A.16 **보안** 전술

공격 탐지

- **침입 탐지**[detect intrusion]: 네트워크 트래픽 또는 시스템 안에서의 서비스 요청 패턴과 시그 너처[signature] 집합 또는 데이터베이스에 저장된 알려진 악의적인 행위 패턴과 비교한다.

- **서비스 거부 탐지**[detect service denial]: 시스템에 들어오는 네트워크 트래픽의 패턴 또는 시그 너처와 알려진 서비스 거부[defnial-of-service] 공격 이력 프로파일과 비교한다.

- **메시지 무결성 확인**[verify message integrity]: 이 전술은 체크섬 또는 해시 값과 같은 기법을 사용 하여 메시지와 배포 파일, 설정 파일의 무결성을 확인한다.

- **메시지 지연 탐지**[detect message delay]: 메시지를 전달하는 데 걸린 시간을 검사함으로써 메시 지를 전달하는 데 걸리는 시간이 아주 가변적인 의심스러운 타이밍 행위를 탐지할 수 있다.

공격 저항

- **행위자 식별**identify actors: 시스템의 외부 입력의 소스를 식별한다.
- **행위자 인증**authenticate actors: 행위자(사용자 또는 원격 컴퓨터)가 실제로 누구인가, 또는 자신이 무엇이라고 주장하는가를 확실히 보장한다.
- **행위자 권한**authorize actors: 인증된 행위자가 데이터나 서비스에 접근하고 수정할 수 있는 권한을 갖는 것을 보장한다.
- **접근 제한**limit access: 프로세서, 메모리, 네트워크 연결과 같은 시스템의 부분에 무엇 또는 누가 접근할 수 있는지를 통제한다.
- **노출 제한**limit exposure: 성공적인 공격의 가능성을 줄이거나 잠재적인 피해량을 제한한다. 예를 들어, 시스템에 관한 사실을 감추거나(불명료에 의한 보안), 중요한 자원을 나누고 분산시킨다("한 바구니에 모든 달걀을 담지 말라.").
- **데이터 암호화**encrypt data: 데이터와 커뮤니케이션에 암호encryption의 형식을 적용한다.
- **입력 유효확인**validate input: 사용자나 외부 시스템의 입력을 시스템이 받아들이기 전에 유효확인을 한다.
- **실체 분리**separate entities: 다른 네트워크에 붙어있는 다른 서버의 물리적인 분리, 가상 머신virtual machine, 또는 "에어 갭air gap"을 사용한다.
- **기본 설정 변경**change default settings: 기본 설정을 강제적으로 변경하게 한다.

공격 대응

- **접근 취소**revoke access: 시스템 또는 시스템 관리자가 공격이 진행 중이라고 판단된다면 정상적으로 적법한 사용자라고 하더라도 민감한 리소스에 접근을 심각하게 제한시킨다.
- **컴퓨터 잠금**lock computer: 반복해서 해당 시스템 계정에 접근하는 것을 실패한다면 리소스의 접근을 제한한다.
- **행위자 통지**inform actors: 공격이 의심되거나 탐지될 때 운영자, 다른 직원, 또는 협력하는 시스템에게 알려준다.

공격 복구

서비스 복구를 허용하는 가용성 전술과 함께 공격으로부터 복구하기 위해 감사가 수행될 수 있다.

- **감사 추적**^audit trail 유지: 사용자와 시스템의 행위와 이들의 효과를 기록하여 공격자를 식별하고 공격자의 행위를 추적한다.

A.4.6 테스트 용이성 전술

그림 A.17은 테스트 용이성을 달성하는 전술을 요약한다.

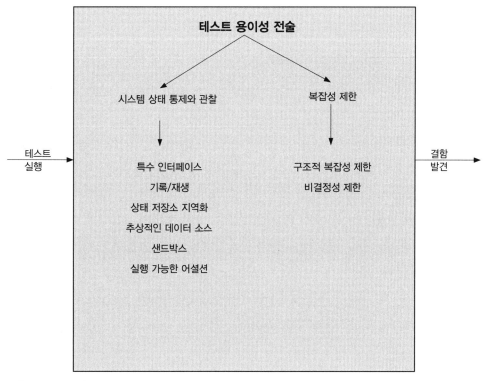

그림 A.17 테스트 용이성 전술

시스템 상태 통제와 관찰

- **특수 인터페이스**specialized interface: 테스트를 위한 특수한 인터페이스를 사용하여 테스트 도구 또는 정상 실행을 통해서 컴포넌트의 변수 값을 통제하거나 획득한다.

- **기록/재생**record/playback: 인터페이스를 넘어갈 때 정보를 획득해서 그 정보를 추가적인 테스트의 입력으로 사용한다.

- **상태 저장소 지역화**localize state storage: 테스트를 위한 임의적인 상태에서 시스템, 서브 시스템 또는 모듈을 시작하기 위해서는 해당 상태가 단일 위치에 저장되어 있는 것이 가장 편리하다.

- **추상적인 데이터 소스**abstract data source: 인터페이스를 추상화하여 좀 더 쉽게 테스트 데이터를 대체할 수 있게 한다.

- **샌드박스**sandbox: 시스템을 실세계로부터 분리하여 실험의 결과를 되돌리는 것에 걱정하지 않고 제한없이 실험을 할 수 있게 한다.

- **실행가능한 어셜션**executable assertion: 어셜션assertion은 프로그램이 결함 상태에 있을 때와 위치를 나타나기 위해 원하는 위치에 (보통) 수작업으로 코딩하여 놓는다.

복잡성 제한

- **구조적 복잡성 제한**limit structural complexity: 컴포넌트 사이의 순환적 의존성을 피하거나 해결하고, 외부 환경과의 의존성을 분리하거나 캡슐화하고, 일반적으로 컴포넌트 사이의 의존성을 감소시킨다.

- **비결정성 제한**limit nondeterminism: 제약되지 않은 병렬 실행과 같은 비결정성의 원인을 모두 찾아서 이들을 가능한 한 많이 뽑아낸다.

A.4.7 사용편의성 전술

그림 A.18은 사용편의성을 달성하는 전술을 요약한다.

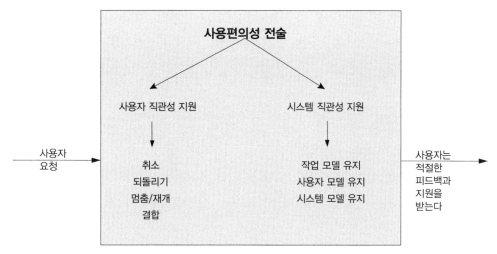

그림 A.18 사용편이성 전술

사용자 주도권 지원

- **취소**cancel: 사용자가 취소 명령을 내릴 때 시스템은 그것을 들어야 한다. 취소되는 명령은 종료되어야만 한다. 최소된 명령의 의해 사용된 어떤 리소스든 해제되어야 한다. 그리고 최소된 명령과 협력하는 컴포넌트에게 고지되어야 한다.

- **멈춤/재개**pause/resume: 일시적으로 리소스를 해제하여 다른 작업에게 할당될 수 있게 한다.

- **되돌리기**undo: 되돌리기 기능을 지원하기 위해서 시스템은 시스템 상태에 대한 충분한 정보를 유지하여 사용자 요청이 있을 때 그 이전의 상태로 회복될 수 있게 한다.

- **결합**aggregate: 사용자가 반복적인 오퍼레이션이나 같은 방식으로 많은 여러 객체에게 영향을 미치는 오퍼레이션을 수행할 때 더 낮은 수준의 객체를 하나의 그룹으로 결합시킨다.

시스템 주도권 지원

- **작업 모델 유지**maintain task model: 작업 모델task model은 시스템이 사용자가 시도하는 것과 도움을 제공하는 것에 대한 아이디어를 생각해낼 수 있는 컨텍스트를 결정한다.

- **사용자 모델 유지**maintain user model: 시스템에 대한 사용자의 지식, 예상 반응 시간으로 사용자 행위, 사용자 또는 사용자 부류에 특정한 다른 관점을 명시적으로 표현한다.

- **시스템 모델 유지**[maintain system model]: 시스템은 그 자체의 명확한 모델을 유지한다. 이 전략은 예상된 시스템 행위를 결정하여 사용자에게 적절한 피드백을 제공하기 위해 사용된다.

A.5 외부에서 개발된 컴포넌트

프레임워크를 포함한 외부에서 개발된 컴포넌트는 2.5.5절에서 설명했다. 여기에서는 4장의 사례 연구에서 사용된 자바 프레임워크의 작은 예를 제시하기로 한다. 각 프레임워크는 간단하게 설명되어 있으며, 특정한 기술 패밀리, 패턴, 전술과 연관된다. 다른 프레임워크의 자세한 사항은 제공된 URL을 따라가면 찾을 수 있다.

Spring 프레임워크

프레임워크 이름	Spring 프레임워크
기술 패밀리	의존성 주입(dependency injection)과 AOP(aspect-oriented programing) 컨테이너
언어	자바
URL	http://projects.spring.io/spring-framework/
목적	애플리케이션 프레임워크는 애플리케이션을 형성하는 객체가 연결될 수 있게 한다. 또한 AOP를 통한 다른 관심사를 지원한다.
개요	Spring 컨테이너는 "애플리케이션 컨텍스트"라고 하는 XML 파일이나 자바 코드의 어노테이션으로 표준 자바 객체 또는 POJO(Plain Old Java Object)를 연결한다. 이것이 컨테이너가 객체 의존성을 주입하기 때문에 "제어의 역흐름(inversion of control)"과 "의존성 주입(dependency injection)" 패턴이다. 프레임워크는 AOP를 사용하여 여러 관점을 지원한다. 컨테이너가 관점을 연결할 때 자바 객체 사이에 프록시로서 도입된다. 지원되는 관점은 다음과 같다. • 보안 • 트랜잭션 관리 • 객체가 원격에서(예를 들어, 웹 서비스를 통해) 접근될 수 있도록 객체 인터페이스를 출판함

(이어짐)

프레임워크 이름	Spring 프레임워크
구조	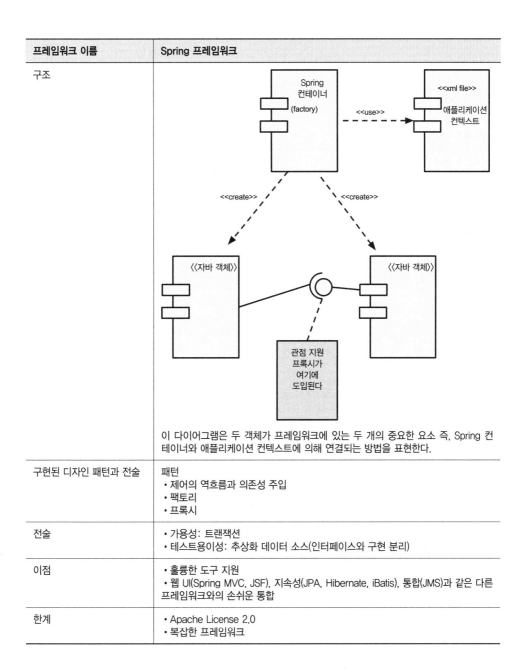 이 다이어그램은 두 객체가 프레임워크에 있는 두 개의 중요한 요소 즉, Spring 컨테이너와 애플리케이션 컨텍스트에 의해 연결되는 방법을 표현한다.
구현된 디자인 패턴과 전술	패턴 • 제어의 역흐름과 의존성 주입 • 팩토리 • 프록시
전술	• 가용성: 트랜잭션 • 테스트용이성: 추상화 데이터 소스(인터페이스와 구현 분리)
이점	• 훌륭한 도구 지원 • 웹 UI(Spring MVC, JSF), 지속성(JPA, Hibernate, iBatis), 통합(JMS)과 같은 다른 프레임워크와의 손쉬운 통합
한계	• Apache License 2.0 • 복잡한 프레임워크

A.5.1 Swing 프레임워크

프레임워크 이름	Swing 프레임워크
기술 패밀리	로컬 사용자 인터페이스
언어	자바
URL	http://docs.oracle.com/javase/tutorial/uiswing/index.html
목적	호환성 있는 (웹이 아닌) 사용자 인터페이스의 생성을 지원하는 프레임워크
개요	Swing 프레임워크는 JFrame(윈도우), JMenu, JTree, JButton, JList, JTable 등을 포함하는 사용자 인터페이스 컴포넌트 라이브러리를 제공한다. 이들 컴포넌트는 MVC(Model-View-Controller)와 옵저버(Observer) 패턴으로 구현된다. JTable과 같은 컴포넌트는 뷰와 컨트롤러이며, 각각 대응되는 모델 클래스(예: TableModel)를 갖는다. 컴포넌트는 옵저버("리스너"라고 함)가 다른 이벤트를 관리하도록 등록될 수 있게 한다. 예를 들어 JButton은 ActionListener가 옵저버로 등록되어 단추가 클릭될 때 콜백 메서드(actionPerformed)가 호출된다.
구조	JComponent * JFrame children JButton JTable JTree TreeModel addActionListener(ActionListener al) model * listeners ActionListener actionPerformed(ActionEvent evt) 이 다이어그램은 프레임워크 클래스의 작은 부분을 표현한다(용례: UML).
구현된 디자인 패턴과 전술	패턴: • MVC(Model-View-Controller) • 옵저버(Observer) • 합성(Composite)와 이터레이터(Iterator)와 같은 다른 패턴
이점	• 호환성(다른 운영체제에서도 실행될 수 있음) • Java API의 일부분 • 좋은 도구 지원
한계	• 네이티브 UI 요소를 사용하는 것보다 느림 • 네이티브 UI 요소와 같은 모습이 아님

A.5.2 Hibernate 프레임워크

프레임워크 이름	Hibernate
기술 패밀리	객체지향–관계형 매핑
언어	자바
URL	http://hibernate.org/
목적	관계형 데이터베이스에 객체의 지속성을 단순화한다.
개요	Hibernate는 관계형 데이터베이스에 객체가 쉽게 지속화될 수 있도록 한다(그리고 다른 데이터베이스 엔진도 지원한다). 객체–관계 매핑 규칙은 hibernate.cfg 라고 하는 XML 파일 또는지속화되어야 하는 객체의 클래스에 어노테이션을 사용하여 선언적으로 서술된다. Hibernate는 트랜잭션을 지원하며, 데이터베이스에서 객체를 가져오는데 사용되는 HQL(Hibernate Query Language)라고 하는 질의 언어를 제공한다. Hibernate는 다수준 캐싱 방안을 활용하여 성능을 향상시킨다. 또한 의존적인 객체의 늦은 획득을 허용하므로써 성능을 향상시키고 리소스 소비를 줄여준다. 이들 메커니즘은 설정 파일 안에 선언적으로 설정된다.
구조	 이 다이어그램은 설정 파일에 있는 정보를 사용하여 Hibernate 런타임이 데이터베이스에 지속화되는 엔터티를 표현한다.
구현된 디자인 패턴과 전술	패턴: • 데이터 매퍼(Data Mapper) • 리소스 캐시(Resource Cache) • 늦은 획득(Lazy Acquisition)
전술:	• 가용성: 트랜잭션 • 성능: 데이터의 여러 복사본 (캐시) 유지
이점	• 관계형 데이터베이스에 객체의 지속성을 크게 단순화한다.
한계	• 복잡한 API • JDBC(Java Database Connectivity)보다 느림 • 레거시 데이터베이스 스키마에 매핑하기 어려움

A.5.3 Java Web Start 프레임워크

프레임워크 이름	Java Web Start 프레임워크
기술 패밀리	배포 메커니즘
언어	자바
URL	http://docs.oracle.com/javase/tutorial/deployment/webstart/
목적	플랫폼 독립적인 안전하고 강력한 배포 기술을 제공한다.
개요	웹 브라우저를 사용함으로써 최종 사용자는 표준(비 애플릿) 자바 애플리케이션을 시작할 수 있으며, Java Web Start는 가장 최신 버전이 실행되는 것을 보장한다. 애플리케이션 시작하기 위해서는 페이지에 있는 링크를 클릭한다. 처음 애플리케이션을 사용하는 경우에는 Java Web Start가 애플리케이션을 다운로드하고 실행한거나 가장 최신 버전을 다운로드한다.
구조	없음
구현된 디자인 패턴과 전술	전술: • 보안: 접근 제한(샌드박스) • 성능: 데이터의 여러 복사본 (캐시) 유지
이점	• 애플리케이션은 샌드박스에서 실행되지만 로컬 파일을 읽고 쓸 수 있다. • 애플리케이션이 캐싱되기 때문에 일단 다운로드되면 시작 시작을 크게 단축시킬 수 있다.
한계	• 처음 시작할 때 시간이 걸릴 수 있다.

A.6 요약

이 부록에서 우리는 엔터프라이즈 애플리케이션의 애플리케이션 도메인에 대한 설계 개념 카탈로그를 제시했다. 이와 같은 카탈로그는 유용한 조직의 자산이 될 수 있다. 그리고 우리는 빅데이터(5장에서 사용한)나 모바일 개발과 같은 다른 애플리케이션 도메인의 카탈로그를 생각할 수 있다.

여기에 제시된 카탈로그는 완벽한 것을 의도하지 않으며, 4장의 사례 연구에서 사용된 설계 개념 만 포함하고 있다. 그러나 실제 카탈로그는 좀 더 상세한 설명과 함께 많은 설계 개념을 포함할 것이며, 소프트웨어 개발 조직에서 귀중한 자산이 될 것이다.

A.7 더 읽을거리

참조 아키텍처와 배포 패턴은 『Application Architecture Guide(2nd ed.)』(Microsoft, 2009)에서 가져왔다.

전술 카탈로그는 베스[L. Bass]와 클레멘츠[P. Clements], 캐즈만[R. Kazman]의 『Software Architecture in Practice(3rd ed.)』(2012)에서 주로 도출되었다. 이들 전술 중 배치만 [F. Bachmann]과 베스[L. Bass], 노드[R. Nord]의 "Modifiabiity Tactics", SEI/CMU Technical Report CMU/SEI-2007-TR-002, 2007과 스콧과 카즈만의 "Realizing and Refining Architectural Tactics: Availability", CMU/SEI-2009-TR-006, 2009에서 먼저 설명되었다.

아키텍처 패턴은 부쉬만[R. Buschmann]과 헨리[K. Henney], 스키밋[D. Schmidt]의 『Pattern-Oriented Software Architecture, Volume 4』(Wiley, 2007)에서 가져왔다.

Spring 프레임워크는 월스[C. Walls]의 『Spring in Action(4th ed.)』(Manning Publications, 2014)에서 논의되었다.

Swing 프레임워크는 엘롯[J. Elliot]과 엑스테인[R. Eckstein], 우드[D. Wood], 콜[B. Cole]의 『Java Swing(2nd ed.)』(O'Reilly Media, 2002)에서 설명하고 있다.

Hibernate 프레임워크는 바우어[C. Bauer]와 킹[G. King]의 『Java Persistence with Hibernate』 (Manning Publications, 2015)에서 논의되었다.

전술 기반 설문서

이 부록에서는 가용성, 상호운영성, 변경용이성, 성능, 보안, 테스트용이성, 사용편의성 등 7 개의 중요한 품질 속성에 대한 전술 기반 설문서를 제공한다. 이들 7개가 가장 중요한 것인지 어떻게 알 수 있는가? 이 결정은 15년 이상 SEI ATAM 데이터에서 이해당사자로부터 도출된 품질 속성 분석을 기반으로 한다.

이들 "상위 7개"와 함께 데브옵스에 대한 전술 기반 설문서를 포함하였으며, 이것은 변경용이성, 가용성, 성능, 테스트용이성 전술을 결합한 것으로서, 여러분이 사용할 설문서를 얼마나 쉽게 테일러링할 수 있는지 예를 보여준다.

B.1 설문서 사용

이들 설문서는 경량 아키텍처 검토를 수행하는 수단으로 분석가가 아키텍트에게 각 질문을 제시하고 응답을 기록함으로써 사용된다. 또는 설문서를 투영 질문의 집합으로 간주하여 여러분 스스로 아키텍처를 검토하는 데 사용될 수 있다.

이들 경우에 이들 설문서를 다음과 같은 4개의 단계로 사용할 수 있다.

1. 각 전술 질문에 대하여 그 전술을 아키텍처에서 지원하면 "지원 여부" 컬럼을 Y로 채우고, 그렇지 않으면 N으로 채운다.

2. "지원 여부" 컬럼이 Y이면 "설계 결정과 위치" 컬럼에 전술을 지원하기 위한 특정한 설계 결정을 설명하고 아키텍처 어디에 이들 결정이 명시(위치)되었는지를 기록한다. 예를 들어, 어떤 코드 모듈, 프레임워크나 패키지가 이 전술을 구현하는지를 표시한다.

3. "위험" 컬럼에는 전수를 구현하는데 예상되는/경험한 어려움이나 위험을 (H = 높음, M = 중간, L = 낮음)으로 표시한다. 예를 들어, 구현하는 데 중간 정도의 어려움이나 위험이 있다면 (아직 구현을 하지 않았다면 중간 정도의 어려움이 있을 것이라고 예상함) M이라고 표시한다.

4. "근거" 컬럼에는 설계 결정에 대한 근거(이 전술을 사용하지 않은 결정도 포함)를 기술한다. 간단하게 이 결정이 함축하고 있는 의미를 설명한다. 예를 들어, 비용과 일정, 발전 등 관점에서 결정의 근거와 함축성을 설명한다.

B.2 가용성

#	전술 그룹	전술 질문	지원 여부 (Y/N)	위험	설계 결정과 위치	근거와 가정
1	결함 탐지	시스템이 핑/에코를 사용하여 컴포넌트나 연결의 실패 또는 네트워크 정체를 탐지하는가?				
2		시스템의 다른 부분의 생명 상태를 모니터링하는 컴포넌트를 사용는가? 시스템 모니터는 실패나 서비스 거부 공격과 같은 네트워크나 다른 공유된 자원에서의 정체를 탐지할 수 있다.				
3		시스템은 생명 신호(시스템 모니터와 프로세스 사이의 정기적인 메시지 교환(을 사용하여 컴포넌트나 연결의 실패 또는 네트워크 정체를 탐지하는가?				
4		시스템은 타임 스탬프(A.4.1 절에서와 같이)를 사용하여 분산 시스템에서부정확한 이벤트 순서를 탐지하는가?				
5		시스템은 정상 검사를 하여 컴포넌트의 동작 또는 출력의 유효성이나 합리성을 검사하는가?				

(이어짐)

#	전술 그룹	전술 질문	지원 여부 (Y/N)	위험	설계 결정과 위치	근거와 가정
6		시스템은 조건 모니터링을 하여 프로세스나 디바이의 조건을 검사하거나 설계 시에 이루어진 가정을 검증하는가?				
7		시스템은 투표를 사용하여 복제된 컴포넌트가 같은 결과를 산출하는지를 체크하는가? 복제된 컴포넌트는 동일한 복제이거나 기능적 다중화 또는 분석적 다중화일 수 있다.				
8		시스템은 예외 탐지를 사용하여 정상적인 실행 흐름을 변경하는 시스템의 조건(예를 들어, 시스템 예외, 매개변수 장벽, 매개변수 타임, 타임아웃(을 탐지하는가?				
9		시스템은 자기 테스트를 수행하여 정확한 작동을 스스로 테스트할 수 있는가?				
10	결함 복구 (준비와 보수)	시스템은 활성 다중화(빠른 예비)를 사용하는가? 활성 다중화에서 보호 그룹 (하나 이상의 노드가 "활성화"된 프로세싱 노드의 그룹으로, 보호 그룹 안에 있는 나머지 노드는 다중화 예비가 됨) 안에 있는 모든 노드는 병렬로 동일한 입력을 받아서 처리하고, 예비 노드는 활성 노드와 동기적 상태를 유지하게 한다.				
11		시스템은 비활성 다중화(준비된 예비)를 사용하는가? 비활성 다중화에서 보호 그룹 안에 있는 단 하나의 활성 멤버만 입력을 처리하는 설정을 가르킨다. 그들의 의무 중 하나는 예비 멤버에 주기적 상태 갱신을 제공하는 것이다.				
12		시스템은 예비(수동 예비)를 사용하는가? 보호 그룹 안에 있는 예비 노드는 실패 복구가 발생할 때까지 작동하지 않는다. 실패 복구 시점에 서비스를 대체하기 전에 예비 노드에서 재시동 프로시저가 시작된다.				
13		시스템은 예외 처리를 사용하여 결함을 처리하는가? 일반적으로 예외 처리는 결함을 보고하거나 처리하여, 예외의 원인을 수정하고 다시 작업을 시도함으로써 결함을 감춘다.				
14		시스템은 롤백을 사용하여 실패가 탐지되자 마자 시스템이 이전의 안정적인 상태("롤백 라인")로 되돌아가게 하는가?				
15		시스템은 어떤 서비스에도 영향을 미치지 않는 방식으로 실행 코드 이미지에 서비스 중 소프트웨어 업그레이드를 수행하여 할 수 있는가?				

(이어짐)

#	전술 그룹	전술 질문	지원 여부 (Y/N)	위험	설계 결정과 위치	근거와 가정
16		시스템은 컴포넌트나 연결 실패가 일시적인 경우에 체계적으로 재시도하는가?				
17		시스템은 단순하게 결함 행위를 무시할 수 있는가? (예: 소스로부터 전달된 메시지가 가짜인 것으로 결정될 때 메시지를 무시한다)				
18		시스템은 컴포넌트가 실패할 때 가장 중요한 시스템 기능을 유지하고 덜 중요한 기능은 떨어뜨려서 리소스를 타협해야 하는 경우에 성능 저하 정책을 갖는가?				
19		시스템은 실패 후 가능한 한 많은 기능을 유지하면서도 동작하고 있는 리소스에 책임을 재할당함으로써 재설정에 대한 일관적인 정책과 메커니즘을 갖는가?				
20	결함 복구 (재가동)	시스템은 이전에 실패하거나 서비스 중업그레이드된 컴포넌트를 미리 정해진 시간 동안 "그림자 모드"로 동작하게 한 후에 해당 컴포넌트를 활성 역할로 복귀시킬 수 있는가?				
21		시스템이 활성 또는 비활성 다중화를 사용한다면 상태 재동기화를 사용하여 활성 컴포넌트로부터 대기 컴포넌트로 정기적으로 상태 정보를 전송할 수 있는가?				
22		시스템은 단계적 재시작을 사용하는가? 즉, 재시작하는 컴포넌트의 입자성에 변화를 주어 영향을 받는 서비스의 수준을 최소화함으로써 시스템이 결함으로부터 복구되는가?				
23		기능이 수퍼바이저와 데이터 플레인, 두 부분으로 분리되는 곳에 시스템의 메시지 프로세싱과 라우팅 부분이 논스톱 포워딩 (A.4.1절에서와 같이)을 사용하는가?				
24	결함 방지	시스템은 잠재적인 시스템 실패를 완화시킬 목적으로 일시적으로 서비스 불능 상태로 만들어서 서비스로부터 컴포넌트를 제거할 수 있는가?				
25		시스템은 트랜잭션을 사용하여, 상태 갱신을 묶어 분산 컴포넌트 사이에 교환되는 비동기적인 메시지가 원자적, 일관적, 격리된, 영속적이 되도록 할 수 있는가?				

(이어짐)

288

#	전술 그룹	전술 질문	지원 여부 (Y/N)	위험	설계 결정과 위치	근거와 가정
26		시스템은 예측 모델을 사용하여 시스템의 건강 상태를 모니터링하여 시스템이 정상 운영 파라미터 안에서 운영되고 있는지를 확인하며, 향후 결함의 가능성이 예측되는 조건이 탐지될 때 교정하는 행위를 수행할 수 있는가?				
27		시스템은 예를 들어, 결함을 감추거나 스마트 포인터, 추상적인 데이터 타입, 래퍼를 사용함으로써 예외가 발생하는 것을 방지할 수 있는가?				
28		예를 들어 정상적인 작동의 일부로서 더 많은 경우 – 결함 –를 처리하도록 설계함으로써 시스템이 역량 집합을 증가시키도록 설계되었는가?				

B.3   상호운영성

#	전술 그룹	전술 질문	지원 여부 (Y/N)	위험	설계 결정과 위치	근거와 가정
1	위치	시스템은 서비스를 발견하는 방법을 갖고 있는가? (일반적으로 디렉터리 서비스를 통하여)				
2	인터페이스 관리	시스템은 서비스의 활동을 오케스트레이션하는 방법을 갖고 있는가? 즉, 서비스의 호출을 조정하고, 관리하며 순서를 정할 수 있는 통제 메커니즘을 갖고 있는가?				
3		시스템은 인터페이스를 맞추는 방법을 갖고 있는가? 예를 들어, 번역, 버퍼링 또는 데이터 스무딩과 같이 인터페이스에 기능을 추가하거나 삭제할 수 있는가?				

B.4 변경용이성

#	전술 그룹	전술 질문	지원 여부 (Y/N)	위험	설계 결정과 위치	근거와 가정
1	모듈 크기 감소	시스템은 모듈을 분할함으로써 모듈을 단순하게 만드는가? 예를 들어 변경되는 모듈이 많은 기능을 포함하고 있다면 모듈을 여러 개의 작은 모듈로 분할할 수 있는가?				
2	응집성 증가	시스템은 일관적으로 의미론적 일관성 증가를 지원하는가? 예를 들어 하나의 모듈에서 책임들이 같은 목적을 수행하지 않는다면 이들은 서로 다른 모듈에 두어야 한다. 이것은 새로운 모듈을 생성하거나 기존 모듈에 책임을 이동시키는 것을 포함한다.				
3	결합성 감소	시스템은 일관적으로 기능을 캡슐화하는가? 일반적으로 조사하고 있는 기능을 분리하고, 명시적 인터페이스를 도입하는 것을 포함한다.				
4		시스템은 일관적으로 중개자를 사용하여 모듈이 너무 밀접한 결합성를 갖지 않도록 하는가? 예를 들어 A가 구체적인 기능 C를 호출한다면 A와 C 사이를 중개하는 추상화 B를 도입한다.				
5		체계적인 방법으로 모듈 사이의 의존성을 제한하는가? 또는 한 시스템 모듈이 다른 모듈과 자유롭게 상호작용하는가?				
6		두 개 이상의 관련되지 않은 모듈이 함께 변경될 때 – 즉, 같은 변경에 규칙적으로 영향을 받을 때 – 규칙적으로 기능을 리팩토링하여 공유되는 기능을 구별된 모듈 안에 공통된 코드로서 분리시키는가?				
7		시스템은 여러 개의 유사한 서비스를 제공하는 경우에 공통 서비스를 추상화하는가? 예를 들어, 이 기법은 보통 운영체제나 하드웨어, 또는 다른 환경 가변성에 두루 시스템이 호환되도록 하기를 원할 때 사용된다.				
8	지연 바인딩	시스템은 규칙적으로 중효나 기능의 바인딩을 지연시켜, 라이프사이클에서 나중에 아마도 최종사용자라도 대체할 수 있게 하는가? 예를 들어, 플러그인, 애드온 도는 사용자 스크립팅을 사용하여 시스템의 기능을 확장시킬 수 있는가?				

B.5 성능

#	전술 그룹	전술 질문	지원 여부 (Y/N)	위험	설계 결정과 위치	근거와 가정
1	리소스 수요 통제	입력이 연속적인 데이터 스트림이라면 시스템은 표본화 비율을 관리하는가? 즉, 다양한 비율(정확성/충실도에서 동시에 변경되는)로 데이터를 샘플링할 수 있는가?				
2		시스템은 이벤트 반응을 모니터링하고 제한할 수 있는가? 지정된 시간 동안에 반응하는 이벤트의 수를 제한하여 실제로 서비스되는 이벤트에 대한 예측할 수 있는 반응을 가능하게 하는가?				
3		가용 리소스보다 더 많은 요청이 들어오는 경우에 시스템은 이벤트의 우선순위를 결정할 수 있는가?				
4		시스템은 예를 들어, 중개자를 제거하거나 리소스를 같은 위치에 둠으로써 서비스 요청에 반응하는 오버헤드를 감소시킬 수 있는가?				
5		시스템은 실행 시간을 모니터링하고 제한할 수 있는가? 좀 더 일반적으로 서비스 요청에 반응에 확장되는 리소스(예: 메모리, CPU, 저장소, 대역폭, 연결, 로크)의 양을 제한하는가?				
6		리소스 효율성이 증가하는가? 예를 들어, 지연을 감소시키고 산출량을 증가시키기 위해 중요한 영역에 알고리즘의 효율성을 규칙적으로 향상시키는가?				
7	리소스 관리	시스템은 무리없이 리소스(예: CPU, 메모리, 네트워크 대역폭)를 증가시킬 수 있는가?				
8		시스템은 동시성을 도입하는가? 예를 들어, 무리없이 병렬 프로세싱 스트림의 추가를 지원하여 많은 서비스 요청을 동시에 처리할 수 있는가?				
9		시스템은 여러 데이터 복사본을 유지하여 (예: 데이터베이스를 복제하거나 캐싱을 사용함으로써), 자주 접근되는 데이터의 다툼을 감소시키는가?				
10		시스템이 여러 연산 복사본을 유지하여(예: 서버 팜에서 서비스 풀을 유지함으로써), 자주 접근되는 연산 리소스의 다툼을 감소시키는가?				
11		시스템은 큐 크기를 제한하는가? 즉, 서비스를 기다리는 큐 안에 두는 이벤트의 수를 제한하는가?				

(이어짐)

#	전술 그룹	전술 질문	지원 여부 (Y/N)	위험	설계 결정과 위치	근거와 가정
12		시스템은 리소스, 특히 희귀한 리소스를 스케줄링하여 명시적 스케줄링 정책에 따라 할당되도록 하는가?				

B.6 보안

#	전술 그룹	전술 질문	지원 여부 (Y/N)	위험	설계 결정과 위치	근거와 가정
1	공격 탐지	시스템이 침입 탐지를 지원하는가? 하나의 예로 네트워크 트래픽 또는 시스템 안에서의 서비스 요청 패턴과 시그너처(signature) 집합 또는 데이터베이스에 저장된 알려진 악의적인 행위 패턴과 비교한다.				
2		시스템이 서비스 거부 공격 탐지를 지원하는가? 하나의 예로 시스템에 들어오는 네트워크 트래픽의 패턴 또는 시그너처와 알려진 서비스 거부 공격 이력 프로파일과 비교한다				
3		시스템이 메시지 무결성 확인을 지원하는가? 하나의 예로 체크섬 또는 해시 값과 같은 기법을 사용하여 메시지와 배포 파일, 설정 파일의 무결성을 확인한다.				
4		시스템이 메시지 지연 탐지를 지원하는가? 하나의 예로 메시지를 전달하는데 걸린 시간을 검사한다.				
5	공격 저항	시스템이 행위자 식별를 지원하는가? 하나의 예로 시스템의 외부 입력의 소스를 식별한다				
6		시스템이 행위자 인증을 지원하는가? 하나의 예로 행위자(사용자 또는 원격 컴퓨터)가 실제로 누구인가, 또는 자신이 무엇이라고 주장하는가를 확실히 보장한다.				
7		시스템이 행위자 권한을 지원하는가? 하나의 예로 인증된 행위자가 데이터나 서비스에 접근하고 수정할 수 있는 권한을 갖는 것을 보장한다.				
8		시스템이 접근 제한을 지원하는가? 하나의 예로 프로세서, 메모리, 네트워크 연결과 같은 시스템의 부분에 무엇 또는 누가 접근할 수 있는지를 통제한다.				

(이어짐)

#	전술 그룹	전술 질문	지원 여부 (Y/N)	위험	설계 결정과 위치	근거와 가정
9		시스템이 노출 제한을 지원하는가? 하나의 예로 성공적인 공격의 가능성을 줄이거나 잠재적인 피해량을 제한한다. 예를 들어, 시스템에 관한 사실을 감추거나(불명료에 의한 보안), 중요한 자원을 나누고 분산시킨다("한 바구니에 모든 달걀을 담지 말라.").				
10		시스템이 데이터 암호화를 지원하는가? 하나의 예로 데이터와 커뮤니케이션에 암호의 형식을 적용한다.				
11		시스템이 일관이고 시스템에 전체에 걸쳐 입력을 유효확인하는가? 하나의 예로 보안 프레임워크나 유효확인 클래스를 사용하여 필터링, 규범화, 외부 입력 이스케이핑과 같은 행위를 수행한다.				
12		시스템 설계에서 실체 분리를 고려하는가? 하나의 예로 다른 네트워크에 붙어있는 다른 서버의 물리적인 분리, 가상 머신 또는 "에어 갭"을 사용한다.				
13		시스템이 기본 설정 변경을 지원하는가? 하나의 예로 기본 설정을 강제적으로 변경하게 한다.				
14	공격 대응	시스템이 접근 취소를 지원하는가? 하나의 예로 시스템 또는 시스템 관리자가 공격이 진행 중이라고 판단된다면 정상적으로 적법한 사용자라고 하더라도 민감한 리소스에 접근을 심각하게 제한시킨다.				
15		시스템이 컴퓨터 잠금을 지원하는가? 하나의 예로 반복해서 해당 시스템 계정에 접근하는 것을 실패한다면 리소스의 접근을 제한한다.				
16		시스템이 행위자 통지를 지원하는가? 하나의 예로 공격이 의심되거나 탐지될 때 운영자, 다른 직원, 또는 협력하는 시스템에게 알려준다.				
17	공격 복구	시스템이 감사 추적 유지를 지원하는가? 하나의 예로 사용자와 시스템의 행위와 이들의 효과를 기록하여 공격자를 식별하고 공격자의 행위를 추적한다.				

B.7 테스트 용이성

#	전술 그룹	전술 질문	지원 여부 (Y/N)	위험	설계 결정과 위치	근거와 가정
1	시스템 상태 통제와 관찰	시스템이나 시스템 컴포넌트가 특수 인터페이스를 제공하여 테스팅과 모니터링을 용이하게 하는가?				
2		시스템이 인터페이스를 넘어갈 때 정보를 기록하여 나중에 정보를 추가적인 테스트의 입력으로 사용할 수 있는 메커니즘(기록/재생)을 제공하는가?				
3		시스템이 테스트를 위한 임의적인 상태에서 시스템, 서브 시스템 또는 모듈의 상태가 단일 위치에 저장되어(상태 저장소 지역화) 테스팅을 용이하게 하는가?				
4		데이터 소스를 추상화하는가? 예를 들어 인터페이스를 추상화하여 좀 더 쉽게 테스트 데이터를 대체할 수 있게 한다.				
5		시스템이 분리(샌드박스)되어 실행되어 실험의 결과를 되돌리는 것에 걱정하지 않고 제한없이 실험을 할 수 있게 하는가?				
6		실행가능한 어설션이 시스템 코드에서 사용되어 프로그램이 결함 상태에 있을 때와 위치를 나타내는가?				
7	복잡성 제한	시스템이 구조적 복잡성을 제한하도록 설계되었는가? 예를 들어, 순환적 의존성을 피하고, 의존성 주입과 같은 기법을 사용한다.				
8		시스템이 비결정성의 원인을 거의 또는 전혀 (즉, 제한) 포함하고 있지 않은가? 이것은 제약되지 않은 병렬화로 오는 행위 복잡성을 제한할 수 있게 하며, 다라서 테스팅을 용이하게 한다.				

B.8 사용편의성

#	전술 그룹	전술 질문	지원 여부 (Y/N)	위험	설계 결정과 위치	근거와 가정
1	사용자 주도권 지원	시스템이 오퍼레이션 취소를 지원하는가?				
2		시스템이 오퍼레이션 되돌리기를 지원하는가?				

(이어짐)

#	전술 그룹	전술 질문	지원 여부 (Y/N)	위험	설계 결정과 위치	근거와 가정
3		시스템이 오퍼레이션을 멈춤하고 나중에 재개하게는 것을 지원하는가? 예를 들어, 웹 브라우저에서 파일을 다운로드하는 것을 멈추고, 불완전한 다운로드를 사용자가 재개할 수 있게 한다.				
4		시스템이 오퍼레이션이 객체의 그룹에 적용되게 하는 것을 지원하는가? 예를 들어 파일 브라우저 창에서 선택된 파일들의 누적된 크기를 볼 수 있게 하는가?				
5	시스템 주도권 지원	시스템이 (작업 모델을 유지함으로써) 사용자가 수행하고 있는 작업을 기초로 도움을 제공하는가? 예는 다음과 같다. • 입력 데이터 유효확인 • UI를 변경하여 사용자 주목을 끌기 • UI 일관성 유지 • 사용자가 UI가 제공하는 기능을 찾기 쉽도록 도구바와 메뉴 추가 • 사용자가 핵심 사용자 시나리오를 수행할 때 가이드하는 위저드나 다른 기법 사용				
6		시스템은 (사용자 모델을 유지함으로써) 사용자 부류에 관하여 UI를 조정할 수 있게 하는가? 예로는 UI 커스터마이징 지원(지역화 포함)과 접근성 지원을 들 수 있다.				
7		시스템은 (시스템 모델을 유지하여) 시스템의 특징을 기반으로 사용자에게 적절한 피드백을 제공하는가? 예는 다음과 같다. • 처리하는 동안 사용자 개입을 막지 않음 • 행위 진행 피드백(예: 진행바) 제공 • 예외를 관리하여 민감한 데이터를 노출시키지 않고 사용자 친근하게 에러를 표시함 • 화면 크기와 해상도에 따라 UI를 조정함				

B.9 데브옵스

#	전술 그룹	전술 질문	지원 여부 (Y/N)	위험	설계 결정과 위치	근거와 가정
1	테스트용이성: 시스템 상태 통제와 관찰	시스템이나 시스템 컴포넌트가 특수 인터페이스를 제공하여 테스팅과 모니터링을 용이하게 하는가?				

(이어짐)

#	전술 그룹	전술 질문	지원 여부 (Y/N)	위험	설계 결정과 위치	근거와 가정
2		시스템이 인터페이스를 넘어갈 때 정보를 기록하여 나중에 정보를 추가적인 테스트의 입력으로 사용할 수 있는 메커니즘(기록/재생)을 제공하는가?				
3		시스템이 분리(샌드박스)되어 실행되어 실험의 결과를 되돌리는 것에 걱정하지 않고 제한없이 실험을 할 수 있게 하는가?				
4	성능: 리소스 관리	시스템은 무리없이 리소스(예: CPU, 메모리, 네트워크 대역폭)를 증가시킬 수 있는가?				
5		시스템은 동시성을 도입하는가? 예를 들어, 무리없이 병렬 프로세싱 스트림의 추가를 지원하여 많은 서비스 요청을 동시에 처리할 수 있는가?				
6		시스템은 여러 데이터 복사본을 유지하여 (예: 데이터베이스를 복제하거나 캐싱을 사용함으로써), 자주 접근되는 데이터의 다툼을 감소시키는가?				
7		시스템이 여러 연산 복사본을 유지하여 (예: 서버 팜에서 서비스 풀을 유지함으로써), 자주 접근되는 연산 리소스의 다툼을 감소시키는가?				
8		시스템은 리소스, 특히 희귀한 리소스를 스케줄링하여 명시적 스케줄링 정책에 따라 할당되도록 하는가?				
9	성능: 리소스 수요 통제	시스템은 예를 들어, 중개자를 제거하거나 리소스를 같은 위치에 둠으로써 서비스 요청에 반응하는 오버헤드를 감소시킬 수 있는가?				
10		입력이 연속적인 데이터 스트림이라면 시스템은 표본화 비율을 관리하는가? 즉, 다양한 비율(정확성/충실도에서 동시에 변경되는)로 데이터를 샘플링할 수 있는가?				
11		시스템은 이벤트 반응을 모니터링하고 제한할 수 있는가? 지정된 시간 동안에 반응하는 이벤트의 수를 제한하여 실제로 서비스되는 이벤트에 대한 예측할 수 있는 반응을 가능하게 하는가?				
12		가용 리소스보다 더 많은 요청이 들어오는 경우에 시스템은 이벤트의 우선순위를 결정할 수 있는가?				

(이어짐)

#	전술 그룹	전술 질문	지원 여부 (Y/N)	위험	설계 결정과 위치	근거와 가정
13	변경용이성 : 결합성 감소	시스템은 일관적으로 기능을 캡슐화하는가? 일반적으로 조사하고 있는 기능을 분리하고, 명시적 인터페이스를 도입하는 것을 포함한다.				
14		시스템은 여러 개의 유사한 서비스를 제공하는 경우에 공통 서비스를 추상화하는가? 예를 들어, 이 기법은 보통 운영체제나 하드웨어, 또는 다른 환경 가변성에 두루 시스템이 호환되도록 하기를 원할 때 사용된다.				
15	변경용이성 : 지연 바인딩	시스템은 규칙적으로 중효나 기능의 바인딩을 지연시켜, 라이프사이클에서 나중에 아마도 최종사용자라도 대체할 수 있게 하는가? 예를 들어, 플러그인, 애드온 도는 사용자 스크립팅을 사용하여 시스템의 기능을 확장시킬 수 있는가?				
16	가용성 : 결함 탐지	시스템의 다른 부분의 생명 상태를 모니터링하는 컴포넌트를 사용하는가? 시스템 모니터는 실패나 서비스 거부 공격과 같은 네트워크나 다른 공유된 자원에서의 정체를 탐지할 수 있다.				
17		시스템은 예외 탐지를 사용하여 정상적인 실행 흐름을 변경하는 시스템의 조건(예를 들어, 시스템 예외, 매개변수 장벽, 매개변수 타임, 타임아웃)을 탐지하는가?				
18		시스템은 투표를 사용하여 복제된 컴포넌트가 같은 결과를 산출하는지를 체크하는가? 복제된 컴포넌트는 동일한 복제이거나 기능적 다중화 또는 분석적 다중화일 수 있다.				
19	가용성 : 결함 복구 (준비와 보수)	시스템은 롤백을 사용하여 실패가 탐지되자 마자 시스템이 이전의 안정적인 상태("롤백 라인")로 되돌아가게 하는가?				
20		시스템은 활성 다중화(빠른 예비)를 사용하는가? 활성 다중화에서 보호 그룹 (하나 이상의 노드가 "활성화"된 프로세싱 노드의 그룹으로, 보호 그룹 안에 있는 나머지 노드는 다중화 예비가 됨) 안에 있는 모든 노드는 병렬로 동일한 입력을 받아서 처리하고, 예비 노드는 활성 노드와 동기적 상태를 유지하게 한다.				
21		시스템은 실패 후 가능한 한 많은 기능을 유지하면서도 동작하고 있는 리소스에 책임을 재할당함으로써 재설정에 대한 일관적인 정책과 메커니즘을 갖는가?				

(이어짐)

#	전술 그룹	전술 질문	지원 여부 (Y/N)	위험	설계 결정과 위치	근거와 가정
22		시스템은 예외 처리를 사용하여 결함을 처리하는가? 일반적으로 예외 처리는 결함을 보고하거나 처리하여, 예외의 원인을 수정하고 다시 작업을 시도함으로써 결함을 감춘다.				

B.10 더 읽을거리

설문서가 도출된 전술 카탈로그는 베스[L. Bass]와 클레멘츠[P. Clements], 캐즈만[R. Kazman]의 『Software Architecture in Practice(3rd ed.)』(2012)에서 찾을 수 있다.

어떤 품질 속성이 실무에서 가장 공통적으로 사용되는지를 보여주는 SEI ATAM 팀의 품질 속성 데이터 분석은 오즈카야[I. Ozkaya]와 베스[L. Bass], 상완[R. Sangwan], 노드[R. Nord]의 "Making Practical Use of Quality Attribute Informa- tion", IEEE Software, March/April 2008과 벨로모[S. Bellomo]와 고튼[I. Gorton], 카즈만[R. Kazman]의 이후 논문인 "Insights from 15 Years of ATAM Data: Towards Agile Architecture", IEEE Software, 32:5, 38-45, September/October 2015에서 찾을 수 있다.

데브옵스 전술은 첸[H-M Chen]와 카즈만[R. Kazman], 헤지유[S. Haziyev], 크로브[V. Kropov], D. 추초로브[Chtchourov]의 "Architectural Support for DevOps in a Neo-Metropolis BDaaS Platform", IEEE 34th Symposium on Reliable Distributed Systems Workshop(SRDSW), Montreal, Canada, September 2015에서 개발되고 제시되었다.

용어집

ADD   속성 주도 설계 방법론^{ADD, Attributed Driven Design method}을 참조한다.

ADL   아키텍처 서술 언어^{ADL, Architecture Description Language}를 참조한다.

ARID   중간 설계 능동적 검토 방법론^{ARID, Active Reviews for Intermediate Design}을 참조한다.

ASR   아키텍처적으로 중요한 요구^{ASR, architecturally significant requirement}를 참조한다.

ATAM   아키텍처 트레이드오프 분석 방법론^{ATAM, Architecture Tradeoff Analysis Method}을 참조한다.

design concept catalog(설계 개념 카탈로그)   특정한 애플리케이션 도메인을 위한 설계 개념 컬렉션.

MVP(Minium viable product)   제품을 배포할 수 있게 하는 핵심 피처만 갖는 발전적인 프로토 타입. 실제 사용자에게 제품을 설치하고 사용 데이터를 수집한 다음에 가설을 확정하거나 거부하게 함으로써 가설적인 테스팅을 강조한다.

QAW   품질 속성 워크샵^{QAW, Quality Attribute Workshop}을 참조한다.

개념 증명(PoC, proof of concept)   기술을 빨리 평가하여 중요한 아키텍처 시나리오를 만족시키는지 결정하는데 사용되는 프로토 타입. 보통 성능과 확장성과 같은 품질 속성과 관련이 있다.

개발 사이클(development cycle)   프로젝트 증가(예: 프로젝트 이터페이션) 개발

관계(relation, 소프트웨어 아키텍처 정의에서)   아키텍처의 구조를 구성하는 부분 중 하나. 관계는 런타임 또는 개발 시간에 존재할 수도 있으며, 또는 물리적으로 존재할 수도 있다. 관계는 요소를 연결한다.

구조(structure)   소프트웨어 요소와 관계, 속성의 밀집적인 집합. 구조는 뷰로 표현된다.

근거(rationale)   설계 결정으로 이끌어가는 근거와 정당화

기술 패밀리(technology family) 공통적인 기능 목적을 갖는 기술의 그룹

기술적인 빚(technical debt) 구현 용이성과 같이 시스템을 장시간 지속하는 데 드는 비용을 희생하고 단기간 이익을 트레이드오프하는 소프트웨어 프로젝트 안에 이루어지는 결정(보통 "핵(hack)"이라고 부름. 이러한 지름길을 취함으로써 소프트웨어 기반은 "빚을 지게 된다."

기존 개발(brownfield development) 기존 자산 위에 구축하는 소프트웨어 개발. 신규 개발 greenfield development의 반대

대규모 사전 설계(BDUF, Big Design Up Front) 프로젝트 초기에 모든 아키텍처 설계를 수행하는 (지금은 대체로 많이 사용되지 않은) 실천

데브옵스(DevOps) "개발"과 "운영"이란 단어가 결합된 합성어. 데브옵스는 소프트웨어 프로젝트를 실행하는 초기 형태와 대조된다. 프로젝트 개발 팀에서 소프트웨어를 개발한 다음, 운영에 "벽을 넘어 넘겨 준다." 데브옵스에서 두 팀이 긴밀하게 함께 작업하여 프로세스와 도구, 아키텍처를 채택하여 빠르게 수정하고, 빌드하고, 테스트하며, 릴리스하고, 모니터링하기 더 쉽게 한다.

디자인 패턴(design pattern) 패턴(아키텍처와 설계)을 참조한다.

리팩토링(refactoring) 다른 품질 속성 반응을 달성하기 위해 기능에 영향을 주지않고 시스템의 아키텍처나 코드를 변경하는 것

마케텍처(Marketecture) 한 페이지의 일반적으로 비공식적인 소프트웨어 시스템 아키텍처 표현. 이 표현은 주로 비기술적인 사람들을 목표로 하며, 시스템 비전을 제시하는 데 사용된다.

배포 패턴(deployment pattern) 물리적으로 배포하기 위해 시스템을 구조화하는 방법을 위한 모델을 제공하는 패턴

분석(analysis) 복잡한 실체를 이해하는 수단으로서 구성 부분으로 분할하는 과정. 분석은 설계 프로세스의 여러 부분에서 사용된다. 예를 들어 설계 결정을 하기 위해 입력물이 분석되며, 또한 결과적인 아키텍처가 관련된 요인을 충족시키는 데 적절한지 여부를 가늠하기 위해 분석된다.

뷰 스케치(sketch of a view) 설계 프로세스의 일부로서 생성되는 예비 문서 유형. 일반적으로 스케치는 설계 활동이 완료된 후에 정제하여 완전한 뷰가 될 수 있다.

뷰(view) 아키텍처 구조의 표현. 보통 뷰는 구조의 그래픽 표현과 다이어그램에 표현된 정보를 보충하는 추가적인 정보를 포함한다.

비용 편익 분석 방법론(CBAM, Cost Benefit Analysis Method) 비용, 편익 및 일정을 아키텍처를 향상시키기 위해 선택된 전략과 연관시키는 방법론. 이 방법론은 다음 이터레이션에서 구현할 최적의 전략 집합을 찾는 수단으로서 전략의 순위를 결정하는 데 사용된다.

사전 영업(pre-sales) 프로젝트 범위, 비즈니스 케이스, 초기 계획을 수립하는 프로젝트 개발 단계.

설계 개념(design concept) 아키텍처를 구성하는 구조가 생성되는 빌딩 블록. 참조 아키텍처, 배포 패턴, 아키텍처 패턴, 전술, 기술 패밀리, (프레임워크와 같은) 외부에서 개발된 컴포넌트를 포함하여 다른 유형의 설계 개념이 존재한다.

설계 결정(design decision) 설계 개념 선택과 선택된 설계 개념의 인스턴스화를 포함하여 프로세스 동안에 이루어지는 결정

설계 라운드(design round) 반복적인 개발 모델이 사용된다면 개발 사이클 안에서 수행되는 아키텍처 설계 활동 또는, 폭포수 모델이 사용된다면 아키텍처 설계 활동의 전체 집합

설계 목적(design purpose) 아키텍처 설계가 수행되는 이유. 예를 들어, 사전 영업이나 프로토타이핑 동안에 또는 개발 목적으로 산정을 위해 설계가 수행된다.

설계 이터레이션(design iteration) 요인의 부분 집합이 구조로 변형되는 설계 결정 그룹. 설계 라운드 안에서 하나 이상의 이터레이션이 수행된다.

소프트웨어 아키텍처(software architecture) "시스템의 소프트웨어 아키텍처란 시스템을 추론하는데 필요한 구조의 집합으로, 시스템은 소프트웨어 요소와 이들 사이의 관계, 그리고 이들 요소와 관계의 속성으로 구성된다."

스파이크(spike) 기술적인 질문에 대답하거나 정보를 수집하기 위해 생성되는 시간이 정해진 작업

시나리오(scenario) 시스템이 수신하는 자극과 이 자극에 측정할 수 있는 반응을 서술하는 품질 속성을 명시하는 기법. 시나리오는 고려하고 있는 시스템의 품질 속성 행위에 관한 테스트할 수 있으며, 거짓을 입증할 수 있는 가설이다. 완전히 개발된 시타리오는 7개 부분으로 서술되지만, 또한 덜 정교한("순") 시나리오도 서술될 수 있다.

신규 개발(greenfield development)   구축된 레거시 코드 베이스가 거의 없거나 없이 시작하는 소프트웨어 개발

아키텍처 관심사(architecture concern)   아키텍처 설계의 일부분으로 고려되어야 하지만, 전통적인 요구로서 표현되지 않는 추가적인 관점. 예로는 전체 시스템 구조를 생성하는 것과 같은 일반적인 관심사와 예외 관리나 로그 생성과 같은 좀 더 특정한 관심사를 포함한다. 다른 아키텍처 관심사로는 고객이 좀처럼 표현하지 않는 내부 요구와 아키텍처 평가와 같은 분석 활동으로부터 도출되는 이슈가 있다.

아키텍처 서술 언어(ADL, Architecture Description Language)   아키텍처를 문서화하는 표기법. 일반적으로 ADL은 아키텍처(주로 연산(런타임) 컴포넌트와 이들 사이의 상호작용)와 속성을 서술하는 그래픽 표기법과 공식적으로 정의된 텍스트 표기법을 둘 다 사용한다.

아키텍처 설계(architectural design)   구조라는 관점에서 필요의 세계(아키텍처 요인)로부터 솔루션의 세계로 아이디어를 번역하기 위한 의사 결정 활동

아키텍처 요인(architectural driver)   설계 프로세스에 입력으로서 사용하는 설계 목적, 아키텍처적으로 중요한 요구, 그리고 아키텍처 관심사

아키텍처 주도 설계(ADD, Attributed-Driven Design) 방법론   요인을 입력으로 아키텍처를 생성하는 반복적인 아키텍처 설계 방법론. 각 이터레이션에서 이전 이터레이션에서 식별된 요소를 정제함으로써 구조를 생성한다. 이들 구조는 주로 설계 개념에서 생성되며, 이들 설계 개념은 이터레이션에서 선택된 요인의 부분 집합을 해결하기 위해 선택되고 인스턴스화된다.

아키텍처 트레이드오프 분석 방법론(ATAM, Architecture Tradeoff Analysis Method)   시나리오에 의해 주도되는 아키텍처를 분석하기 위해 수립된 방법론. 품질 속성과 비즈니스 목표 관점에서 아키텍처 결정의 결과를 평가하는 것이 목적이다.

아키텍처 패턴(architectural pattern)   패턴(아키텍처와 설계)을 참조한다.

아키텍처 평가(architectural evaluation)   아키텍처 결정의 가치를 분석하고 평가하는 기법

아키텍처적으로 중요한 요구(ASR, architecturally significant requirement)   소프트웨어 아키텍처 관점에서 특히 중요한 시스템 요구. ASR에는 품질 속성, 최우선 기능 요구와 제약사항이 포함된다.

애플리케이션 프레임워크(application framework) 패턴과 전술로부터 구축된 재사용할 수 있는 소프트웨어 요소로, 광범위한 애플리케이션 영역에 걸쳐 반복적인 도메인과 품질 속성 관심사를 해결하는 일반적인 기능을 제공한다. 프레임워크framework라고도 한다.

외부에서 개발된 컴포넌트(externally developed component) 본질 상 구체적인 설계 개념으로, 시스템 개발의 일부로서 구축되지 않고, 획득되어 재사용된다. 이러한 컴포넌트에는 애플리케이션 프레임워크, 제품, 플랫폼이 있다.

요소 내부 설계(element internals design) 요소의 인터페이스를 충족시키기 위해 요소 상호 작용 설계의 일부분으로서 식별된 요소의 내부 설계

요소 상호작용 설계(element interfaction design) 최우선이 아닌 유스케이스를 지원하는 모듈과 관련 인터페이스의 식별. 일반적으로 아키텍처 설계 동안에 내린 결정에 따라서 시퀀스 다이어그램을 사용하여 수행된다.

요소(element, 소프트웨어 아키텍처 정의에서) 아키텍처의 구조를 구성하는 부분 중 하나. 요소는 런타임에 존재할 수도 있고, 개발 시 또는 물리적으로 존재할 수도 있다. 일반적으로 아키텍처 설계 동안에 이루어지는 결정에 따라서 시퀀스 다이어그램을 사용하여 수행된다.

인스턴스화(instantiation) 설계 개념을 해결되어야 하는 특정한 문제에 적용하는 프로세스. 요소와 관계를 생성하고, 선택된 설계 개념으로부터 책임을 요소와 연관시킨다. 또한 설계 개념이 외부에서 개발된 컴포넌트일 경우에 인스턴스화는 설정을 가리킬 수도 있다.

인터페이스(interface) 요소들이 협업하고 관계를 통하여 정보를 교환할 수 있게 하는 계약 명세를 수립하는 요소의 외부적으로 드러난 속성

전술(tactic) 품질 속성 반응의 통제에 영향을 주는 증명된 설계 전략

제약사항(constraint) 아키텍트가 통제하지 못하는 결정. 기술적이거나 조직적인 것을 수 있다.

제품(product) 설계되는 시스템 안에 통합될 수 있으며, 단지 사소한 설정이나 코딩만 필요로 하는 소프트웨어 자기 포함된 기능 조각. 또한 소프트웨어 패키지라고도 한다.

중간 설계 능동적 검토 방법론(ARID, Active Reviews for Intermediate Design) 아키텍처 설계 검토 방법론으로, 아키텍처 설계(또는 일부분)가 검토자 그룹(일반적으로 설계를 사용하게 될 엔지니어)에게 프리젠테이션을 한다. 프리젠테이션 후에 몇개의 시나리오가 선택된다. 검토자가 시나리오를 충족시키기 위해 아키텍처에 있는 요소를 사용해 본다. 검토자는 코드나 의

사 코드를 작성하거나, 인터페이스를 식별할 목적으로 시퀀스 다이어그램을 작성할 것을 요청받는다. 이 방법론은 요소 상호작용 설계를 준비하는 데 사용될 수 있다.

참조 아키텍처(reference architecture) 특정한 유형의 애플리케이션에 대하여 전반적인 논리적인 구조를 제공하는 청사진. 하나 이상의 아키텍처 패턴에 매핑되는 참조 모델로 구성된다. 비즈니스와 기술 컨텍스트에서 증명되어 왔으며, 일반적으로 쉽게 사용할 수 있게 하는 지원 산출물의 집합이 함께 제공된다.

최우선 기능 요구(primary functional requirement) 기능성은 의도한 작업을 시스템이 수행하는 능력이다. 최우선 기능은 보통 시스템 개발의 동기가 되는 비즈니스 목표를 달성하는 데 중요한 기능으로 정의된다.

패턴(아키텍처 또는 설계) 정의된 컨텍스트에 존재하는 반복적인 설계 문제에 대한 개념적인 솔루션. 아키텍처 요인을 해결하는데 사용할 때 "아키텍처 패턴"이 되고, 지역적인 영향만 미칠 때(예를 들어, 요소 내부 설계를 수행하는 데 사용될 때) "디자인 패턴"이 된다.

품질 속성 워크샵(QAW, Quality Attribute Workshop) 시스템의 이해당사자들을 포함하는 중재되는 브레인스토밍 회의로, 품질 속성을 도출하고 명세하며, 우선순위를 결정하고 의견일치를 달성하는 많은 활동을 수행한다.

품질 속성(auality attribute) 이해당사자의 필요를 시스템이 잘 충족시킬 수 있는지를 나타내는데 사용되는 측정할 수 있거나 테스트할 수 있는 시스템의 속성

플랫폼(platform) 애플리케이션을 구축하고 실행하는 완전한 인프라스트럭처

찾아보기

ㄱ

가벼운 클라이언트 애플리케이션 247
가속 시스템 분석 46
가용성 54, 174
가용성 전술 264
결함 관리 108
결함 탐지 128
결합성 92
계정 108
관점 지향 63
구조 패턴 259
구축 191, 229
기능 모델 194
기능 요소 개요 195
기능 요소 상세 195
기술 패밀리 63
기존 개발 시스템 43

ㄴ

낮은 결합성 54
내부 요구 52
내부 인터페이스 94
네트워크 상태 모니터링 126
논리 아키텍처 193
높은 변경용이성 54
높은 응집성 54

ㄷ

다이어그램 157
대략 분석 205
대시보드 151
데브옵스 231

데이터 레이어 244
데이터 소스 커넥터 178
데이터 스트림 151, 160
데이터 액세스 컴포넌트 59
데이터 플로우 모델 160
도입 191, 228
동기화 프레임워크 108
디자인 패턴 57

ㄹ

라운드 74
라이프사이클 26
로그 관리 137
로드밸런싱 클러스터 258
로컬 데이터베이스 177
로컬 데이터베이스 커넥터 178
리치 인터넷 애플리케이션 249
리치 클라이언트 애플리케이션 247
리팩토링 84

ㅁ

마이크로소프트 애플리케이션 아키텍처 가이드 243,
  255
모니터 265
모듈 구조 90
모바일 애플리케이션 251
무거운 클라이언트 애플리케이션 247
물리 아키텍처 193
미션 스레드 워크샵 44

ㅂ

발견 프로토 타입 46
방법론 237
배포 모델 194
배포 요소 개요 195
배포 요소 상세 195
배포 패턴 60, 92
백로그 103, 189
벨로서티 41
변경용이성 전술 269
보안 관리 109
분산 개발 42
분산 배포 256
분석 203
분석 기법 207
분석적 모델 205
분할 191
불확실성 원뿔 222
뷰 스케치 78
비디오 모드 45
비분산 배포 255
비즈니스 레이어 244
비즈니스 케이스 107
빅데이터 시스템 137

ㅅ

사고 실험 205
사전 영업 아키텍처 설계 222
상세 설계 40
상호운영성 전술 268
생명신호 265
서비스 애플리케이션 253
서비스 품질 94
서빙 레이어 정제 166
설계 개념 식별 85
설계 개념 카탈로그 32, 233
설계 결정 기록 78
설계 근거 101
설계 근원 231
설계 라운드 74, 76
설계 로드맵 80
설계 목표 79
설계 영역 209
설계자 24
설계 프로세스 112, 166, 179

성능 174
성능 관리 109
성능 전술 271
성숙한 도메인 80
소스 161
소프트웨어 아키텍처 25
소프트웨어 엔지니어 24
속성 주도 개발 23
속성 주도 설계 30
순 데이터 저장소 151
스크럼 103
스파이크 32
스프린트 41, 74
스프린트 백로그 103
시각화 도구 151
시나리오 44
시나리오 기반 문서화 100
시뮬레이션 205
시스템 엔지니어링 철학 194
신규 개발 시스템 43
신뢰성 174
실시간 뷰 151
실험 205
싱크 161

ㅇ

아키텍처 개념 증명 구축 195
아키텍처 개요 정의 195
아키텍처 결정 문서화 195
아키텍처 관심사 37, 81, 141
아키텍처 구현/준수 검사 28
아키텍처 문서화 27
아키텍처 및 디자인 패턴 91
아키텍처 분석 189, 192
아키텍처 서술 언어 218
아키텍처 설계 27, 35, 38, 39
아키텍처 설계 근원 61
아키텍처 스타일 57
아키텍처 요구 27
아키텍처 요소 인스턴스화 78
아키텍처 자산 조사 195
아키텍처적으로 중요한 요구 27
아키텍처 정의 192
아키텍처 중심적 설계 방법론 190
아키텍처 통합 189

아키텍처 패턴 57
아키텍처 평가 28, 189
아키텍처 확인 195
애드혹 151
애자일 103
애자일 선언 41
애플리케이션 퍼사드 59
애플리케이션 프레임워크 63
예비 문서화 98
외부에서 개발된 컴포넌트 92, 278
외부 인터페이스 93
요소 내부 설계 39
요소 상호작용 설계 39
요인 27
원칙적인 방법론 73
유스케이스 39
유스케이스 모델 138
유스케이스 분석 192
유스케이스 실현 192
유틸리티 트리 44, 47
응집성 92
이슈 53
이터레이션 목표 79
인터페이스 78, 93
인터페이스 식별 97
일반 관심사 52

ᄌ

작업 단계 178
전사적 아키텍처 53
전술 61, 92
전술 기반 분석 209
전이 191, 229
전자 서명 공급자 커넥터 178
정적 배치 뷰 151
정적 뷰 사전 연산 151
정제 77, 191, 229
제공 인터페이스 93
제품 63

ᄎ

참조 구조 160
참조 아키텍처 31, 91
창발적 접근 방법 226
채널 161

책임 할당 78
체크리스트 205
최우선 기능 51, 82, 121

ᄏ

칸반 103
칸반 보드 104
커다란 사전 설계 226
컴포넌트 기반 개발 42
컴포넌트 커넥터 90

ᄐ

테스트 용이성 54
테스트 용이성 전술 275
통지 관리자 178
통합 203
투영 질문 205, 213
특별 관심사 52
티어 60

ᄑ

파생된 요구 52
폭포수 모델 226
표준 컴포넌트 224
품질 속성 27, 44
품질 속성 시나리오 130, 139
품질 속성 워크샵 44, 47
프로젝트 증분 74
프로토 타입 89, 205
프리젠테이션 레이어 244
플랫폼 64
필수 인터페이스 93
핑/에코 265

ᄒ

할당 구조 41, 91
할당 뷰 178
형상 관리 108
확장성 54
횡단 관심사 55, 197, 244
횡단 기능 244
후보 아키텍처 192

A

ABD 30
accelerated system analysis 46
Accounting 108
ACDM 190
ADD 23, 30
ADD 2.0 31
ADD 설계 방법론 73
ADL 218
Agile 103
Agile Manifesto 41
allocation structure 91
analysis 203
analytic model 205
Application Facade 59
application framework 63
architectually significant requirement 27
architectural analysis 189
architectural design 27
architectural design primitive 61
architectural documentation 27
architectural evaluation 28, 189
architectural implementation/conformance checking 28
architectural pattern 57
architectural requirement 27
architectural style 57
architectural synthesis 189
Architecture-Based Design 30
Architecture-Centric Design Method 190
architecture description language 218
architecture design 39
aspect-oriented 63
ASR 27
ATAM 214
Attribute-Driven Design 23, 30
availability 54

B

backlog 103, 189
back-of-the-envelope analysis 205
Big Design UP Front 226
brownfield 43
business layer 244

C

CBAM 87, 89
C&C 90
channel 161
checklist 205
cohesion 54
component and connector 90
component-based development 42
cone of uncertainty 222
Configuration Management 108
construction 191, 229
cost benefit analysis method 87
coupling 54
cross-cutting concern 244
cross-cutting convern 55
cross-cutting functionality 244

D

Data Access Component 59
data-flow model 160
data layer 244
decomposition 191
deployment model 194
deployment pattern 60
derived requirement 52
design concept catalog 32, 233
design pattern 57
design primitives 231
design rationale 101
design round 76
DevOps 231
discovery prototyping 46
distributed deployment 256
distributed development 42
driver 27

E

elaboration 191, 229
element interfaction design 39
element internals design 39
emergent approach 226
enterprise architecture 53
ETL 145

experiment 205
external interface 93
extract−transform−load 145

F

Fault Management 108
FCAPS 시스템 107
functional model 194

G

general concern 52
get() 오퍼레이션 108
greenfield 43

H

heartbeat 265
high cohesion 92

I

inception 191, 228
increment 74
interface 93
internal interface 94
internal requirement 52
issue 53

J

JAD 46
Joint Application Design 46
Joint Requirement Planning 46
JRP 46

K

Kanban 103
Kanban board 104

L

Load−Balanced Cluster 258
logical archaitecture 193
log management 137
low coupling 92

M

Microsoft Application Architecture Guide 243, 255
Mission Tread Workshop 44
mobile application 251
modifiability 54
module structure 90
monitor 265

N

Network Time Protocoal 107
nodistributed deployment 255
NTP 107

P

Performance Management 109
physical architeture 193
ping/echo 265
platform 64
presentation layer 244
primary functionality 51
product 63
prototype 205
provided interface 93

Q

QAW 44, 47
QoS 107
quality attribute 27, 44
Quality Attribute Workshop 44, 47
quality of service 94, 107

R

Rational Unified Process 191, 228
refactoring 84
referecne structure 160
reference architecture 31
refinement 77
reflective question 205, 213
required interface 93
RIA 249
Rich Client Application 247
Rich Internet Application 249
round 74
RUP 191, 228

S

scalability 54

scenario 44

Scrum 103

Security Management 109

service application 253

set() 오퍼레이션 108

Simple NEtwork Management Protocol 108

simulation 205

sink 161

SNMP 108

software architecture 25

source 161

specific concern 52

spike 32

sprint 41, 74

sprint backlog 103

standard component 224

strengths, weaknesses, opportunities, threats 87

SWOT 87

synthesis 203

T

tactic 61

Team Software Process 229

technology family 63

testability 54

thick-client application 247

thin-client application 247

thought experiment 205

tier 60

transition 191, 229

trap() 오퍼레이션 108

TSP 229

U

UML 218

Unified Modeling Language 218

use-case realization 192

Utitlity Tree 44

V

velocity 41

W

waterfall model 226

번호

2티어 배포 257

3티어 배포 257

4티어 배포 258

에이콘출판의 기틀을 마련하신 故 정완재 선생님 (1935-2004)

소프트웨어 아키텍처 설계

애자일이 적용된 ADD 3.0 아키텍처 설계 프로세스 및 통신, 금융, 빅데이터 도메인 적용 사례

인 쇄 | 2017년 2월 16일
발 행 | 2017년 2월 24일

지은이 | 움베르토 세르반테스 · 릭 카즈만
옮긴이 | 전 병 선

펴낸이 | 권 성 준
편집장 | 황 영 주
편 집 | 나 수 지

에이콘출판주식회사
서울특별시 양천구 국회대로 287 (목동 802-7) 2층 (07967)
전화 02-2653-7600, 팩스 02-2653-0433
www.acornpub.co.kr / editor@acornpub.co.kr

한국어판 ⓒ 에이콘출판주식회사, 2016, Printed in Korea.
ISBN 978-89-6077-982-2
ISBN 978-89-6077-114-7 (세트)
http://www.acornpub.co.kr/book/designing-sw-architectures

이 도서의 국립중앙도서관 출판시도서목록(CIP)은 서지정보유통지원시스템 홈페이지(http://seoji.nl.go.kr)와
국가자료공동목록시스템(http://www.nl.go.kr/kolisnet)에서 이용하실 수 있습니다.(CIP제어번호: CIP2017004188)

책값은 뒤표지에 있습니다.